中小学管理
研究与实践

张再河 ◎ 著

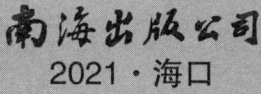

2021·海口

图书在版编目（CIP）数据

中小学管理研究与实践/张再河著.--海口：南海出版公司，2021.9
　ISBN 978-7-5442-6923-0

　Ⅰ.①中… Ⅱ.①张… Ⅲ.①中小学－学校管理－研究 Ⅳ.① G637

中国版本图书馆 CIP 数据核字 (2021) 第 188914 号

ZHONGXIAOXUE GUANLI YANJIU YU SHIJIAN
中小学管理研究与实践

作　　者	张再河
责任编辑	余　靖
出版发行	南海出版公司　电话：（0898）66568511（出版）
	（0898）65350227（发行）
社　　址	海南省海口市海秀中路51号星华大厦5楼　邮编：570206
电子信箱	nhpublishing@163.com
经　　销	新华书店
印　　刷	山东海印德印务有限公司
开　　本	710 毫米 × 1000 毫米　1/16
印　　张	15.25
字　　数	243千
版　　次	2022年1月第1版　2022年1月第1次印刷
书　　号	ISBN 978-7-5442-6923-0
定　　价	43.00 元

南海版图书　版权所有　盗版必究

目　　录

第一章　学校治理 ·· 1

- 第一节　办学理念 ·· 1
- 第二节　学校管理 ·· 17
- 第三节　校园文化 ·· 38
- 第四节　校长素质 ·· 45

第二章　教师管理 ·· 53

- 第一节　做一名优秀教师 ·· 53
- 第二节　优秀教师必备的素质 ·· 72
- 第三节　教师专业成长 ·· 90
- 第四节　给教师的讲话 ·· 96

第三章　课程管理 ·· 114

- 第一节　课程构建与实施 ·· 114
- 第二节　构建多维度生命大课堂 ······································ 130
- 第三节　打造优质高效课堂 ·· 140

第四章　学生管理 ·· 153

- 第一节　关爱并了解学生 ·· 153

第二节　提升育人质量 ································· 156
第三节　给学生的讲话 ································· 164

第五章　课外活动管理 ································· 209

第一节　家校社共建 ··································· 209
第二节　注重家风家教 ································· 218
第三节　给家长的建议 ································· 224

第六章　安全管理 ····································· 228

第一节　日常安全管理 ································· 228
第二节　疫情期间的安全管理 ··························· 231

第一章 学校治理

第一节 办学理念

一、学校概况

临沂外国语学校总投资约 5 亿元，总建筑面积 17 万平方米，设计办学规模为 120 个班，可容纳 6000 余名学生就读，是临沂市唯一一所具有接收外国孩子就读资质和外教聘任资质的全日制公办学校、山东省规范化学校，是一所集小学、初中、高中于一体，面向国内外招生的国际化、高学术标准的寄宿制学校。

2012 年 7 月，为服务临沂经济快速发展和打造临沂国际商贸城的需要，在市委、市政府的大力支持下，SBS 美加海外学校临沂校区在临沂外国语学校正式成立并顺利开学。2016 年，临沂经济技术开发区投资筹建临沂外国语学校，2017 年 9 月建成并投入使用。新校区以其先进的办学理念、优越的办学条件、雄厚的中外教师团队，引领年轻的外国语学校实现跨越式发展。

目前教职工 428 人，省能手、省特级教师、省优秀教师 3 人，市能手、市新秀 68 人，共有 111 个教学班，在校学生近 5000 人。学校专用教室、多功能室、学术中心、大型演播厅、综合餐厅、八大户外运动场、七十二套交互多媒体和两套自动录播系统等硬件配备齐全，八大服务器支持下的学校网站、班班通教学资源库、精细化管理系统、电子图书系统、心理测评系统、FTP 系统、教育云平台、远教收播系统等软件均达到国家级水平。目前，学校已开设剑桥英语、韩语、俄语、日语、西班牙语五门语言类课程。

经过全校上下共同努力，本校形成独具特色的学校"五化"。

一是品牌高端化。学校牢记教育初心，牢记育人使命，以人为本，秉承"和而不同，胸怀天下"教育理念，为临沂培养具有中国灵魂、国际视野，志存高远、气质优雅，符合时代需求的高层次国际化人才。

二是定位国际化。学校注重突出国际化、外国语、小班额和灵活管理机制等办学特色，与海外教育机构联合办学，创建了直通国外名牌大学的绿色通道。同时，各类教学、生活设施均按国际一流标准建设，建筑外观设计采用西班牙传道堂和哥特式相结合的风格，融合了哈佛、斯坦福、剑桥等世界名校的建筑特色。

三是管理智慧化。学校建有全国领先的数字化校园管理平台，借助互联网及大数据分析，将智慧智能渗透到教学管理服务全过程。

四是校园生态化。学校整体设计采用"海绵城市"理念，获评国家二星级绿色建筑，实现了节能、节地、节水、节材，实现校园与自然的和谐共生、有机融合。

五是机制灵活化。学校为培养学生的核心素养，促进学生全面发展，创新管理新机制，围绕"一二三四五六发展战略"，健全学校行政管理、教师管理、学生管理三位一体网络，形成以"精致化管理"为特色的育人模式。

二、办学模式

学校现有海外部、初中国际部、基础教学部"一校三部"办学模式。

1. 海外部（SBS美加海外学校临沂校区）

走合作办学之路，构建中西课程体系。2012年7月，学校与加拿大海外学校成功签约，联合办学。当年就满足了不同学段的中外学生入校就读的需求（目前已有不同学段的德国、乌克兰、印度、日本等外国专家的孩子陆续来校就读），构建了融合中西教育为一体的加拿大课程体系，实现了中西方文化的交流和融合，国内的学生不出国门就能享受留学生活，为中国学生搭建了一个直升世界一流大学的教育平台。小学段、初中段的中外学生，以中国义务教育课程为主、北美课程体系为辅,由市级骨干教师任教,毕业后可选择在国内求学或向国外发展。

2014年,学校决定扩大海外部高中部办学规模,面向省内外招收高中生。高一新生在加拿大教育部海外教育局注册,拥有单独的学籍编号,统一参加加拿大BC省的省考,免托福、雅思考试,凭高中毕业证书可直升加拿大、美国、英国、澳大利亚等国家的一流大学,还可以申请世界顶级的常青藤联盟大学。

2. 初中国际部

联手名校课程合作,打造教育直通车。为打造适合每个学生发展的教育,突出办学特色,学校坚持"文化引领,内涵积淀,崇尚尊重,突出特色"的办学理念,与北京师范大学、上海外国语大学、临沂大学、济南外国语学校、临沂一中进行广泛的课程合作,创建特色人才培养基地,联合打造小学—初中—高中—国内外名牌大学的教育直通车。

3. 基础教学部

专注服务于驻地群众的孩子接受三年初中义务教育。

三、学生培养

1. 重视学生品行、创新力和领导力培养

通过小学一年级到高中三年级的一站式教育,培养具有高尚品德、国际视野和综合素质(竞争力、思辨力、领导力等能力)为核心、符合时代需求的高层次国际化人才。

2. 重视学生个性、兴趣和身心健康培养

通过课外活动、晚自习等大量自主学习的时间,引导学生阅读中外经典,组建钢琴、舞蹈、国画、手工、书法、科技等数十个兴趣小组,组织英语沙龙、辩论会、文学社等多个社团活动,培养孩子志趣高雅、才思敏捷、知识渊博、爱好广泛、落落大方、阳光健康的精神风貌。

3. 重视学生实践、体验和内心感悟

通过开展军训、冬令营、国外夏令营、抗挫力训练营、主题班会、校外社会实践等活动，培养学生自理、自立、自强、自信等基本素质和能力，为他们的长远发展和终身幸福奠基。

四、办学理念

学校遵循"文化立校、科研兴校、质量强校"工作思路，以"善水文化"为引领，践行生命教育，制定实施"一核三层六翼"工作方针，即守正：紧紧围绕"质量提升"的核心；创新：在四线四部网格化精致管理下，以生命教育、善水文化、教育哲学三个方面（三层）进行高位引领，以课程改革、课堂改革、习惯养成改革、常规建设改革、科研融合改革、教师专业发展改革六个方面（六翼）为重要阵地，形成了以"生命教育"为特色的生命化、智慧化、幸福化的育人模式，有效提升教育教学质量，全面擦亮"尊重"学生、"欣赏"学生、"成就"学生三大生命教育名片，努力建设学生向往、教师幸福、社会信任的现代化一流教育。

（一）"三位一体"高位引领，筑牢凝聚之基

1. 生命教育深度剖析

生命教育的核心："尊重 欣赏、成就"；宗旨：立德树人、生命至上；意义：对个体生命的独特性、唯一性的尊重；追求：贴近生命的需要，引领成长的方向，探寻生命的意义，成全生命的价值。通过生命课题研究、构建生命课程、打造生命课堂、组建生命社团、实施生命管理等五大策略，致力于把生命教育办成学生怀念、教师幸福、社会信任的大教育。学校生命教育理念受全国教育名家认可，受邀在全国生命教育北京年会上做典型发言，参与编著北京师范大学出版社、安徽大学出版社生命教育专著一套（小学、初中、高中、中职四册），被评为全国生命教育先进单位。

2. 善水文化提升获得感

学校有着特殊的地理位置，特殊的学段结构，特殊的师资队伍，特殊的学生资源，特殊的家庭背景，文化多元，管理困难，但是却有一脉相承的"河"文化，校委会组织强有力的教干团队、骨干教师团队，多次讨论、交流、反思、论证、实践，最终把"善以养德，水以育人"作为"河"文化的核

心，挖掘"水"的四大精神元素：海纳百川的胸怀、勇往直前的气势、滴水穿石的坚持、廉洁自律的品格，打造了善水文化。以培养"具有民族情怀和国际视野全面发展的现代化人才"办学思路，形成以生命教育为特色的国际化、智慧化、生态化、生命化的育人模式。在善水文化引领下，营造良好的校园环境，国槐树、皂荚树——家国情怀，校园河畔每一块石头都在育人，学校的每个角落都成为教育资源，构建能润心的环境文化；发挥廊道文化、楼梯文化潜移默化的作用，以班级为单位，创建班级管理理念，打造"六善"班风，培育重实效的行为文化；教室走廊的文化建设，营造浓厚的学习氛围，将目标和誓词上墙，营造讲正气的制度文化。

3. 教育哲学再度解读

办学特色：生命教育

办学思路：打造善水文化，践行生命教育

办学理念：润泽生命，播种智慧

根本任务：立德树人

办学总目标：培养具有民族情怀和国际视野，德智体美劳全面发展的现代化人才

育人目标：明理向善、体健行雅、乐学善思、尚趣达艺、尊勤笃劳

教师的发展目标：大格局、大视野、大境界、大目标

校风：和而不同，胸怀天下

校训：厚德博学，志行高远

善水文化，生命教育引领下的团队，充满凝聚力。《中国教育报》全文刊登《让每一个生命绽放更美的光彩》，详细报道了临沂外国语学校生命教育典型案例；中国《语言文字报》先后全文刊登《业广惟勤，功崇惟志》，详细报道了临沂外国语学校生命教育发展纪实；生命教育网、华夏教育网、全球资讯、大众教育、河北教育网等十多家媒体多次报道学校的生命教育成果。

（二）"六大改革"创新发展，增强发展之魂

1. 加强课程改革，加快生命教育多维度内涵式发展

借力教育部基础教育课程教学改革创新实验区签约契机，学校成立了以课程领导力、深度学习项目为统领的十六大项目组，按照课题驱动、专家引

领、团队协作、实践取向、凸显特色的思路，确立了明德弘毅（德育）、乐学善思（智育）、体健行雅（体育）、悦美臻艺（美育）、尊勤笃劳（劳育）五大育人目标，统筹实施国家课程（80%）、地方及学校课程（20%），设置以家国情怀、国际视野、现代意识为主体的系列文化课程，以综合实践、知识拓展、职业体验为主体的系列学科课程，以兴趣特长、标准化学习、深度化学习为主体的系列学法课程。

成绩：一是学校汇编《基于深度学习的多维度生命大课堂策略》；二是被授予深度学习示范校；三是课程领导力项目作为十所先行学校在全市范围内进行典型发言五次，得到教育部课程教材发展中心副主任、课程所副所长陈云龙的肯定，课程设置得到临沂市教育局领导的表扬；四是家校育人项目在全国教育会上做典型发言。

2. 强化课堂改革，推动生命教育智慧化高效化发展

学校确立"以生为本，学为中心"教学理念，落实课堂实效教学的基本规范。在1.0传统课堂基础上，赋予课堂"生命"的意义。学校出版季刊《高效课堂探索》，落实高效课堂十六字方针：紧扣目标、学案先行、学导结合、诊断补偿。促使教师重视课堂改革。

（1）聚焦技术与课堂融合，打造2.0智慧生命大课堂。

学校直面新技术革新浪潮，适时升级网络带宽，持续打造智慧校园（本学期新增基于腾讯智慧云架构下的智慧道闸、电子班牌、天网系统），从外部环境上为智慧课堂提供土壤；设立专项资金，坚持对教师进行教育信息化应用能力培训，从技术应用上为智慧课堂夯实基础；组建了智慧课堂技术研究室，成立了信息技术与课堂教学深度融合项目组，从机构建设上为智慧课堂搭建平台。

一是借力云平台提高教学效率。发挥市智慧教育云平台、和博士测评系统的作用力，实施电子备课，实现人人通资源共享，落实网络集备教研教管。二是借力优质资源提升课堂容量。在课堂中融入洋葱数学等优质资源，便于实现课堂教学的大容量、高效率。学校在数学教学中常态化使用"洋葱数学"，可以借用"洋葱"布置学生周末预习或复习，也可以在教学PPT上插入"洋葱"融入课堂。在使用"洋葱"过程中，数学组率先创造性开展了"洋葱早读"，现在已全校推广并一直坚持。每天 6:50 ~ 7:10，各班学生一起看洋葱微课、做洋葱导学案。三是借力平板实现课堂翻转。初中三个年级 27 个班的学生全部使用平板学习。平板能够解决学情数据采集、智能批改、学情动态诊断与个性化补救等关键问题，形成课前、课中、课后一体化教学及评价体系，实现课堂翻转。目前，教师们大多已能熟练驾驭平板进行教学。烟台外国语实验学校和临沂第二十中学到访学校进行智慧化课堂研讨交流。

（2）聚焦教学策略研究，构建 3.0 多维度生命大课堂。

一是加强多维度生命大课堂和深度学习项目融合发展研究。成立项目组，召开年级、教研组、备课组深度学习论坛，打造以生命教育为主导，以合作、体验为基本手段，以生成性、生动性、主动性为主要特征，体现"尊重、欣赏、成就"等生命价值的校本教学策略。课堂要关注单元学习主题的选择，可以按照教材章节的主要内容来组织，按照学科核心素养发展的进阶来组织，还可以按照主体性任务来组织，按照真实情景下的学习任务跨学科来组织。发挥单元学习活动的作用，着眼实践性与多样性、综合性与开放性，设计具有挑战性的学习任务，帮助学生建立学习内容与实际生活之间的关联，可以打破 40 分钟的教学课时，指导学生深度学习、实践学习。注重教研共同体开放研讨，教学评价可以从"提问的反馈、作业、测试、学科报告、公开演讲"等层面持续展开，推动教学中心从"学科教学"转向"课程育人"。取得的成绩有：学校汇编十余万字《基于深度学习的多维度生命大课堂策略》。

二是严格落实"三环五步三查"教学策略。具体教学中做到"明确课堂主体—围绕导学案自学—自我发现问题—自主解决问题—展示解决方案—学生归纳提升—教师评价反馈—学生整理学案—课后分层训练"，充分体现"平等、尊重、欣赏、合作、开放、体验、激情、生成、和谐、幸福"十大生命元素和"以生为本、目标引领、先学后教、合作学习、积极展示、少讲精练、当堂达标、及时评价、人格涵养、技术融合"十大核心原则，重点突出自主学习、合作交流、展示提升、精讲点拨、当堂达标，有的放矢地提升学生深度学习效果，全面提高课堂改革效果。

取得的成绩：交流——烟台外国语实验学校和临沂第二十中学到访学校进行智慧化课堂研讨交流；成果——学校提炼总结出《多维度生命大课堂十

大教学原则》；课堂——田润萍的田园课堂、杜宝春的本色课堂脱颖而出；比赛——卢家宝等两人获省级实验教学说课典型示范案例，刘桂芬等四十八人次获得市区优质课一等奖。

3."K12习惯养成梯次化"促行为改革，增强生命教育自主性探究式发展

小学部："1352"，六年影响一生。"1"即一个根本任务，落实立德树人根本任务；"3"即低、中、高三个级部，阶段性实现学生习惯养成教育；"5"指五大路径，包括校规班纪规范教育、学科渗透教育、主题班会教育、榜样示范教育、主题活动体验教育；"2"即培养两大习惯，学习习惯和行为习惯，其中行为习惯包含文明礼仪习惯、卫生习惯、生活习惯、劳动习惯等。引导学生由他律到自律，品德由内化到外化，形成健全的人格，练就健康的体魄，培养具有人文素养、科学素养、国际视野、民族精神的现代化公民。

初中部：七年级，"1+5"，迈好中学第一步。"1"指制订习惯养成教育方案，"5"指"五个习惯、五大路径、五星评选、五项展评、五大转变"；八年级"五个一"，迈好青春第一步。推行"青春教育润底色，生命拔节育英才"的生命教育，以"五个一"为载体(即一个学习好习惯、一流人文素养、一项好活动、一系列主题班会、一次生命教育集会)，举行青春期教育系列活动，培养学生们与他人合作的能力、语言表达能力、组织能力和实践能力；九年级，"135"，迈好人生第一步。根据年级学生实际情况，制订了"一课三育五步"工作方案。

高中部：高一，"1+5"，实施奠基工程。"1"指抓行为规范，"5"指"抓学习习惯、全员帮扶、全程跟踪、特长培养、调动激情"；高二"十个一"实施覆盖工程。集体智慧、学生座谈、营造氛围、质量检测、工作纪律、教学常规、自习辅导、评价激励、课堂教学、靶向备考。高三"135"实施科学备考工程。"1"指无缝隙管理；"3"指对学生无缝隙陪伴(定点定岗值班)，对学生亲情式关怀(联系年级家委会对贫困生予以物质捐助)，对教师家人般体贴(通过教师节献花、三八节座谈、集体过生日等方式，让每位教师在学校都能感受到家的温暖、亲人的关怀，增强教师的职业幸福感。2020年7月份，学校一位教师检查出低脂化腺癌，学校召开全校教干会议，倡议广大师生为其爱心捐款约19万元)；"5"指目标引领，高效备考；实施台账规划，落实靶向教学；狠抓学情调查，推行互助帮扶；注重学生进行互助帮扶；阳光教育，激情备考（依托学校是山东省心理健康会员单位，学校配备心理辅导室，年级成立恳谈室、多措并举，缓解压力。通过专家讲座、励志报告、宣誓仪式等活动，让学生释放压力、增强自信、坚守目标、激情备考）。

取得的成绩：立德树人，五育并举，学生素质再上新台阶，德育：小学部陈禹成等24人获"沂蒙才艺小达人"；智育：学生李雨涵获得全国高中创新能力大赛全国决赛二等奖，宋金洲等6位同学获得山东省生物、物理竞赛联赛二等奖；初中部林霏等65人分别获河东区学科竞赛优秀奖；初中部徐瑞泽、唐永浩被评为区第三届青少年科技创新区长奖提名奖；体育：2020年全国U系列田径通讯赛徐嘉良三位同学获得全国第六名，孙桓三位同学达到国家级二级运动员水平；美育：朱俊宇等10人获第二届河东区青少年才艺大赛一等奖；劳育：小学部的果树领养，家务厨艺大赛。

4. "2324"促常规改革，推进生命教育标准化精致化发展

（1）有效备课，抓实过程。严格落实"集备前人人个备，集备时互通对改，上课时适时调整，上课后反思再改"的备课上课流程。具体体现两点创新：一是创新集备模式。学校打破常规集体备课模式，实施并联式集备，由传统集备一人主备、他人讨论的"串联电路"模式，改为人人主备、集体讨论的"并联电路"模式；强化目标集备，由传统集备重点研讨"怎么教"，改为重点研讨"教什么"；突出作业集备，由常规集备作业布置"随意性""一刀切"的现象，改为通过研读习题，精心筛选，分层布置。二是创新教案呈现。学校依据上级相关文件精神，结合学校教学实际，制定《临沂外国语学校备课（教案）暂行规定》：遵循不备课不上课、分层设量、双媒二备（电子、纸质）、减负增效的原则，规定除统一要有电子备课（教案与配套PPT）外，教龄10年以下（包括10年）教师每周一个纸质详案，其余简案；教龄10年以上、20年以下（包括20年）教师每周全部写纸质简案；教龄20年以上教师、市级及以上教学能手每周写一个教学案例。

（2）作业"三规范""两创新"。"三规范"具体表现为：一是规范总体机制。梳理作业流程，构建作业设置、作业审控、作业落实、作业展评四大机制，由教导处、年级组双线落实。二是规范作业设置。作业由备课组先周集备确定，集备时形成下一周的作业清单，内容主要来自教材和自主学习，作业要分层（必做题、选做题）。三是规范作业审控。先周作业清单由备课组组长确认，教研组组长审核，师生监督公示，年级主任发布，教导处督查。"两创新"是指内容创新、形式创新：倡导多布置实践类、综合性、开放性作业，如生物团队在名师引领下，组织学生开展生态瓶制作等实践活动；倡导运用云平台、平板推送个性化或可选择性作业，目前各年级借助平板已经实现了作业网络推送、大数据诊断补偿等。

（3）过程检测"四严格"。一是严格控制检测次数。学校除组织期中、期末两次质量调研外，只开展单元过关检测与月度自我调研，杜绝过多、随意性过程性检测。日常检测由年级审批，教导处核查。二是严格落实检测规程。质量检测活动都制订实施方案（单元检测除外），细化检测流程，严肃检测纪律，落实保密措施，培养学生诚信品质。期中、期末质量检测由教导处组织，月检测由年级组织，单元检测由学科组组织。三是严格执行单元检测"批阅不过夜，讲评不过节"规定。重视日常单元检测，要求学科及时统一检测、教师及时批阅反馈、学生及时纠错反思、错题及时再现补偿。四是严格遵循质量分析"四流程"。依据质量分析会商制度，每次大型检测后都要按以下流程开展质量分析，具体包括：年级主任整体分析（年级分析会）—备课组组长学科分析（专题集备会）—班主任班级分析（班级会商会）—个人自我分析（会后）等环节，确保准确掌握教学过程中的质量变化，及时采取补救措施。

（三）"六化"促教科研改革，激活生命教育循环式纵深发展

学校建成课程中心、教导处、教科室三位一体的教科研体系。课程中心规划研发课程，教导处协同年级抓好课堂落实，教科室跟进开展课题研究，初步实现了课程、课堂、课题"三课联动"的教科研融合机制。

1. 教科研阵地多维化

学校高标准建设了六个学科工作室、一个常规研究室、六个名师工作室（田润萍生物工作室、牛富化学工作室被评为市级名师工作室）、两个教学研究室、十二个项目组工作室、一个智慧课堂研究工作室，初步形成了独具特色的教科研阵地，分别从学科集备、常规研究、名师引领、课堂演练、项目推进、技术支持等多维度进行教研机制创建，满足了学校多维度抓教研、用

科研引领教学的目的。

2. 校本培训力度化

每周至少拿出一个课时，对全体教师进行校本培训，内容可以是理论学习、师生点对点帮扶、新老教师结对帮扶、命题讨论、同伴报告、专家引领等，形式有全校集中学习、以级部为单位、以学科班级任课教师为单位等。

3. 听评教研常态化

在常态课听评过程中，学校倡导教师积极落实听课"四个一"要求，即发现一个亮点、找到一个缺点、给出一个建议、撰写一个小记。倡导把所听常态课作为集备研讨的范例，掀起以课例研讨为核心的自主校本教科研热潮。

4. "两室"研究创新化

学校设立"学科工作室""教学常规研究室"，实现"以研促改、以研促教、以研促学"。学科工作室的主要职能：一是研究课标，用课标引领课堂；二是研究策略，用策略指导课堂；三是研究集备，用集备预设课堂。区教研室利用学科工作室先后举行了数学等六个学科的全区集备现场会。教学常规研究室的主要功能则定位为：实、新、展、促。"实"就是从实效出发夯实各项教学常规，"新"就是不断改进常规形式、内容及管理机制，"展"就是优秀常规材料及创新做法的展评，"促"就是通过展评促进教学常规规范、优质发展。学校依托研究室不仅定期开展优秀常规展评，还持续开展了优秀案例、问题案例的收集工作。

5. 课题研究序列化

学校倡导教师"人人做课题，人人重研究"，积极开展小课题研究，让"课题研究"成为质量提升的"助力点"。目前，学校刚刚结题省课题2项，市课题4项，获市级自然科学成果三等奖1项，区级教科研成果一等奖2项，仍在研课题有1项省级规划课题、11项市级课题、27项区级课题以及50项学校课题，分别从集备、命题、作业、课堂、学校文化、教学研究等各个方面，进行持续而深入的追踪分析与研究总结。如结合教学教研实际，基于区"撬动课堂革命"大项目研究，以教研组组长与备课组组长为主体，确立"基于'撬动课堂革命'的有效集体备课研究"等多项市区级课题。2020年12月13日，在全省县域基础教育治理体系与治理能力现代化高端论坛暨区域教科研推进会议上，学校作为全省唯一一个学校层面代表在总论坛做了"个性办学：普通高中特色化发展"典型发言，受到与会的省、市、区领导专家高度好评。

6. 研训结合时代化

学校坚持"走出去，请进来"，积极组织小学、初中外出"寻标"杜郎口学校，高中到蒙阴一中等名校学习活动。通过学习，教师们开阔了眼界、更新了理念，有力地助推了学校教学工作。学校也积极承办各级各类教学教研活动，为教师们搭建更为便捷、受众更多的业务研讨学习平台。

取得的成绩：2020年9月1日以来，学校承办山东省"齐鲁名师 名校名校长"高端访谈、临沂市初中语文优质课评比、临沂市初中化学名师工作室成果展示等30项省、市、区级活动。

（四）深化教师专业发展，引领生命教育一流特色发展

1. 以名师团队带动青年教师成长

学校从开启名师工作室的创建工作，目前已经建成以省、市级骨干为核心的六个名师工作室，其中田润萍生物工作室、牛富化学工作室被评为市级名师工作室。学校采取线上线下同步建设、同步推进的做法，已初步实现新教师"入格"、青年教师"升格"、骨干教师"成格"梯度成长态势。目前学校培养的各层级骨干教师中，有沂蒙名校长1人，沂蒙名师（齐鲁工程人选）1人，省级能手1人，省特级教师2人，正高级教师3人，市能手26人，市区兼职教研员43人，国家级讲课比赛一等奖2人，省级讲课比赛一等奖7人，市级讲课比赛一等奖58人。学校先后有多位名师被省教科院遴选走出校门"送教支教"，如生物名师工作室主持人田润萍赴西藏"送教"，道法名师郑健去德州送课。

2. 以"青蓝工程"促进青年教师成长

学校持续开展"青蓝工程"建设，以更多骨干教师点对点帮扶为目标，加大青年教师培养。具体举措：一是师徒结对，签署协议书，明确各自职责与义务，捆绑评价；二是青年教师先听课再上课，听完课后再进行备课修改，然后再独立上课；三是师傅每周至少听徒弟一节课，并结合课例手把手进行上课指导；四是为青年教师搭建广阔的课堂展示舞台，从示范课到研讨课，从研讨课到还原课，从还原课再到展示课、优质课，课堂听评贯彻学期始终。

3. 以暖心政策激励青年教师成长

对学校在编、区编、校聘三种形式的教师，学校的政策原则是一律平等对待：一经录用，工作安排一样对待，晋级表彰一样对待，学习培训一样对待，表决意见一样对待，工会福利一样对待等。正因如此，吸引了更多优秀青年教师争着应聘学校并能够认真稳定工作，为学校质量提升做贡献。

（五）打造"四个阵地"：文化、德育、教科研、督评

上下同欲者胜，风雨同舟者兴。没有等出来的成功，只有干出来的精彩，学校打造"四个阵地"（文化、德育、教科研、督评），促管理压实压细。

1. 生命教育与善水文化

本部分内容在其他章节有阐述，此处略。

2. 严抓德育（六大落实）

（1）落实政教千分制量化（500分）。制定班级目标管理检评细则，从班主任常规工作、学生纪律、卫生、两操、文明礼仪、学生安全、严重违纪等方面进行检查量化。每日通报，每周公示，每月量化评比。对多次违纪的学生及班级落实"问题清单"责任制，要求班主任写出整改措施，年级再次进行检查。

（2）落实"无声"高效自习。要求学生自习课双手置于桌前，低头写作业或看书，不受任何干扰，无声的状态。

（3）落实学生违纪处理决议，创造"三三三"管理模式。"三三三"：第一个"三"是指三种管理，常规管理、人文管理和自主管理；第二个"三"指三个管理团队，年级管委会管理、班主任管理团队、学生会管理；第三个"三"指三种违纪，一般违纪、严重违纪、特大严重，三次一般违纪顶一次严重违纪，三次严重违纪顶一次特大严重违纪。一次特大严重违纪令其退学。

（4）落实精致化管理六大策略，实施"六个一"工程。每周一次班主任论坛，每周一次学生广播会，每月一封致学生的信，每月一次任课教师会商，每月一次学生励志视频，每学期一次专家报告，实现科学管理、精细落实。

（5）落实"精致化管理60条"。课堂巡查常态化。每节课年级都有专人进行课堂巡查，对于违纪现象予以及时公示通报，班主任即时落实，进行警示与督促，让每个学生在课堂上都能专心致志，确保课堂学习效率；低声课间。全体教师均参与学生管理，在课间轮流到楼道进行值班，制止学生在课间大声喧哗与打闹，保障课间还在讨论问题、整理错题的同学能够尽量少遭受干扰；定点定岗值班。在学生就寝的路上、宿舍楼道里，都有班主任在进行定点定岗值班，切实保障学生的安全，保证学生的作息，让学生每天都能精力充沛地面对高考的挑战；高三全程伴读。

3. 严抓教科研

王铁军教授说：精致化不仅应面对现实，而且要着眼未来，要有终身负责的理念和策略，为学生生涯发展精细导航。

一是建立共识——保证时间。愿意参与、愿意花时间、愿意共享，做到一课一研、一卷一研。

二是建立体系——保证效果。教研组织体系：学科组、质量组、班级组。教研内容体系：研考、研课、研卷、研学。

三是抓实集体备课。集体备课操作体系：统一内容进度、统一导学提纲、统一检测训练、统一解决错误、统一上课课件、统一评课评练评辅。

学校倡导教师"人人做课题，人人重研究"，积极开展小课题研究，让"课题研究"成为质量提升的"助力点"。2020年，结题省级课题2项，市级课题4项，获市级自然科学成果三等奖1项，区级教科研成果一等奖2项，仍在研课题有1项省级课题、11项市级课题、27项区级课题以及50项学校课题。核心期刊论文16篇，论文《涵养美育，让生命更圆满》获全国生命教育学术一等奖，论文《生命教育理念下的学校特色化发展》受山东省教育科学研究院好评；12月13日，在山东省教育科学研究院主办的全省县域基础教育治理体系与治理能力现代化高端论坛暨区域教科研推进会议上，临沂外国语学校作为唯一一个学校层面代表在总论坛作了"个性办学：普通高中特色化发展之路"典型发言，得到与会专家的一致好评。

4. 严抓督评

专门成立三个督评小组，分别对教学、政教、后勤进行量化、督导，在每周五教干例会反馈，督促整改，实现管理无漏洞。

（五）带好"五支队伍"：教干、教师、学生、后勤、家长

学校强化五级管理策略，坚持权利是责任、管理是服务十字方针。

1. 教干

"诛罚不避亲"，坚持"对了就表扬，错了就批评"十字方针。不打折扣、赏罚分明，勇于奉献，坚持三个一：一次梳理、一次回顾、一次交流。每天早晨到校长室签到，梳理当天工作思路，列出计划；每天下午到校长室签退，回顾当日任务达成度；每周五下午召开例会，落实考核，使思想上达成共识；集思广益，交流各项任务的目标和达成措施，做到不为失败找借口，只为成功找方法；2020年腊月二十五日下午，全体教干举行论坛，总结所负责项目的成果，抓住临沂市作为全省唯一一个传承红色基因示范市建设的有利契机，把弘扬沂蒙精神，为新时代铸魂育人落到实处。

2. 教师

"师者，人之模范也。"在学生眼里，教师是"吐辞为经、举足为法"，一言一行都给学生以极大影响，学校对教师实施千分制考核、考勤量化、师德评价，进行严格规范管理。以管理促素质提高，推进教师队伍建设。一是年级团队建设。形成每周工作例会制度，确保全年级工作有序推进。力争打造出一支有奉献精神、有协作精神、有责任心、有战斗力的师资队伍；二是年级管理。强化了常规考核。年级实行日检查公示制度。教师的上课、坐班情况，班主任早读、晚三的到位情况，年级管委会都一丝不苟地检查与落实，使得年级的运行更加规范有序，各项工作完成得更加圆满出色；三是"青蓝工程"、名师工作室建设。以老带新，促进了青年教师的专业成长。老教师热情地对青年教师进行了指导，新教师积极主动地听老教师的课，向老教师请教、学习，这样极大地促进了青年教师的成长。同时，年级还定期或不定期地抽查他们师徒结对的听课笔记及学案情况，也起到了一定的督促作用；四是开好五会。全体教师会、年级教师周例会、教师成绩分析会、班级成绩分析会、班级会商会；五是三分钟候课，实行一岗双责。2020年有卢家宝等2人获省级实验教学说课典型示范案例；特色鲜明的个性课堂脱颖而出，如田润萍的田园课堂、杜宝春的本色课堂等；刘贵娜等10人获得市优质课一等奖，郇秀珍等14人举行市级公开课，李潇等14人获区级优课一等奖，沈广军等10人

举行区级公开课。

3. 学生

学校注重提高学生的自我管理能力，坚持立德树人，五育并举，促学生素质再上新台阶。生命教育社团蓬勃发展：生命教育之知行辩论社、生命教育之机器人社团、生命教育之武术社团、生命教育之音乐社团、生命教育之志愿服务社团等，大力提升了学生的责任感、沟通能力、合作精神、诚信等核心素养。学生李雨涵获得全国高中创新能力大赛全国决赛二等奖，宋金洲等6位同学获得山东省生物、物理竞赛联赛二等奖；2020年全国U系列田径通讯赛徐嘉良三位同学获得全国第六名，孙桓三位同学达到国家级二级运动员水平；

4. 后勤队伍

兵马未动，粮草先行，后勤保障直接关乎师生的生活质量。学校坚持一手抓办学质量，一手抓师生生活质量，实现良性互动；坚持全面抓好节流工作，降低人力成本开支，降低日常开支，打造节约型校园；坚持零星维修随叫随到，贴心服务，全力打造幸福化校园；坚持让师生吃得好、吃得饱、吃得舒心，住得暖，心情舒畅。组织"慈善音乐会""新年外教座谈会""扫雪除冰""元旦联欢晚会""退休欢送会""春季厨师培训及厨艺大赛""迎新春，送祝福"等系列化活动。

5. 家长

管理规范化，聚焦机制组织科学，一是学校依据家长学校课程指南成立班级、年级、校级三级家长委员会；制定家委会、家长学校常规工作制度，组成机构、例会制度、工作计划、工作总结；每学年向教育局至少提交一次家长委员会提议案；学校提供家长委员会办公场所和条件；提供家校共育的活动场所；每月至少收集一次家长意见和建议，通过家长委员会会议或书面形式与学校进行沟通，学校答复反馈意见，及时向家长转达学校、教师对家长的意见和建议；二是家委会运行机制重实效，坚持家委会驻校办公制。每学期至少一次列席学校校务、教务、总务等会议，主动献计献策；每学期至少协助学校组织两次以上教育教学活动参与对学校教育教学的评估；参与指导校本课程和综合实践活动，并保证效果。每月编排家校育人简报；三是顶层设计驱动,成立一个中心。即成立家庭教育服务指导中心;建立两个机构。建立班级、年级、校级、区级四级家长委员会,明确家长委员会职责。成立家校核心组,家委会成员参与学校、班级日常管理和监督,推动家庭教育与学校教育和谐发展;组建三支队伍。即家长讲师团、家长导师团、家长义工队,三支队伍组建,畅通了家校沟通的渠道。家校育人项目在全国教育大会做典型发言。

第二节 学校管理

2015年3月8日,中国政府正式发布了《推动共建丝绸之路经济带和21世纪海上丝绸之路的愿景与行动》。"一带一路"倡议的实施,不仅标志着我国国家发展战略和外交战略新的开端,同时也为我国教育的改革与发展,特别是教育的对外开放提出了新的挑战,并提供了新的机遇。教育将会承担起时代赋予的历史使命和责任,为推进国家战略服务。

党的十九大精神要求,建设教育强国是中华民族伟大复兴的基础工程,必须把教育放在优先发展的位置,深化教育改革,加快教育现代化,办好人民满意的教育。党的十九大精神要在教育上落地生根。

我们学校中层干部有着承上启下的重要作用,既要做好分管的工作,还要管好职权范围内的人和事;既要高效不折不扣地执行上级领导的工作和决策,还要组织协调监督好下属的每一项、每一次工作,是能力也是考验。

一、什么叫管理

管理简单来说就是要求教师怎么去做,要求教师避免哪些行为。管理:一是要管,二是要梳理;管理的目的是高效、是提高,管理的核心是人和事,有人才会有事、事是由人去做的,两者是一个统一,管理就是管好人、做好事,并要高效完美地做好事,说白了处理好人和事就是我们的管理。如把两个字拆开，更具体一点解释为：管，就是决策、计划统筹、组织、掌控（了解、熟知、控制）；理，是梳理与合理的意思，在工作中合理地安排，针对不足及时整改。最后用几个词来概括我认为的管理，那就是计划、安排、分配、监督、合理，还有反思。学校管理以人为本，管理要管人，管人要管心，管心要关心，关心要真心。真心相待，坦诚交流，工作就成功了一半。我们要把教师视为办学之基，把教师第一的人本管理思想作为学校管理的基本理念。所以说，领导能力是一种艺术，不是生硬的命令，而是一种尊重与激励的艺术。

1. 对教师要尊重和关心

要关心教师应从调查、了解、研究教师入手。要关心教师的生活，要从关心他们的衣食住行开始，注意询问和了解他们生活中的困难，尽一切可能帮助其解决困难，如因条件有限，也应该给他们做好解释工作，希望得到他们的理解和支持。

2. 关心教师的工作

通过教研会以及听课，谈心等形式，对教师工作中取得的成绩和进步要及时地进行表扬和肯定。对工作中存在的问题可通过朋友式的谈话聊天加以指出，尽可能让教师领会到学校领导看得起我、爱护我、关心我、帮助我。尤其在教师最需要帮助的时候。做到待人有情，容人之短，与教师交朋友，努力寻求人与人之间关系的和谐，从而最大限度地调动教职工的积极性，形成民主、和谐、向上的氛围，实现学校的可持续发展。当然，由于人的思想、水平、觉悟、性格等的多样性，具体实施管理时我们在强调尊重人格的前提下，坚持"无情决策，有情操作"的原则，坚决对事不对人。在处理方式上，多交流、多沟通、多协商，在和谐融洽的气氛中了解他们的思想脉搏和心理动态。面对教师职业倦怠、心理疲劳、烦躁、忧郁、紧张、焦虑；情绪不稳甚至失控，出现偏差行为时，不能一味说教、责备，而要因人而异，从源头上施治。

3. 尊重人格

管理者需要多多包涵，对教师的不足与过失，采用"表扬在会上，批评在谈话中"的方式。即使是针对领导个人的，也要泰然自若，不必针尖麦芒。

等暴风雨过去了,让教师在不失面子的情况下,心悦诚服地理解领导的用意,从而自觉接受意见,将愧疚化为报效行动,积极投身到教育教学工作中去,在平凡的岗位上实现自身的理想和价值。

4. 做有尊严的教干,享受教干工作带来的成就感

尊重不等于妥协,不等于不讲原则,不等于丧失人格。做有尊严的教干,让人服气的教干。

二、中层干部管理

领导的定位?领是带领,走在队伍的前头。导是引导,综合讲就是带领引导,带领大家朝着既定方向前进的行为,目的在于为实现集体的目标而努力。

中层干部是学校的中坚力量,中流砥柱。学校的成功与否,取决于中层干部,是学校领导班子和教师之间的桥梁和纽带。

(一)本身素质

要想真正当好学校中层干部,必须具备的条件:

一是有较高的政治素质,与学校保持高度一致。党的十八大以来,习总书记讲过好干部的标准——对党忠诚、个人干净、敢于担当。

二是有较高的业务素质,业务水平高,班级管理好,教学质量高。

三是有很强的执行力。没有执行力,就没有竞争力。执行力不讲如果,只讲结果。

四是为人要诚实守信,处世要谦虚谨慎,工作要严肃认真,办事要公平公正。邓小平说:"做老实人,说老实话,干老实事,就是实事求是。"孔子说:"人而无信,不知其可也。"

五是工作要有魄力。亮剑精神是一种气魄,是面对困境时的果断,是永不言败的信心,是锲而不舍的执着,魄力让敌人生威,让队友充满信心。

六是有处理应急问题的能力。作为领导,应该既是指挥员又是战斗员,作为指挥员就应该体现自己的能力和水平,越是面对棘手难缠的问题,越要沉着冷静,迎着困难上。

七是学校中层干部要有吃苦耐劳的精神。不怕加班、不怕吃苦、不怕困难。这是每位领导干部必须谨遵的原则。既要做教师的"指挥官",又要做教师的"勤务兵",做到不畏艰难困苦,扎扎实实地开展工作,勤勤恳恳地做好事情。托尔斯泰说:"幸福并不存在于外在的因素,而是以我们对外界原因的态度为转移,一个吃苦耐劳惯了的人就不可能不幸福。"

八是有独当一面的能力,担当精神、责任意识。

要做一名合格的中层干部,要做好六讲:

1. 讲执行力

每所学校都有自己的办学目标。办学目标一旦确立,就需要中层干部全力协助校长,带领全体师生为实现目标而奋斗。在这奋斗的征途中,中层干部要以校长为旗帜,对校长集思广益作出的决策要能准确到位地领会,对校长部署的任务要能高效及时地完成。如此上下一心,拧成一股绳,才可能顺利实现办学目标。反之,"将在外,君命有所不受",中层干部各行其是,或是出勤不出力,玩忽职守,那就很可能使前进的方向偏离既定的目标,甚至使实现目标变成遥遥无期的事情。可见,作为受命于校长的中层干部,做校长办学思想的积极执行者,责无旁贷。

苏霍姆林斯基说:"校长的领导,更多的是教育思想的领导。"这就需要我们中层干部在各自的职位上积极发挥"创造者"的作用:校长对本部门工作的部署如有不到位的地方,自己能主动地发挥自身精通业务的优势弥补之;校长如疏忽部署而又确属必做的工作,自己能独当一面,征得其同意后迅速地予以完成。只有这样,既能雷厉风行地执行任务,又能充分地发挥主观能动性,部门工作才能永葆活力,学校的整体工作才能得以稳步地发展。

2. 讲尊重

魏书生说:"为形成学校令行禁止的工作作风,也为了回报校长对自己的信任与培养,中层干部自觉地做校长权威的维护者,对校长表示出应有的尊重,这于公于私都是应该的。"校长布置工作自己保质保量地去完成;校长某方面如存在不足,自己能诚恳地指出来。抑或相见时主动问一声好,分别时真诚道一声"再见"——诸如此类,都足以体现对校长权威的维护与尊重。

3. 讲艺术

中层干部作为学校的一级管理者，工作中既要开拓进取，又要讲究艺术。

首先，不能以领导者自居。如果说话爱打官腔，一副高高在上的架势，是最容易引起教师反感的。相反，凡事尊重为先，总以诚恳的态度和商量的口吻来布置或检查工作，就能赢得教师们的积极配合。

但是，尊重并不意味着迁就。与教师打成一片，并不是你好、我好、和稀泥。那种以牺牲原则为代价来博取教师好感的做法，其后果将是严重的。试想，教师应该完成的任务未完成，你中层干部睁只眼、闭只眼、手下留情，放他一马，他不思进取的惰性岂不要萌发、滋长？你将来再布置工作时，他怎不会讨价还价，大打折扣？果如此，那教师怎么能尽快地在工作中磨炼成行家里手？教育教学的高质量又能靠什么来获取？据此不难看出，中层干部在工作中要敢于行使职权，"严"字当头。当然，"严"字当头，并非不需要把握处理问题的尺度。工作中万一与教师发生摩擦时，中层干部要尽最大可能在自己的职权范围内予以妥善处理，而不能动辄将问题上交，拿校长的大棒来吓唬教师。总之，中层干部要不断地提高管理艺术。但是，若只能坐而论道，有"唱功"；而不能身体力行，无"做功"，那还是远远不够的。只有"唱""做"结合，既善于管理，又勇于示范，才能使广大教师心悦诚服，才能使管理艺术植根于实践的沃土而更加灿烂芬芳。这是有例可证的。

有一所学校，主抓学生管理的政教主任兼做班主任工作，他工作细致，讲究方法，班级生机勃发，他的班主任工作为全校班级管理树立了一面旗帜。负责教学和教科研的两位教导副主任坚守高三毕业班，教学和科研成绩齐头并进，两人均被市教委授予"教学能手"称号。由于三位中层干部树立了出色的示范者形象，教师们学习有榜样、努力有方向，所以该校教导处的工作开展起来得心应手，成绩日益显著。

4. 讲表率

如何做好表率呢？这就需要增强四种"意识"：

首先，增强全局意识。既不缠身于烦琐的行政事务而保证不了教育教学工作所必需的时间与精力，也不埋头于教育教学工作而荒芜了行政事务这一头。应统揽全局抓重点，好钢用在刀刃上。

其次，增强奉献意识。领导即服务，服务讲奉献。按部就班，"日出而作，日落而息"是不够的。中层干部要怀有一颗强烈的事业心，不计报酬，无私奉献：白天完成不了的工作，夜里继续做；工作日处理不完的事务，休息日接着干。没有囫囵的时间，就拼接零碎的时间。如此才能为德育处理和教育教学工作的开展提供必要的时间保证。

再次，增强效率意识。既要精通本部门业务，一有事情就能迅速处理，三下五除二，速战速决；又要讲究教育教学艺术，提高教育教学效率。这样即便在时间的利用上彼此发生一点冲突，也不会给工作进度和质量带来多大影响。

最后，增强"生本"意识。中层干部和学生交往时，一定要保持普通教师的身份，以生为本，而不以官腔官调来对待学生，否则，就无法建立良好的师生关系，取得理想的教育教学效果。在履行职责，给予学生以荣誉或进行批评、处罚时，一定要站在全校学生的角度来秉公办事，一碗水端平，切不可徇私情，有本班、他班之分。只有这样，才会赢得学生的加倍敬重。

5. 讲合作

中层干部在各自的岗位上比干劲、赛成绩，这种竞争对促进学校的发展是有益的。但是竞争不是嫉妒，更不是掣肘，竞争必须与合作携手。学校各部门虽说有职能之分，但分工不分责，各部门都是学校管理链上的重要环节，只有环环相扣，才能给学校发展以巨大的拉动力。因此，中层干部要坚决摒弃狭隘的部门利益观念，经常性地互通信息，交流各自工作的成败得失；要在精通本部门业务的同时，尽可能地熟悉其他部门的业务，这样既有本部门工作的主阵地，又不至于隔行如隔山，必要时能给其他部门的工作以有力的支援；在布置工作，进行检查时，如涉及其他部门的中层干部，要视同一般教师，决不给予"豁免权"，搞一校两制。

此外，由于学校各阶段工作的重点是不断变化着的，所以各部门在不同时期受重视的程度就很可能存在着差异。面对差异，中层干部应以平常心待之。受器重，不能忘乎所以，傲视一切；遭"冷遇"，不能灰心丧气，迁怒他人，要相信本部门工作作为学校管理乐章中的一部分，即便暂处"低音区"，也自有它不可替代的作用。

(二)处理好九种关系

1. 处理好责任与权力的关系

做学校中层干部,无疑是一种荣誉,也有一定的权力,但首先是一种责任。当好学校中层干部,要有一种强烈的责任心,对所担任的工作要主动负责、敢于负责和善于负责,即所谓在其位谋其政。做到有位而有为。只想要荣誉要权力,不想负责任或者是怕负责任,这就缺少了起码的领导品行。现在有一种普遍现象,就是在一些中层干部中,一是不想负责任或者是怕负责任,遇到矛盾绕着走,不敢触及矛盾,缺乏解决具体矛盾的勇气和能力;二是把矛盾上交,不想也不敢处理棘手问题;三是能得好处的事自己办,得罪人的事推给别人去办;四是工作没有长远打算,心中无数,当一天和尚撞一天钟,有的甚至只当和尚不撞钟。我个人认为,能否正确行使权力,有没有责任心,责任心强不强,是能不能当好中层干部的前提和思想基础。

2. 处理好工作与同志的关系

学校中层干部与校级领导之间是同志关系,也是工作关系。处理好与校级领导的同志关系与工作关系,是当好中层干部的基本素质要求。工作关系是指学校中层干部与校级领导在工作过程中的关系,属于上下级的领导关系。在工作过程中,校级领导是一级组织的代表,对校级领导的尊重和支持,反映了下属(中层干部)的组织观念。实践证明,当好学校中层干部,必须牢固地树立起下级服从上级的服从意识。

同志关系是指地位平等、目标一致,在思想、工作上相互帮助、相互促进的关系。在实现共同理想的过程中,只有分工的不同,没有高低贵贱的区别。当然,学校中层干部在工作上坚持下级服从上级的组织原则的同时,保持自己独立的人格与尊严,与校级领导以同志相处,取长补短、相互促进,既可以获得校级领导的尊重,促进上下级关系,又有益于树立良好的校风,促进学校工作健康发展。

3. 处理好对上负责与对下负责的关系

对校长负责与对教师负责是一致的。只对校长负责,不对教师负责,说明对校长负责也不是真的,是有个人企图的。只对教师负责,不对校长负责,那么，对教师负责也不是真的，是假借教职工之势，与校长分庭抗礼，实现个人的某种目的。这两种倾向在学校工作中时有发生，应从本校的实际出发加以纠正。有这样的现象，做事给校长看，把教师的合理要求置之脑后，这是很不正常的。

4. 处理好会上与会下的关系

中层干部直接面对教师，在教师中有一定的影响力，也可以说是教师队伍之首。一所学校的领导意图能否实现，既取决于校长意图是否正确，是否符合学校的实际，也取决于中层干部的思想作风，取决于中层干部能否做到会上与会下、当面与背后表里一致。有的中层干部在会上说得很好，当着校长的面说得很好，一回到他所领导的处室，一回到他领导的队伍之中，就自觉或不自觉地流露甚至分开散布这样或那样的不满情绪，这是一种很不好的作风，因为它影响团结、影响学校的大局工作。

5. 处理局部与全局的关系

中层干部必须树立全局观念，立足本职，胸有全局。有些工作在全局看来是可办的，在局部看来比较难办，但也得办；在全局看来不可办，在局部看来可办的，同样不能办。这就叫局部服从全局，这就是全局观念。牺牲局部利益，服从全局利益，一些教师可能会有意见，可能一时想不通，这就需要中层干部做好教师的思想工作，讲清楚局部与全局的关系，讲清楚教师的根本利益、长远利益与全局利益的一致性。

6. 处理好工作与学习的关系

当好中层干部，既要努力工作，又要善于学习。知识的丰富是领导能力、工作能力的基础。作为中层干部，必须牢固树立终身学习的理念，尽可能地挤出时间学习，不断汲取新的知识，努力掌握新的理论，争取做一个知识型、学者型的中层干部。要善于向实践学习，向教师学习，向书本学习，向外校学习。向实践学习，要善于总结基层教学实践经验，不但要总结成功的经验，还要注意总结教训。向教师学习，就是要尊重教师的意见，尊重教师的首创精神，坚持"从教师中来，到教师中去"的工作路线。向书本学习，就是要养成良好的读书习惯，结合学校工作实际，需要什么学什么，不断提高教育教学管理的理论水平，与国家的教育方针和政策合拍。只有善于学习的人，才能善于工作；不会学习，也就不会工作；一个人怎样学习，也就怎样工作。向外校学习，就是借鉴先进学校成功的管理经验，学习他校的先进理念和办学思路。

7. 处理好与学校之间的关系

工作中学校中层干部既要忠于职守、尽职尽责，又要严格按照学校所赋予自己的权限办事，务必谦虚谨慎，不能居功自傲。学校中层干部是具体工作的组织者和执行者，在实际工作中，每个学校中层干部都会干几件值得让领导和教师们赞誉的、非常漂亮的工作，肯定会受到领导的表彰。此时，你务必要牢记"谦虚谨慎，戒骄戒躁"这句名言，切不可有居功自傲的思想，这是一个人的人品，更是学校中层干部应有的基本素质。韩信要挟封齐王的故事，年羹尧被赐死的故事，究其原因，是居功自傲。

8. 处理好与其他的中层干部之间的关系

工作上要相互帮助，不要"越俎代庖"。实际工作中，学校中层干部之间肯定有明确的分工，有各自所分管的工作，但是谁也不可能事事都能单独地完成，况且有些工作本身就不是一人所能完成的，这就出现了学校中层干部之间相互帮助、相互协作的问题。这时，其他的学校中层干部应顾全大局，主动地伸出援助之手，帮助出主意、想办法，主动为其分担一些工作，做到全局一盘棋，劲往一处使，汗往一处流。团结一心，共同前进。

9. 处理好与教师的关系

要以身作则，率先垂范作为学校中层干部，要想干好工作，赢得教师的信任，首先要做到以身作则，带头遵守国家的各项法律法规和本学校建立的各项规章制度，如工作纪律、廉政制度、社会道德、职业道德等，其次，在具体工作上，要率先垂范，身体力行，带头给教师们做出榜样，特别是作为学校的中层干部，学校本来就那么几个人，假若你总是在那里发号施令，不做任何具体工作，只管监工、验收，那么头一两次，也许会有人服从你的命令、听从你的指挥，但绝不会超过第三次，原因就是你是学校中层干部，学校中层干部就是各项工作的带头人，你带头了，教师就听你的；你不带头，教师当然也就没必要听你的了，在学校具体体现在时间上、教课上、制度上、荣誉上，是以身作则的具体体现。所以，作为学校中层干部，在具体工作上，在和教师的相处中，一定要做到率先垂范。

要勇于面对批评。如何正确对待领导的批评，不要只能接受表扬，不能接受批评，一旦受到了批评，不是去深刻地反省自己、检查自己，找出自己工作中存在的不足之处，使自己在工作中少犯错误，不犯错误，反而觉得是领导不近人情，不给自己面子，在找自己的"麻烦"。在本学校教师中发牢骚，说怪话在教师中造成负面影响，给人家留下"你这个人不好相处""素质低"的坏印象。

中层干部要有思路、有方法、有落实、有激情，有创新。要力避以下行为：A.出卖班子会未成熟的意见。B.安排工作靠领导。C.该批评不批评，反而为好人。要敢作敢为，记住，管理是盯出来的，技能是练出来的，办法是想出来的，潜力是逼出来的。

（三）把握六个原则

1. 讲服从与盲从的关系

服从，是组织原则，校级领导经过研究形成的工作部作为下级，只能服从，不能说我不办，或者说我不能办，如果这样做，就是违反组织原则。如果是同领导一起研究工作，商量问题，或者领导虽然有了一个基本想法，但是还没有最后拿定主意，还想听听下属的意见，特别是不同的意见，这时候，有什么想法都可以提，反对的意见也可以提。讨论结果定下来之后，有不同意见可以保留，但在行动上必须服从。不盲从，是说我们在实时操作中必须认真领会决策的精神实质，因地制宜，发挥主观能动性，创造性地丰富和完善学校的全局决策，防止不动脑筋地照抄照搬，提高执行的灵活性和实效性，是为了更好地落实学校部署，使工作完成更圆满。

2. 讲主动但不越权

积极主动地投入工作体现了中层干部强烈的主人翁责任感。但作为一个学校的中层，必须明确责权，摆正位置，掌握处置问题的分寸尺度，坚持主动而不越权的原则，要防止不明责权地乱拍板、瞎拍板给学校领导和全局工作造成被动，甚至要收拾残局的尴尬局面。

3. 讲请示但更求主见

中层部门遇到重要事情请示学校领导时要有主见。因为校长面对的处室多、任务重、时间紧，所以我们请示有三忌：一忌突然访问请示；二忌随意口头请示重要事情；三忌无解决方案单纯向领导要主意。而应在请示时主动提出建议。讲请示但求有主见的原则，能方便领导全面了解事情缘由，拓宽领导思路，进行短时间的最佳选择，形成正确的决策。

4. 讲务实但更求创新

工作要务实，但也需要创新的突破和活力。务实多为量的积累，创新才是质的飞跃。务实的基础上有创新方可形成特色。讲务实更求创新的原则，能打破不思进取、墨守成规、死水一潭的工作状况。作为中层干部，不认真贯彻上级的决定是不对的，原原本本地贯彻校委会决定是应该的，但不是最好的，最好的应该是创造性地开展工作，开创工作的新局面。创造性地工作，需要形成创造的思维方式和敢闯、敢试、敢为天下先的精神。要形成创造性的思维方式，必须要学会运用新观点与方法分析问题和解决问题。

5. 讲奉献但更求实效

奉献精神是教师职业的高尚风范。但奉献要讲科学性和艺术性，特别要注重奉献的实际效果。我们要防止忽视教育教学的科学方法，学生教育实效欠佳的现象等。有这样一种现象，责任人埋头苦干，奉献很多，但收效甚微，这往往是过程与结果的不一致，我们要深刻反思其做事的科学性和有效性。

6. 讲客观但更求主观

工作中遇到客观困难造成工作未完成的现象很多。作为中层干部，需要出现困难不强调客观，注重多方求解的精神，详细提出解决方案。例如工作做到什么水平，遇到哪些困难，自己认为有哪几种解决方法，尚需学校给以何种政策。如果一味推卸责任、敷衍应付，必定造成工作的被动。我们要引导教职工立足本岗位解决问题，积极主动寻求解决方法，形成富有责任感的务实作风。

（四）具备五种情怀

中层干部与教师们朝夕相处，对教职员工的态度和感情问题，历来是管理工作的一个根本问题。以正确的态度对待员工，做到"以情带班，以理服人"，是新时期管理工作的一个本性问题。对教职工的态度与感情是密切联系

在一起的,端正态度是产生感情的前提和基础,深厚的感情是态度端正的具体体现。我认为,做好管理工作,必须具有以下五种情怀:

1. 尊重的情怀

管理者必须尊重自己组织中的每个教师。正所谓推己及人,尊重是赢得真诚的前提。尽管在组织中,每个教师的身世背景、家庭可能各有不同,但是以平等的心对待每个教师,才能谋求一个融洽的氛围,让教师从内心愿意和你共事,愿意为你排忧解难,共谋发展。

2. 关爱的情怀

中层干部应该有一颗仁爱之心和体恤之心。要学会换位思考,假如我是校长,我希望我的副手是什么样子?我是中层干部,我希望别人怎样配合我?我是教师,我希望我心目中的领导对我有怎样的关爱?做到"己所不欲,勿施于人"。

3. 欣赏的情怀

当你赏识一个人的时候,你就可以激励他。作为中层干部,就要不断用赏识的眼光对待教师,不断地在工作中表达自己的赏识,使教师受到鼓舞和激励,尤其是在教师做得优秀的时候。我们不能默认教师的表现,一味地让他们猜测自己的态度,默认和猜测都将导致沟通的障碍,使教师对管理者丧失信心。你所能做的就是对教师说出你的赏识和你对他们的评价,让他们从你的表情和语言中感受你的真诚,激励其士气。

4. 容人的情怀

中层干部在工作中被上级误解的事总是很多,这就要求中层干部豁达大度,坚持"宽以待人,严以律己"的原则。首先要严格要求自己,检查自己对工作是否尽职尽责,工作方法是否有问题,工作中有没有疏漏或过失,如果确被误解,也要三思而后行。而当校长在未弄清事实真相前一时错怪了自己,甚至对自己产生怀疑时,绝不能因一时的委屈而不配合校长开展工作,应坦诚地同校长交谈思想,交流感情,以免产生思想隔阂,形成感情屏障。对重大的是非问题,要坚持原则,亮出观点,摆出事实,讲清道理,以理服人,消除误解。当自己遇有这样或那样的反对意见,甚至遭到非议时,作为中层干部更不应考虑一己之利,以"一人之下,众人之上"的领导者身份去压制对方，强迫对方接受自己的观点，服从自己的意志，而要像尊重校长那样尊重下属，从维护团结的良好的愿望出发，晓之以理，动之以情，以良好的角色形象赢得大家的支持与帮助。这样就能做一个称职的中层干部。

5. 淡定的情怀

一般说来，当学校整体工作取得成绩的时候，上台领奖的是校长，闪光的镜头对准的是校长。校长是"红花"，中层干部是"绿叶"。此时，中层干部要有"绿叶"精神，切不可"抢镜头"，不应一味强调自己的作用，过分夸大自己所做出的贡献。那样做不仅自己的品行让人怀疑，也会抹杀自己实际工作中的成绩。这是淡利境界的首要问题。其次，校长在工作中难免有失误，中层干部应从维护校长的威信出发，主动做解释工作，落实补救措施；事后，既不能向他人张扬，以显示自己某些方面比校长高明，更不能拆校长的台和寻找话柄，要甘当无名英雄。这样不仅维护了校长的威信，也为自己赢得了尊重，更主要的是顾全了大局，树立了集体领导的形象。再次，中层干部的岗位特点决定了其吃苦在前、享乐在后，要默默无闻，如果攀比，计较得失，那你永远觉得心理失衡，永远不是一个称职的中层干部。面对评优、职称、能手、明星称号等荣誉时，你如何处理？校长考虑时大多是第一线教师，你要切实做到淡泊名利。

（五）不能重用的中层

拉帮结伙的、无真才实学的、自私自利的、怕吃苦的、好发牢骚的、没有力度的、缺乏执行力的、没有目标的、缺少荣辱感的中层是不能重用的。

总之，中层干部显露身手于学校发展的大舞台上，必须认真拼搏、努力工作。唯有如此，才能为学校发展的连台好戏作出最大的贡献。

三、学校管理

中国宋代教育家朱熹说过："言治骨角者，既切之而复蹉之；治玉石者，既琢之而复磨之，治之已精，而益求其精也。"随着教育现代化的推进，精致化、精细化越来越受到关注。

近年来，学校为培养学生的核心素养，促进学生全面发展，以精致化管理为依托，围绕"一二三四五六发展战略"，逐渐形成以"精致化管理"为特色的育人模式，得到广大家长和社会的一致认可。

（一）抓管理，重实效，打造精致化管理目标

学校精致化管理的总体目标是达到三个精致化：学校管理精致化，构建科学管理体系。课堂教学的精致化，构建高效课堂；学生管理的精致化，构建和谐校园。

1. 学校管理精致化，构建科学管理体系

学校打造生命教育，推进四线四部的高效管理模式，管理工作坚持PDCA工作机制（Plan即计划，包括方针和目标的确定，以及规划的制订；Do即执行，设计具体的方法、方案，进行具体运作，实现计划中的内容；Check即检查，总结执行计划的结果，找出问题；Action即落实，对总结检查的结果进行处理，对成功的经验加以肯定，对于失败的教训也要总结，引起重视），突出以人为本的管理思想，渗透情感交流的管理方法，使精致化的管理收到最大值的绩效。

2. 课堂教学精致化，构建高效课堂

"天下难事，必作于易；天下大事，必作于细。"课堂缺失有序、精致的教学过程，就不可能获得课堂教学的高效率。为此学校要求教师抓好以下几个环节：精心设计教案和导学案，使教与学合一、和谐；精心设计教学目标、课堂提问、课堂练习，使课堂教学有较强的目的性、针对性和有效性；精心设计课堂教学过程，使学生为课堂主体得以充分发挥；潜心研制和谐的课堂氛围，使学生的注意力始终保持集中，使学生的思维始终处于激活状态，使学生的心境始终感到愉悦。

3. 学生管理精致化，构建和谐校园

践行社会主义核心价值观，笔墨书香学生园地文化橱窗评比活动、净化校园，星级教室和星级宿舍评比、辩论赛、文明礼貌主题班会、文明中学生评选、课间操比赛、篮球比赛、校长杯足球联赛、安全教育班会、建设平安校园等系列德育活动，促进学校良好的班风、校风、学风的形成，保证学校各项工作的有序开展，努力构建和谐校园。

（二）抓过程，重成效，推进精致化管理办法

精致化管理最基本的特征就是重细节、重过程、重落实、重质量、重效果，讲究专注地做好每一件事，在每一个细节上精益求精、力争最佳，也是"用心工作、爱心育人、真心服务"的教育思想的具体体现。它要求每一个步骤都要精心，每一个环节都要精致，对学校方方面面的教育工作提出的是更具体、更细致、更严格的要求，每一项工作都要是精品。"精心是态度、精致是过程、精品是结果。"

1. 学校管理精致化

学校精致化的管理要做到分层、分块地管理。学校实行四线四部管理，工作中严格执行"谁分管的谁负责""谁的岗位谁负责""谁的班级谁负责""谁的课堂谁负责""谁的活动谁负责"的岗位责任制，提高教职工的责任心和使命感。将管理责任具体化、明确化，要求每一个人都要到位、尽职，第一次就把工作做到位，对工作负责，对岗位负责，人人都管理，处处有管理，事事见管理。通过"六个一"：每周一次班主任论坛，每周一封致学生的信，每两周一次的学生广播会，每月一次的任课教师会商，每月一次学生励志视频，每学期一次专家报告会，实现科学管理、精致落实。

2. 教师管理精致化

对教师的管理，学校制定了《临沂外国语学校教师一日常规要求》《教职工考勤规定》《教师绩效考核分配办法》等制度，每次开学在教职工会上都认真学习，加强教师职业道德教育，对管理中不适应的规章制度学校每学期都及时修改，使教师管理有章可循，力争做到制度管人，学校管理的主体就是教师的管理，学校每学期重视制度的制定与落实，教导处具体考核学校教师的常规工作，要求做到管理有记载、有落实。出操上课、作业教案、跟班辅导以及课堂教学方法及效果，教师的各个方面，如日常生活、安全，学校都要心中有数，每周例会通报教师常规管理中的存在问题，及时整改，做到管理周周清、规范化、科学化。

学校重视课堂教学，为了提高教师教学技能，每学期组织新课改示范课、公开课、新教师汇报课、音体美教学评估，每学期至少开展教研活动5次，使得学校教师在课堂教学技能的学习上有了机会，对于新教师的打造有极大

的帮助。

3. 学生管理精致化

(1) 一日常规及安全管理。每学期开学前两周，学校进行学生常规教育，通过集会、班会等形式组织学生学习《中小学生一日常规》《中小学生守则》《宿舍管理制度》《安全管理制度》等制度。每学期学校都进行三风纪律教育、法制报告会、各种安全演练，落实德育常规检查，进一步加强学生管理，学校安排值周教师、值日学生每天进行全方位的德育常规检查，规范了学生的日常行为，促进了学校良好的班风、校风、学风的形成，保证了学校各项工作的有序开展，努力构建和谐校园，初步摸索出了一套管理学生常规及安全的工作思路。

(2) 班主任及主题班会管理。学校学生的管理主要依靠班级管理，学校每学期首先通过年级会议确定骨干教师担任班主任，这是做好班级管理的基础，我们认为起始年级班主任尤其重要。选好了班主任，学校要求和培养也十分重要，每周召开一次班主任工作例会，进行班主任工作研讨，每次例会通过班主任论坛、班级案例讨论等提高班主任管理的水平和能力。

实行班会集体备课制度和主备人班会公开课制度，发挥主题班会的教育作用。主题班会系列化，小学段主要针对小学生的各种特性而设定了不同的班会主题，这些主题班会新颖有趣，很适合在小学课堂上开展。举其中一些例子："我是小学生啦""做时间的小主人""文明礼仪伴我行""珍爱生命，平安出行""小小雏鹰学自护""争做爱粮节粮小标兵""学做家务，小当家"等。初中学段在主题设置上，绝对跟小学相比又有不同。比方"让自信闪亮登场""口才运动会""网络让我欢喜让我忧""班长轮流做，今天到我家""告别童年，放飞理想""流行歌曲与中国传统文化"等，这样既让班会内容更加丰富，激发了学生的兴趣，同时也可培养他们思考的能力。高中学段借鉴一些优秀高中班主任的班会课，实践性与操作性极强启发性极大，值得去借鉴。例如这些班会的主题有"坚持路上有风光""让生命和时间赛跑""走近CEO""自信，从现在开始""我心中的班级""让世界因我更美丽"等。

(3) 多彩社团管理。学校建有一栋独立的艺术楼，并专门成立社团管理组织机构，加强社团管理的规范化和科学化，提升工作效率和质量，制订学期常态化社团活动。基于生命的认知和体验必须在生命活动中自我生成，学校建立了以学生会为核心的学生社团，开展了小学部全员参与、中高年级自愿参与的试点活动，特色性地涌现出书法、国画、漫画、金丝画、水彩等美术社团；合唱团、民乐、舞蹈、堂鼓、古筝、钢琴、二胡等音乐社团；健美操、武术、足球、篮球、乒乓球、羽毛球、网球等体育社团；电子积木、机器人社团等30个社团。并且切实做到五个确保：确保专业教师带团，每个社团都配有一名专业的指导教师，培训学生并组织活动；确保社团活动时间，规定每周二和周四课外活动时间为社团日，学生参加社团活动，责任教干进行巡视；确保社团活动场地，学校在艺术楼为每个社团提供了一个固定的房间；确保社团活动器材，学校斥资为每个社团配备专业和齐全的器材；确保社团活动基金，学校设立社团的专项活动基金，大力支持一切社团活动。有了这五项保障措施为社团保驾护航，目前，学校社团活动正如火如荼地进行着。

未来学校将形成更加多元化的办学特色，让孩子至少掌握一项艺术方面的才能和一项体育方面的才能，学校至少形成艺术方面的一项特色和体育方面的一项特色，让学生能够朝着自己喜欢的方向发展，培养自己的兴趣爱好。

（三）抓落实，重绩效，做好精致化落实督查

为进一步推进精致化管理工作的落实，学校确定每年9月份开学完善精致化管理制度，10月份进一步修订完善，以后逐步推进，抓好落实，力求抓出成效，学年末对成绩突出的个人给予表彰。

1. 考核制度精致化，构建科学考核体系

要使学校各项工作都有成效，必须建立精致的考核制度。精致的考核制度体现于各个管理层面，体现于符合本校现有实际状况，体现于可操作性，体现于奖惩分明等方面。当然，这些制度的建立必须经过一个从群众中来、到群众中去的反复讨论、反复修改、不断完善的过程，这样考核制度才能更科学、更有效。

学校使用千分制考核全体教职员工，学校制定、完善各项制度，引导全校师生日常工作规范，约束全体师生工作行为，明确全体师生遵守或者违反

规定的奖励惩罚措施,保障学校各项措施执行的政令畅通约束、规范下的行为就会变成一种习惯。

2. 督查评价制度化,构建科学评价体系

根据分工,每天都有副校长督查各年级教干的值班情况,从早读,到午餐,从课外活动到晚自习及晚休,全天候地督促检查,做到无缝隙管理。各部门实行主任检查制。教学质量是一所学校的生命,教学常规管理是提高教学质量的基石。许多高质量学校的经验告诉我们,"细节决定成败""态度决定一切",他们最成功也最朴实的做法就是抓好常规、抓严细节、抓实过程。"一步一个脚印,步步走向高峰"。我们要把课程管理思想落到实处,要抓好教学管理的每个环节、每个过程,向管理的规范化精致化要效率。年级实行学生会检查制,学生会每天进行全方位的德育常规检查,规范了学生的日常行为,促进了学校良好的班风、校风、学风的形成,保证了学校各项工作的有序开展,努力构建和谐校园。

四、学校风气

风气,从字面上解释有二,其一指风尚习气,社会上或某个集体中流行的爱好或习惯;其二指风度,一个表现自己的行为。在学校里,风气是指教干、教师们对团队、对工作、对同事、对学生的一般看法,是对岗位职责的一种相似或共同理解,是指对工作的投入和方法过程的一般共识,是对涉及个人团队利益所认可的奖惩原则的近似解读,是团队成员行事方式、敬业精神、责任程度强弱的集中体现。很大成分上,学校风气是成员个人价值观、人生观的团队体现。一所学校风清气正,积极向上,学校就会健康成长;如果风浊气滞,歪风邪气得不到制止,消极、牢骚满腹,学校的各项工作就会陷入瘫痪,进而走入个人、团队成长的死胡同。

学校风气是怎样形成的?哪些人起骨干作用?如何起模范带头作用?风气的核心是什么?

风清气正,积极向上,奋发有为,团结和睦,是每所学校都希望的良好风气,其中风清气正就是要求我们讲道德,重操守,严纪律,不谋私,顾大局，淡名利，讲友爱，重团结，多奉献。学校风气的核心就是团队荣誉至上，责任业绩至上，评估的基础就是"看人看工作，工作看成绩，成绩看大小，大小大家看"。

风气的确立与学校办学理念有很大关系。学校办成什么样的？学校的发展愿景是否符合国家要求，是否切近学生、家长以及社会的期待？是否成为全校教职工的共识？学校发展目标是否符合学生的成长规律？实施学校发展规划的主体——教职工：是否对学校发展的过程、方法形成相近的默契？是否对工作业绩的考核原则方案有较高的共识？对幸福指数的认知是否具有同感？学校文化的着力点在哪里？怎样较好的体现、满足教职工的幸福需求？如何遵循学生发展规律，让学生在快乐中成长？其中，形成办学共识是关键，探索中实行民主管理是关键，执行中形成责任意识是关键，团队中，教干模范带头是关键，在良好风气形成的过程中，褒扬先进、激励学困是关键，在评优晋级等教职工切身利益热点、难点问题上，公开公正公平，让教职工心服口服，形成正确舆论氛围是关键。在优质化管理中，制定与教职工切实利益相一致的人事进出竞争制度是关键。

风气的形成与制度及执行有很大的关系。"好制度能让坏人变成好人，坏制度能让好人变成坏人。"制度是团队成员的共识，谁违反了就会得到惩罚，大家都会向好的方向变化。但在有些地方，有的制度是虚的，制度是制度，那是让领导或他人看的，是挂在墙上的，不执行的，特别是对违犯纪律懈怠工作的更不起作用；有的制度没有对主要问题界定或对违反者缺乏真正的抑制。如学校的制度在涉及主要问题上都没有法律效力，对教职工没有选择权，没有惩罚权、表彰权。因此，不上班的，不好好工作的，每所学校都会有这么几个人，他们起着极大的破坏作用，成了学校管理的极大阻碍者。

学校事业不是校长一人的事业，但校长起着至关重要的作用；学校发展虽不仅仅是教干的责任，但教干起着骨架和关键的作用；学校成就不仅仅是骨干群体的荣光，更是全体教职工的共同追求。但是，没有骨干群体的健康成长，学校发展就永远会停滞不前；学校发展的阻碍不在于几个有待提高的教职工的懈怠或歪风邪气，在具有正气、正义、骨气、志气的大团队里，他们也会耳濡目染，慢慢进步的。

风气的形成与教干有直接的关系：学校愿景形成共识了，教干是否全心全意为愿景而努力？学校五年规划形成了，教干是否成为规划的忠实执行者？学校制度达成了共识，教干是否规章制度的忠实维护者？教干是否全体教职工较为公认的学校发展的较大出力者、较大建设者、较大贡献者？一个人主要精力用在了工作上，工作不会差到哪里去，工作很好，势必带动一批骨干力量的上升；一个人的风气正了，同样也会带动一批人，团队的风气也会逐步向上向善向前。

一名教师有了错误，会发生以下情形：

一是在教干层面，得不到一点支持，那么，他的错误就减少很多再犯的机会，如果教干中有人为他抱屈，甚至添油加醋挑拨离间，那么，这名教师再次犯错的概率会大增。

二是骨干教师很不支持这名教师的错误做法，不管从舆论上"不管教干的态度如何，你拿工作出气的做法就是不对的，学生为什么要为你的所谓委屈买单"，还是从行为上，"你如果再这样下去，我不会和你做朋友的"。那么这名教师很快就会认识到自己的错误，进而变好，如果骨干教师在犯错面前为他叫屈，在教干面前说他不对，采取两面派的手法，这名教师也不会吸取教训。

三是大多数教师都对他的做法进行抵制和反对："你这样不上课，破坏学校公物，扰乱学校秩序，我们坚决不同意！"这个人会深刻认识自己的错误，逐步成为好人。

如政教主任批评了某位班主任，这位班主任找到分管副校长或其他主任抱屈，如果给予正确引导，支持政教主任的判断和批评，这位班主任就会真心改正错误，得到成长；如果对政教主任的做法持反对意见，为这位班主任鸣不平，不仅这位班主任不会改正缺点，教干内部也会产生不和谐声音；同样，校长批评了某位教干，这位教干会找到分管副校长或朋友甚至局领导抱屈，如果站在校长角度对其进行深入分析和批评，这位教干会慢慢地形成大局意识，相反，则势必对这位教干成长不利，对班子团结不利，对整个学校团队不利。如果绝大多数人事不关己高高挂起，这个犯错的人就会后继者，整个团队就会大厦将倾。

风气，某种程度上是人气，是大家在实现共同愿望之中形成的各类原则、共识在言行中的体现。人气的源泉来自共同愿景，人气的形成榜样来自校长、教干和骨干，人气的本质来自对付出和回报、环境和心情、发展与进步概率大小的判断、认同，人气的气场来自团队成员的梦想和实现梦想的毅力与坚持。

学校需要哪些良好的风气？

一是团队至上。"校荣我荣、校衰我耻"，维护学校团队形象像保护自己的眼睛一样重要。二是责任意识。"自己的事情自己干好，不麻烦别人，他人的事情乐于帮助，不嫌麻烦，无分工的工作抢着干，乐于奉献。"三是团结出战斗力，团队形成拳头才有力量，团结的基础是善良，团结的前提是信任，善良信任的核心是宽容，宽容的落脚点是理解，理解的简单移位是换位思考、将心比心，换位思考、将心比心的体现就是做好工作，好好做人。四是工作激情，"不想当将军的士兵不是好士兵"，"永争第一，永不服输，永远奋斗"。掌控情绪，"让情绪围绕工作转，不让工作为了情绪转"。五是淡泊名利。把教育工作当作事业，不当职业，"看着学生就高兴"，"工作着快乐着"。六是具有知足、感恩、遇到问题内归因等意识。自己的岗位就是现在为止最好最适合自己的岗位，要感恩学生、同事、教干和国家社会，特别感恩那些批评自己帮助自己的人，在关键时刻指点自己迷津的人，想不开的时候，多找自己的缺点、毛病，理解谅解他人。七是形成对缺点、错误说"不"的习惯，"不赞同你的消极观点和对工作懈怠的做法"，"你这样损人利己是不对的"。"我们不愿意被你绑架，团队不是你个人的，希望你做为团队争光的事情，不做损害学校整体声誉的事情。""有事请按照程序办理，不要越级。"不做赞助错误、帮助落后的事情。

风气建设，说到底是个人人生观、世界观的建设，是团队愿景实现的过程建设；是团队领导、骨干和全体教师共同营造的、对大家切身利益有关的处事方式和做人内涵的体现；是关乎个人成长、幸福，学校进步、发展的大事。风气正了，心情就顺了，心情顺了，人气就旺了，人气旺了，干劲就会足了，干劲足了，工作就进步顺利了，工作顺利了，学校就发展了，学校发展，个人就自豪、幸福了。

第三节 校园文化

学校文化,不仅影响和指导师生的发展,也影响着学校的发展和创新。

美国教育家伯尔凯和史密斯曾指出,一个办得成功的学校应以它的文化而著称。教育理论家朱永新说,学校教育缺乏文化,会把孩子带到一个抽象、片面的地带。文化精神的缺失,教出来的孩子有知识,没有灵魂。打造文化有根有魂,才具有生长性。

一、"善水文化"的提出

临沂外国语学校是开发区对外的一张名片,必须定位在省级乃至全国名校,必须把握好学校文化建设的方向。面对学校面貌不断改观,教育设施不断现代化的今天,外国语如何加强校园文化建设也成了学校的一个重要课题。

临沂外国语学校搏击于时代发展潮头,在近六十年的风雨历程中,积淀了丰厚的文化底蕴。为了将这种底蕴发掘出来,使之形成独具特色的校园文化,2015 年的暑假,学校成立了"校园文化项目组"。一批具备较高文学素养和文化积淀的骨干教师迅速开展工作。项目组成员放弃了休息,顶烈日,冒酷暑,走遍学校周边的村村落落,实地考察,深入采访。汗水没有白流,他们积累了大量的第一手资料,一个校园文化的初步构想也逐渐在头脑中成形。

2015 年 7 月 27 日,临沂外国语学校校园文化论证研讨会召开。会上,文化组提出打造"河"文化的初步构想。临沂外国语学校身处沂河、沭河、李公河三河之滨,大河奔流不息、勇往直前的精神,河水的和谐、合作的精神都是"河"文化的重要体现。另外,我们学校还处在皇山脚下,博大精深的东夷文化也在时时熏染着我们。一石激起千层浪,齐聚了全校骨干教师的论证会场顿时热闹起来,大家纷纷发言,热烈讨论,献计献策。经过反复论证,大家一致同意将"河文化"作为临沂外国语学校的学校文化。

水与人类社会的关系密切。2006年,联合国教科文组织为第十四个世界水日确定主题为"水与文化"。我国传统人文经典《老子》中写道"上善若水,水善利万物而不争",意思是,最高境界的善行就像水的品性一样,泽被万物而不争名利,它使万物得到它的利益,而不与万物发生矛盾、冲突,故天下最大的善性莫过于水。孔子曰:"水有九德。是以君子见大水必观焉尔也。"

学校以"善水"为切入点,提出"善以养德,水以育人"的核心理念,结合水的特质,从环境、制度等方面全方位实践和探索"善水"文化。

二、"善水文化"的内涵及组织结构

水的内涵是博大精深的,它对我们的启迪还有许许多多,如"滴水穿石",启迪我们对事业的追求要锲而不舍;"千条江河奔大海,一江春水向东流",启迪我们一旦认准一个目标,就要有一往无前的勇气和坚定执着的精神;"海纳百川,有容乃大",启迪我们要有恢宏的气度、博大的胸怀。

"善水文化"包含了"上善若水"的品德,"海纳百川"的胸怀、"流水不腐"的勤劳、"滴水穿石"的坚持、"扬风破浪"的激情。善水文化是一种精神,是人们在治水、用水、管水、护水、乐水的过程中,受到的一种启示、灵感和体验。善水文化的意义主要包含以人为本、以水为善、以水为师等几个方面的内容,是一种典型的和谐文化。

"善水文化"包含了"水德文化"和"善行文化"以及"善水精神"。

三、"善水文化"组成部分

"善水文化"主要由以下几个方面组成:办学理念、廊道文化、班级文化、课堂文化、场馆文化、团队文化、社团文化、课程文化、节日文化等。

善水文化的宗旨:善以养德,水以育人

善水文化办学理念:上善若水,厚德博学

善水文化团队精神:乘风破浪,海纳百川

山水文化个体目标:水滴石穿,绽放自我

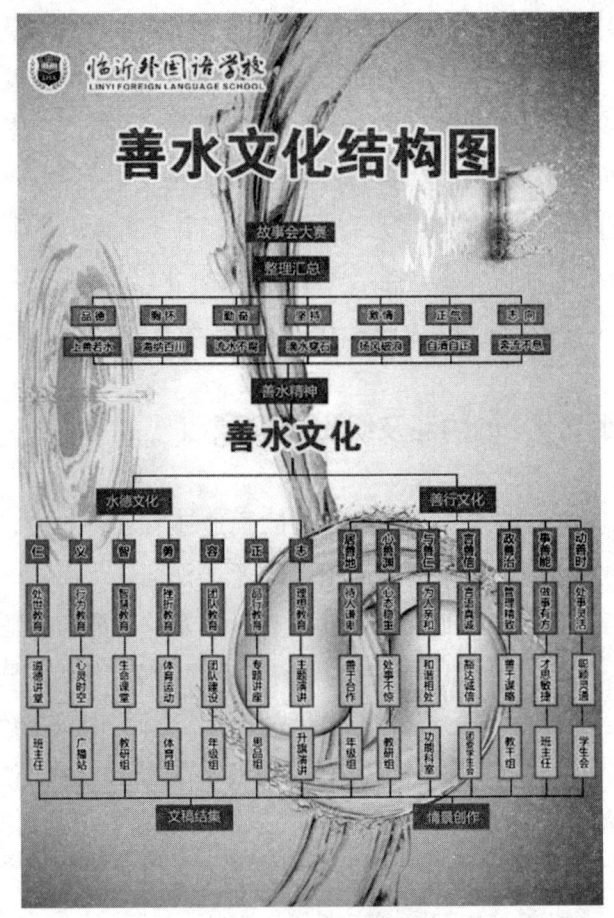

四、"善水文化"规划目标

善水教育是学校办学的思想主线,学校将逐步在校内设立:

1. 建设"善水"文化墙。分别为水之源、水之论、水之韵、水之力、水之泣、水之型、水之魂、水之德、水之力等。内容为大禹治水,诸子百家的生平及对水的论述,古典诗词中对水描述的名句,中国著名的水利工程和中国的节水标志及水资源分布和当前受污染的状况以及融入水元素的舞蹈、韵律等。让学生从水的起源和名家对水的论述与描写、水造福人类的力量以及融入水元素的活动中识水、品水、爱水、惜水、护水。

2. 滴水厅：通过教育点滴，弘扬滴水精神。

3. 乐水社：把水元素融入学生活动；引导学生研究水文化、认识水文化、学习水品质，旨在创建高雅优美的校园环境，营造清新自然的人文气息，打造水文化特色品牌。

4. 善水团队：着眼于品牌发展战略和名师发展战略，构建学习平台、科研平台、名师平台，全面打造具有善水特色的儒雅、智慧和活力的"善水名师"。进一步发挥名师作用、放大骨干效应、提升科研水平、引领教师专业成长、促进教育质量提升，建立"善水名师工作室""善水学科工作室""善水科研攻关工作室"。充分发挥工作室的指导作用、培养作用、辐射作用。

五、"善水文化"初期具体措施

1. 建设"基地"：依托人工湖、校内人工河等建立"善水生态环境保护基地"，建设"活水源头"、水车等景观。

2. 组建"中心"：依托教研室建立"善水教育研究中心"。

3. 创办"校刊"：依托以致远文学社编写出版校刊《水韵》。

4. 创办"书画社"：依托美术组成立"善水书画社"。

5. 编写"教材"：编制善水校本教材。

6. 组建"工作室"：依托名师工作室打造善水名师团队。

7. 举办"善水节"：丰富和发扬水文化。

8. 成立"善水舞蹈室"：编创融入水元素的舞蹈。

六、"善水文化"部分廊道建设

初中部一楼大厅为善水文化总体介绍，概括呈现了水的"九德""善行""修为""涵养"等。一至四楼的楼梯是学校"善水文化"的主题廊道，这个主题廊道是以"善水"为切入点，结合水的特质，以水滴石穿、乘风破浪、海纳百川为主线展开呈现。

"滴水篇"体现了水的锲而不舍的精神；"涓滴成河篇"告诉我们只要凝心

聚力，任何困难都难不倒我们。

"河流篇"印证了人类文明正是起源于大河文明，"千条江河奔大海，一江春水向东流"，启迪我们一旦认准一个目标，就要有一往无前的勇气和坚定执着的精神。

"奔腾不息篇"告诉我们，生命就像流动的水，要忠于自己的内心和信仰，正所谓"长风破浪会有时，直挂云帆济沧海"。

"海洋篇"告诉我们，不积细流，无以至江海；不积跬步，无以至千里。"海纳百川篇"体现了"海纳百川，有容乃大"的道理，启迪我们要有恢宏的气度、博大的胸怀。

七、"善水文化"校本教材规划

围绕善水精神，整理相关历史典故，预言、童话、神话故事以及原创作品，面向全校师生特别是小学部开展"善水精神代代传"故事会大赛，并结集出版，开发《善水精神》校本教材。

围绕水德文化，各科室按照计划开展相应活动或创作案例结集出版，形成《水德篇》校本教材。

围绕善水文化，各科室根据各自特点录制或创作教育实景，形成《善行篇》校本教材。

文化建设不是一蹴而就的，它是学校在传承优良传统的过程中，在不断累积和丰富教育教学改革实践中孕育、生成的。从长远来说，善水教育不仅是一种个性化的办学追求，更是对教育与人的成长关系的正确把握。

八、"善水文化"的校园设施体现

《礼记》有云："博学之，审问之，慎思之，明辨之，笃行之。"大哲学家帕斯卡尔也说，人是一棵有思想的芦苇。学校东边这座"睿思园"就是我们生命教育的起源——认识生命。我们希望通过对生命的认知，使学生了解并掌握生命的过程，从科学的角度认识生命、珍爱生命，从而帮助他们树立安全意识、环保意识和宽容与感恩之心。

西边那座遥相呼应的园叫"知行园",它是我们生命教育的终极目的——成就生命。唐代大诗人韩愈说:"知之愈明,则行之愈笃;行之愈笃,则知之愈明。"这正诠释着我们在生命教育的路上,且行且思,思行相合,用思索与行动这强大的两翼为我们生命教育保驾护航。

德馨园。古语云:"黍稷非馨,明德惟馨。"唐代刘禹锡也说:"斯是陋室,惟吾德馨。"学生生命的成长与发展都离不开教师,因此,这座园寓意并警示我们,教师要"学高为师,身正为范",要"业精于勤,行成于思",要把立德树人作为教育的至高追求。

一块全身柠檬黄色的巨大九龙石上正雕刻着我们的校风:"和而不同,胸怀天下。"这是我们外国语人的气度,也是我们"河文化"的内核,我们学校的一切文化建构都是建立在这个基础之上的。由此向北出发,经哈佛路、剑桥路、牛津路,自东而西绕教学区一圈,您会从西面重新回到现在位置。从正门来看,学校错落有致又严谨圆合的建筑布局像一双张开的巨臂,喜迎各方宾客,彰显了学校"和而不同,胸怀天下"的自信开放、兼容并包的办学精神。

哈佛路。在哈佛路的东西两侧,散布着很多石头,在这些石头上分别镌刻着我们传统文化中的精华,如仁、义、礼、智、信,忠、孝、勇、恭、廉,温、良、恭、俭、让,勤、毅、韧等,一直到国际部楼后。这是我们对孩子的殷殷期望,我们盼望他们成长为具有大德之人,这是我们生命教育中的"五常之道"。

在整个"五常之道"的西侧,就是我们的四座教学楼——宗圣楼、孝圣楼、书圣楼、明远楼。每间教室都配有先进的多媒体教学系统,千兆光纤接入,在现代元素中融入民族风情,办学条件达到山东省一流学校水平,确保牢牢抢占教育信息化高地。

浓郁的传统文化,闪耀的历史名人,激励着我们的学子更好地珍惜生命、发展自己、博观约取、厚积薄发,这也是我们"博约"广场的寓意,和一路相对的百年名校临沂一中遥相呼应。明远楼上,学校国际部正欣欣向荣,独树一帜,以蓬勃的活力诠释着生命教育的精彩。再前面是我们的学生公寓楼,8

人标准间，24小时热水，配有空调、独立卫生间、洗漱台和储物柜，学校实施全寄宿制管理，师生共同参与，营造高雅、舒适的生活环境。在北面是学生餐厅，可同时容纳3000人进餐，先进的防火卷帘、舒适的就餐环境、丰富的饭菜品种，打造"舌尖上的外国语"。

体育场。健康的生命是教育的基础，为更好地打造生命教育，学校提出了"体育兴校、体育强校"的发展目标。在新课程标准的贯彻实施过程中，以"人人健康、快乐体育"为教学理念，根据上级精神把开展大课间活动作为重要途径之一，从2015年暑假开始，我们的音乐、体育教师团队，历时两个月成功编排了课间操"大河之舞"，保证学生每天一小时的体育锻炼时间，帮助他们形成坚持体育锻炼的习惯和终身体育意识。2016年，我们学校还成功申请为全国足球特色学校。2021年，学校成功承办了临沂经济技术开发区运动会和临沂市中小学生运动会，体育成绩突飞猛进，取得巨大突破。如，我们的女足连续两年蝉联经济技术开发区足球联赛第一名、临沂市足球比赛第四名；男足荣获经济技术开发区足球联赛第一名，市运动第七名；男篮荣获经济技术开发区篮球比赛第一名，临沂市篮球比赛第七名，临沂市第六届全民运动会第八名；健美操荣获经济技术开发区运动会第一名，临沂市中小学生运动会上第一名，并且代表临沂市参加省运会。我们的啦啦操、踢毽子、跳绳、田径等都有不俗表现，学校在开发区运动会上首次夺得团体总分第一名。

足球文化长廊。这是我们的第二届"校长杯"赛程展板，轰轰烈烈的第二届"校长杯"足球联赛共有37个班级参赛，前后共有小组循环赛、四分之一决赛、半决赛、决赛等四轮64场次比赛，可以说，整个5月我们学校成了足球的世界、呐喊的海洋，孩子们在绿茵场上尽情享受足球的狂欢，体验生命成长的快乐。他们在比赛中懂得了团结合作，懂得了顽强拼搏，收获了生命的意义和价值。

6月份是学校的篮球节，这是篮球节活动展板。这是学校重大的体育活动图片及成绩。

这里是学校挖掘的足球文化，从蹴鞠的历史，到今天的演化，让孩子们不但会踢足球，而且真正懂得足球文化，把足球精神浸润到生命中来。

体育场南边的这座园叫"荟英园"。荀子曰："不积跬步，无以至千里；不积小流，无以成江海。"这是知识的海洋，这是生命的凝聚。这里，群英荟萃，众者云集；这里，生命放飞，展翅高歌。

智圣楼。"出师一表真名世，千载谁堪伯仲间！""收二川，排八阵，六出七擒，五丈原前，点四十九盏明灯，一心只为酬三顾；取西蜀，定南蛮，东和北拒，中军帐里，变金木土爻神卦，水面偏能用火攻。"鞠躬尽瘁、死而后已，淡泊明志、宁静致远，这就是诸葛亮精神，也是我们外国语人永远学习的榜样。

发展生命楼。这里有我们精彩的生命课堂，在智慧的课堂里，我们的学子或自主探究，或合作交流，或积极展示，尽情发展着生命、张扬着生命。

第四节 校长素质

笔者对校长素质，做了长时间的研究、实践，下面以几篇讲话稿的形式来呈现。

校长就职演讲

尊敬的老师们：

首先感谢大家热烈的掌声。真诚的友谊来自真诚的交流，我们有缘再次相聚。在外漂泊四年了，今天回家了。回家的感觉，真好！

外国语学校，在李增明校长带领下，全体教干教师拼搏努力，创造了许多的辉煌，建设了高标准的学校，改善了师生的工作、学习环境，可以说，做出了突出贡献，我们要感谢李校长，一个好校长打造一所好学校，一个好学校也成就一位好校长。李校长的管理理念、战略眼光、为人处世，都值得我们学习和借鉴。

作为新一届校长，职务不再仅仅是一种荣誉称号，而是一种压力，更是一种责任。我们在回顾成绩的同时，必须冷静地面对当前形势：学校的文化、课堂改革、教师的专业发展，学生的习惯养成，这些都是我们思考并付诸行动的。

外国语学校，不是一所普通的学校，而是开发区乃至临沂市的一张名片。开发区党工委、管委会徐书记，教育局高局长，办事处翟书记，都非常期待，并提出很高的要求，想到这些，我一连几夜睡不好觉，一连几天吃不好饭。

在校长的岗位上，我将坚持科学发展观，坚持遵循教育规律的科学态度不动摇，用下列话语与大家共勉：

一、拼搏进取、不辱使命。美国前总统肯尼迪在就职演讲中，说过一句荡气回肠的话："不要问国家能为你做什么，而要问你能为国家做什么。"拾人牙慧，我也对自己说："不要问我能为外国语学校做什么，而要问我能为外国语做些什么。"激情成就梦想，热情铸就事业，真情造就发展。没有激情做不成大事，永葆激情，才能真正办好教育，学校的发展，需要我们付出一腔真诚和一片热情。只有这样，才能对得起管委会领导、高局长以及翟书记，对得起所有在外国语学校学习的孩子。

二、凝心聚力，同心同德，古语说得好，兄弟同心，其利断金。只有团结，才能出成绩、出人才。

三、追求细节，做好小事。细节决定成败，细节就是品位，细节就是水平，细节就是管理，细节就是形象。

四、成就老师，成就学生，成就学校。这是我们教育的出发点和归宿，发展教师是校长的第一要务，我们将为教师，搭建舞台，提供环境，创造条件，适时激励，对于学生，我们要造就适合学生的教育，《荀子·大略》中说："国将兴，必贵师而重傅。贵师而重傅，则法度存。"崛起的中国，需要教育的支撑；教育的未来，则需要更多的老师具有学高身正的品德，成为表率、楷模。

五、在此，我提出自己的观点：

1.励志、创新、包容、幸福，这是我们未来管理的关键词，每一位师生，要有理想、有追求、有眼界的人。

2. 有一种理念，为芝麻墩争光，让我们的学校，成为芝麻墩人的骄傲。

3. 三年目标和五年规划，三年打造全市全省品牌化学校。五年全国知名学校。

4. 打造一种文化，引领学校发展。三流的学校管理靠校长，二流的学校管理靠制度，一流的学校管理靠文化。

5. 课堂教学改革，培养学生综合能力，让课堂焕发生命的精彩。从而全面提升教学质量。

6. 特色建设、家委会建设、学生社团建设等。

我们的教学工作，要把握时代的潮流，努力创新。我们要热爱学生，宽容学生，以发展的眼光看待学生。我们要包容每一位教师的不同观点，为教师们创造一个幸福、宽松的工作环境。我们人与人之间，应该是纯净的，我们应该少一点猜疑，多一分理解与支持。我们应该是有一个教育理想、有人情味儿的大家庭。我们要尊重老教师，因为他们曾付出过太多的贡献，还因为，谁都有老的那么一天。他们的今天，就是我们的明天。我们要虚心向骨干教师学习，他们有先进的理念、丰富的教学实践，引领学校发展。我们要善待青年教师，因为他们急需培养与发展，前途无限。

老师们，今天，我从李校长手中，接过这个重担，心中有一份惶恐，唯恐干不好；也有一份自信，因为我有坚强的后盾，那就是全体教干教师。

今天，我郑重承诺：

1. 办事公平、公正、阳光、透明。绝不让老实、能干的老师吃亏，每个人树立一种理念：吃自己的饭，流自己的汗，自己的事业自己干，靠本事吃饭，凭能力拿钱。坚决杜绝歪风邪气，我已给高局长、翟书记汇报，谁要找上级领导施压，我就公开。

2. 一定搞好服务，校长不是管人的，而是为大家服务的。只要对学校发展有利的，坚决支持。

3. 恳请各位老师为外国语的发展献计献策。

尊敬的老师们，潮平两岸阔，风正一帆悬。让我们同心同德、拼搏进取，为打造全省知名品牌化学校而奋斗！

与教师见面讲话

尊敬的老师们：

有缘我们再次相聚，在外漂泊了四年，今天回家了，回家的感觉很温暖。

老师们，外国语学校，在李校长的带领下，在全体教干教师们的共同努力下，取得了丰硕的成果。我们学校的建设，达到省级一流标准，这其中，李校长付出了大量艰辛的劳动，凝聚了他的智慧，再次，我们向他表示衷心的感谢。今后，我们要做到八个字：传承发扬，创新发展。传承优良传统，发扬积极奋进的精神，更要创新工作，更好的发展，才能对得起李校长付出的心血和汗水。

今天，我要给大家一个明确的信号：我不是来当官的，我是来做事的；我不是来管人的，我是来服务的。外国语学校，不是一所普通的学校，是开发区乃至临沂市的窗口学校，代表着开发区的形象，开发区党工委、管委会领导，教育局、办事处领导，非常期待，并提出很高的要求，想到这些，就感到压力巨大、责任重大。如何打造外国语呢？

一、明确目标，打造全省知名品牌，构建幸福外国语。如何构建幸福校？

1. 尊重老教师。为学校做了那么多贡献，不要忘记他们的奉献。

2. 尊重骨干教师，他们有着先进的理念，丰富的教学实践，引领学校发展。

3. 善待青年教师，他们是希望、是未来，学校未来发展，依靠他们。

二、打造外国语文化，引领学校发展。要做到两个结合：一是结合当地历史；二是结合学生、学校发展实际。

三、深化课堂教学改革，打造外国语学校课堂特色。一年后，得到市教育领导认可。

四、注重教师专业发展，形成教师梯度建设。成就老师、成就学生、成就学校。这是我们教育的出发点和归宿，发展教师是校长的第一要务，我们将为教师搭建平台，创造条件，培养名师。《荀子·大略》说："国将兴，并贵师而中傅；贵师而中傅，则法度存。"崛起的中国，需要教育的支撑。

五、做好六个项目建设。

1. 特色学校建设。

2. 家委会建设，成立导师团队。

3. 学校文化建设。

4. 语文主题学习建设。

5. 课堂教学改革。

6. 教学常规落实建设。

六、学校需要良好的风气。

第一，团队至上。"校荣我荣、校衰我耻。"维护学校团队形象做到像保护自己的眼睛一样。

第二，责任意识。自己的事情自己干好，不麻烦别人；他人的事情乐于帮助，不嫌麻烦；无分工的工作抢着干，乐于奉献。

第三，团结出战斗力。团队形成拳头才有力量，团结的基础是善良，团结的前提是信任，善良信任的核心是宽容，宽容的落脚点是理解，理解的简单移位是换位思考、将心比心，换位思考将心比心的体现就是做好工作，好好做人。团结，出成绩、出人才。记得佛教中有一句话：前世的五百次回眸，才能换来今生的擦肩而过。今天，我们要珍惜前世修来的缘分，我们一起相扶相携，共同穿行在教育教学的大道上。有人说，人字一撇一捺，简简单单，却寓意深刻。人字，有人说，一半是男人，一半是女人；有人说，一半是社会，一半是人；有人说一半是肉体，一半是精神。但我却认为，是支架，互相支撑，每个人的成长和进步，需要别人的支撑和挽扶，在我们这个大家庭里，有人跌倒时要伸出自己的手，有人悲伤时能帮他擦掉眼泪……上善如水，大爱至美，希望每个人身上，都闪耀着人性的光辉。没有猜疑，没有嫉妒，没有仇恨，没有怨言，快快乐乐，和和美美，享受生命的每一天。做好团结的条件：一是真诚、理解、包容。二是不背后说人家坏话，多说别人的优点。

第四，工作激情。"不想当将军的士兵不是好士兵。""永争第一，永不服输，永远奋斗。"掌控情绪，"让情绪围绕工作转，不让工作为了情绪转。"

第五，淡泊名利。把教育工作当作事业，不当职业，"看着学生就高兴"，"工作着快乐着"。

第六，具有知足、感恩、遇到问题内归因等意识。自己的岗位就是现在为止最好最适合自己的岗位，要感恩学生、同事、教干和国家社会，特别感恩那些批评自己帮助自己的人，在关键时刻指点自己迷津的人，想不开的时候，多找自己的缺点、毛病，理解谅解他人。

第七，形成对缺点、错误说"不"的习惯，"不赞同你的消极观点和对工作懈怠的做法""你这样损人利己是不对的""我们不愿意被你绑架，团队不是你个人的，希望你做为团队争光的事情，不做损害学校整体声誉的事情""有事请按照程序办理，不要越级"。不做赞助错误、帮助落后的事情。

风气建设，说到底是个人人生观、世界观的建设，是团队愿景实现的过程建设；是团队领导、骨干和全体教师共同营造的、对大家切身利益有关的处事方式和做人内涵的体现；是关乎个人成长、幸福，学校进步、发展的大事。风气正了，心情就顺了；心情顺了，人气就旺了；人气旺了，干劲就会足了；干劲足了，工作就进步顺利了；工作顺利了，学校就发展了；学校发展了，个人就自豪、幸福了。

七、干事创业的思想

1. 三有：有激情、有大爱、有梦想。
2. 三上：拼上、靠上、豁上。
3. 三讲，讲作为、讲正气、讲责任。
4. 三比，比成绩、比贡献、比品行。

老师们，今天，我从李校长手中，接过这个重担，心中有一份惶恐，唯恐干不好，也有一份自信，因为我有坚强的后盾，那就是全体教干教师。老师们，我相信，一切才刚刚开始，一切会悄然改变，让我们共同期待，共同努力，最后用美国人惠特曼的一句诗来作为结束语："把你的手给我，让我们同行。"

百舸争流千帆竞，勇立潮头再为先

尊敬的各位领导，亲爱的老师们：

大家好！

九月的沂河，"荷芰绿参差，新秋水满池"。今天，在这个隆重而又盛大的日子里，全区召开教师表扬大会，充分体现了区委、区政府对现代化教育发展的高度重视和高度关注，作为一名教师，我倍感振奋、充满信心。同时作为校长代表发言，我又深感荣幸、满怀激情。

习近平总书记在北京大学师生座谈会上情真意切地强调："教育兴则国家兴，教育强则国家强。"身为一名校长，我更是听从时代的召唤，厚植家国情怀，不断超越自我，不断提升学校的办学水平。俄国作家果戈理说："为了国家的利益，使自己的一生变成有用的一生，纵然只能效绵薄之力，我也会热血沸腾。"所以我带领全体师生，坚持"立大志、入主流、上大舞台、干大事业"，拼搏进取。一年来，全校师生在生命教育、善水文化的引领下，以体制+精致、刻苦+科学、有效+高效的管理策略，实施"抓管理、树形象、创优质"的育人目标，精准教学、狠抓落实，打造了"131"的精致化教学管理体系，即一个核心：质量提升；三大突破：多维度生命课堂教学的突破、常规建设的突破、教师专业成长的突破；一个阵地：打造教科研阵地建设，有效提升教育教学质量。学校先后获得国家级青少年普法教育先进单位、国家级英语阅读教学示范基地、山东省教育系统先进集体、临沂市教学先进单位等多项荣誉。2020年高考，普通高中部、创首届高考辉煌！C9联盟名校过线6人，刘硕以666分勇夺区高考状元，重本和普本提升率在临沂市驻城12所高中位居第一；中考成绩连续五年，高分率和升学率全市第一；小学部管理特色鲜明，教学质量突出；国际高中部、联手名校课程合作，打造了中西课程体系，培养上百名学生进入世界名校。

这些成绩的取得，得益于区委、区政府的关心厚爱和大力支持，得益于区教体局的精准指导，得益于全体教干教师和学生的拼搏努力。这些成绩的取得也充分说明了学校的办学方向和思路是正确的。但是辉煌只属于过去，光荣已成历史,成绩只是坐标。"志之所趋,无远弗届;穷山距海,不能限也;志之所向,无坚不入。"每一天都是新的开始,站在新的历史起点上,奋进的临沂外国语学校、追求的是:一流的精神气质、一流的目标所向、一流的办学境界。培养的是:具有卓越知识技能、卓越民族情怀、卓越世界眼光的新时代人才。

罗曼·罗兰曾说:"生命被赋予了一种责任,那就是精神的成长。"作为校长,我将始终以高度的忧患意识,谦虚谨慎的学习意识,充满激情的挑战意识,奋力争先的拼搏意识,高标准、严要求、勤勤恳恳、兢兢业业。我坚决做到:一是要奋进担当,立德树人,办人民满意教育,继续打造幸福学校,发展有温度的教育,提升师生幸福指数。二是树师德师风,育时代新人,不断提升教学质量,力争2021年实现教育教学质量"小、初、高三线创优"目标。三是用生命唤醒生命,教育脱贫,托举希望,把学校每一名学生教育成"思想正确、行为规范、心理健康、人格健全、学习认真"的新时代优秀学生。北宋思想家张载说:"为天地立心,为生民立命,为往圣继绝学,为万世开太平。"我也必将带领临外人躬身前行,宵衣旰食,谱写生命教育的壮丽诗篇!

百舸争流千帆竞,勇立潮头再为先。我们坚信,有区委、区政府的深切关怀、有教体局领导的科学指导,我们乘原经开区学校划转河东区管理的东风,一定崇文以致远,求真而创新,紧紧围绕"提升教学质量"这一核心,斗志昂扬、血脉偾张、披星戴月、日积跬步、躬行不辍、追求卓越,继续创造高考、中考新的辉煌。

最后祝河东教育的明天会更好!谢谢大家!

第二章 教师管理

第一节 做一名优秀教师

一、什么是优秀教师

什么是优秀的教师?不同的人有不同的理解。我的理解是这样的:优秀的教师是在帮助孩子取得好的学习成绩的同时,学生喜爱、同事尊重、家长信任、领导引以为自豪的教师。成功的教师一定会把工作当作快乐生活的组成部分,把工作当作是自我价值实现的载体。

为什么做优秀的教师?有三个方面的需要:

一是个人生存和生活幸福的需要。做一名优秀教师,才会有生存的基础,有丰富、快乐的人生。如果你不努力做一名好教师,而是拖后腿,在同事之间还有立足之处吗?

二是社会的需要。孩子是民族的未来,我们教师肩上有重大的责任,为了孩子的未来、国家的未来,我们必须做优秀的教师。

三是良知的需要。我经常说教育不是造就人,就是毁灭人。良知要求我们,做一个好教师,成就孩子的未来,成就几代人的未来。一个优秀的教师,通过教好孩子,使自己生命得到延续。

二、怎样成为一名优秀教师

我觉得应该从以下几个方面入手。

卡耐基曾经说，你要想成为优秀的人，那见到别人，就要看别人的优点，并努力把别人的优点变成自己的优点。他还说，你要成为什么人，就和什么人相处，向他们学习。你要想成为优秀教师，就要和优秀教师相处，向他们学习。因此，要成为好教师，首先要多读书、会读书。每年读5本书和读100本书，是不一样的；盲目地读和有选择性地读，也不一样。要多听课，会听课。听不同类型、不同年级的课，听优秀课，网上听名师的课。要多交流、会交流，听完优秀教师的课，向人家请教，别人听完自己的课，向他人请教。要多反思、会反思，成功处总结经验、失败处分析原因，模糊的弄清楚、肤浅的搞深刻。要多实践、会实践，把别人好的理论，别人好的方法用到自己的课中；从依葫芦画瓢，到创造性地借鉴内化。

经过各种形式的学习和实践，努力跨越教师成长的几次"高原期"，最终就能形成自己的教学风格、教学思想、教学体系。你也就成了一名成功的教师。

有些教师认为，学习就要走出去，这是一个认识的误区。学习有许多方式，在本校内，相互学就能学到很多，我们的教师来自全国各地，各有特色和专长，你从每人身上学一点，就了不起。现在的网络这么发达，为什么不可以向世界的名师学习？

今天重复昨天的教师和每天都在反思、都在进步的教师是大不一样的。我面试一些来应聘的教师，有的教师会跟我说，我教了17年、20多年，很了不起。我觉得不应该是这样的想法。我要问：你教了这么多年，是不是每天在反思，还是每天在重复昨天的事。如果你每天在反思、前进，那你不得了；但如果相反，你就非常麻烦，还不如大学刚毕业的，因为大学刚毕业，他有可塑性，你却很难改变了。

有的教师抱怨工资太低，这样的低工资，让人怎么有劲去努力、去付出？如果你说自己工资低，我觉得那还是太高了！为什么？教育，要么成就人，要么毁灭人。工资一定是跟你的工作绩效挂钩的。如果你的工资低，常常说明你的工作不到位，你可能没有教好学生。从这个角度讲，你可能就是毁了学生，那你的工资当然就是太高了。如果你不断追求、不断进步，最终成了成功的教师，自然会有很多收入。先不要问自己得到了多少，先看自己付出了多少。你真心努力付出，一定会有各种各样的丰厚回报，远远超出物质的回报。

好教师需要切实转变一些落后的教育理念，切实转变以批评为主的传统教育方式。

我发现，在我们国家，无论是学校，还是家庭、工作单位，大家的教育方式，还是以批评为主。孩子犯错了，教师一般都会不高兴。其实，孩子犯错是成长必不可少的部分。如果说成功是母亲，犯错就是父亲。孩子犯错了，我们教师应该看到的不是错误，而是机会。孩子一犯错，你要想：太棒了！他终于有提高自己的机会了。对孩子的犯错误，教师要让他有一个深刻的理解，让他们明白道理，进而熏陶他们、训练他们，让他们改正，他们就进步了。教师能帮助学生不再犯类似错误，就很了不起。

大人和孩子对很多问题的思维是不一样的，教师不要用自己的是非标准来衡量孩子。孩子们在成长，他们在犯错的时候，你批评他，是无能的表现。用孩子的标准看我们大人，我们大人都有很多错误。只是孩子没有权利、资格批评我们而已。就像我这个校长，很多教师觉得我了不起。实际上，我也有很多错误，只是没有人说而已。

而且有的孩子的错误，看似是孩子的错误，其实却是我们教师的错误。为什么有的孩子学习不好？我们思考一下，如果他喜欢学习，他有学习的内驱动力，他怎么可能学习不好？你想过没有，你讲的他不想听，你布置的作业他不想做，这难道不是你教师的问题吗？孩子上课纪律不好，只不过是因为他或者听不懂，或者都会了，或者觉得无聊、没有兴趣，或者你这名教师没有威信，他瞧不起你，或者他体会不到学习的快乐……无非这些原因，你想过吗？这些原因，哪个不是我们教师造成的呢？不要抱怨孩子犯错，你能不能改变你的教育教学的方式？我在这儿唠叨，大家能听，因为大家是成人，理智大于情感。孩子不一样，他们是情感大于理智，没有趣味的东西，很难让他们关注下去。

要真正地以学生为中心。联合国教科文组织对现代教育有这样一段话："现在教师的职责是越来越少地传递知识，越来越多地激励思考；除他的正式职能以外，他需要成为一位顾问；一位交换思考的参与者；一位帮助发现矛盾论点，而不是拿现成真理的人。以学生为中心，以孩子的终生学习为中心，一定是未来教育的方向。"

大家一定要深思这句话：过去以教师为中心的教育一定是要被淘汰的，我们一定要不断地思考、实践，怎么去真正地以孩子为中心，怎么以孩子发展为中心。你教的东西最终要成为孩子的东西，他怎么在你的基础上创新。这是我们每个教师都要琢磨的东西。

要辩证地看"园丁"。我们过去总把教师比喻成园丁。一定要注意我们只能学习园丁勤奋的精神，而不能学习园丁的工作方式，不要对那些花朵，过多地修修剪剪，把孩子的枝枝丫丫全剪了，这太可怕了。

要辩证地看"龟兔赛跑"。我们的教育要从一元论转向二元论。过去我们讲"龟兔赛跑"，总是肯定乌龟了不起，肯定乌龟的坚持、勤奋，而否定兔子。事实是，我们应该把"乌龟"和"兔子"结合起来，要结合乌龟的勤奋和兔子的效率、速度。学习既要讲努力勤奋，也要讲效率、速度。

不要一味地"点燃自己，照亮别人"。教师不要一味地点燃自己，耗尽自己。教师要爱惜身体，要讲究效率。学校从一开始，就非常注意让员工锻炼身体，让教师把体能建立起来。我们教师要在教育的过程中，和孩子一起成长，身心都变得越来越健康，生活越来越幸福，而不是耗尽自己。

关于教师教学，有一句很时髦的话："老师要给孩子一碗水，自己要有一桶水。"这种灌输式的教学应该否定。如果你是一桶水，那这桶水迟早会发臭。教师应该是小溪，是长江，是大海。也就是说，教师本身要不断学习，不断更新、融入、扩展，像江河一样。你有活的知识、活的方法，才会使孩子学到活的知识和方法。在教学过程中，一定不能永远是点到点，要由点到线、从线到面、从面到立体，不是一个单元一个单元地教，而是把每个单元连起来，把知识与生活结合起来，把教师讲的和书上的知识转化为学生的东西，一定要追求"知识—能力—素质—创新能力"的递进，真正培训孩子的全面素质和创新能力，这样的孩子未来才有竞争力。这样教育的教师才会是一名成功的教师。

我们有一位体育教师，他教太极拳的时候，用切西瓜分给爸爸妈妈做比喻，把体育和德育同生活巧妙地联系起来，结果非常有趣，学生学起来非常开心、非常快，教三四遍孩子就能学会一套简单的太极拳。如果你是单纯地让孩子跟着你做动作，即使教二十遍，也没有那个效果。我们教任何东西都要由近及远，联系生活，让孩子容易学习。

亲爱的教师，我们要与时俱进，不断地改变、提高，追求成为一名好教师。改变是时代提出的要求。你不改变，时代在不断改革，你的日子肯定会越来越不好过。而你只要改变、努力，三年五载，你一定能成为优秀的教师。

三、做理想的教师

1. 做有爱心的教师

夏丏尊说："教育之没有情感，没有爱，如同池塘之没有水一样。没有水，就不能称其为池塘，没有爱就没有教育。"李镇西说："素质教育就是爱的教育。"

(1) 爱学生是教师职业道德的核心。周济说，爱和责任是师德的灵魂。师爱具有强大的教育力量，是打开学生心灵大门的钥匙，是使学生将教师要求自觉转化为自身行为的催化剂。

(2) 爱学生的教师最轻松、快乐。其实师爱既造福学生，也造福教师自己。一个人在"爱着"的时候，是身心状况最健康的时候。此时，其情绪体验是舒适的，生理反应是松弛的，免疫功能也会增强。常言道，送人玫瑰，手有余香。你努力使别人快乐，也能使你自己快乐。因为当你帮助别人时，就很少想到自己，能使自己的心灵净化，使自己得到更大的精神满足。爱学生的教师最轻松、最快乐、最幸福。而师爱与生爱相互作用及由此产生的"共振"，让教师生活在无比幸福的境地。

把学生看作天使，教师便生活在天堂里；把学生看作魔鬼，教师便生活在地狱中。

2. 做奋斗的教师

一个人，不是有多少钱就有多少成就。身边有人中奖500万元，你会羡慕，但内心里不会产生敬重。敬重和羡慕是两回事。我们敬重功成名就的企业家，不仅是因为他拥有雄厚资产，更在于他在打拼企业过程中表现出的卓越才能以及他的企业为社会做出的实实在在的贡献。人生的成就，重在"有为"而非"有钱"，尽管没有钱是万万不能的。但作为一名教师，完全可以成为一名受人敬重的"有为者"。我们每教一个班级，就为一批孩子一批父母一批家庭，做出实实在在的"为"。我们教书育人一辈子，就做了一辈子实实在在的"有为"事。不管经济大潮如何席卷而下，面对人生，请自尊自信：我，能成为大写的"有为"的人。做一名有为的人，要奋斗，要拼搏。

一个教师要想做到杰出无比的程度，或许需要点天分，需要后天环境等各种因素，但是要成为一名骨干教师，成为一定范围、一定领域里有成绩和名望的人，则人人都可以通过自身努力与奋斗达到。你知道博格斯——这个身高只有1.6米的小个子吗？你相信他曾是美国NBA杰出的后卫之一吗？小时候的博格斯立志要做NBA篮球队员，那时，有多少取笑他的人。嘲笑面前，博格斯没有后退，他以更加刻苦的方式练球，并在练习中发现矮个子的优势：行动迅速、灵活，像子弹一样；运球重心低，不会失误；个子小不引人注意，抄球时容易得手。现在，当年嘲笑他的人都这么炫耀："小时候，我经常和博格斯一起打球呢！"你看，即使像博格斯这样有"先天不足"的缺点的职业球员，都能以后天的努力来扬长避短，何况对于我们教师来说，往往并没有如此致命的先天不足呢？

达尔文上学时，所有的教师和长辈都认为他资质平庸，与聪明沾不上边；罗丹在父亲眼里是"白痴"，在教师眼里前途无"亮"，艺术学院考了三次也没考进；爱因斯坦4岁才说话，7岁才识字，老师的评语是"反应迟钝，不合理，满脑子不切实际的幻想"。但他们在嘲笑面前依然保持着自我，保持着不懈的努力和奋斗，依然拍着翅膀飞啊飞，依然在心底里对自己说"我行，我可以"，这是他们从众人眼里的庸者成为世人眼里的名人的重要原因。

大量深入的研究表明，聪明并不必然导致成功。最聪明的人往往并不是最有成就的人；最有成就的人，也往往并不是最聪明的人。成功最需要的是一种坚强的精神品质，需要坚韧不拔的毅力。"贫无可奈唯求俭，拙亦何妨只要勤。"哪怕是笨鸟，也能"笨鸟先飞"。我甚至在相当多的场合里偏执地讲，现在可以把"笨鸟先飞"改为"笨鸟肯飞"了。有不少教师，他们的致命弱点恰恰是不想飞、不肯飞，他们躲在公办体制这把大伞里，怕外面的风雨，怕太阳的炽热，怕路途的坎坷，怕寒风的凛冽，怕秋雨的狂暴，怕黑夜的漫长，怕身心的疲惫，怕失败，怕出丑，怕这怕那，怕到最后，人生都淹没在"怕"的海洋里了。

达尔文在晚年这样感慨："我这样一个才智平庸的人，居然能够在那么大程度上影响人们的信仰，实在出人意料。我的小学老师和我的父亲甚至认为我是一个平庸的孩子……"面对这份人生感慨，年轻的你，有什么理由不鼓足自信的风帆呢？

3. 做在学习中不断成长的教师

在交通和信息日益发达的今天，学校派人外出听讲座、看观摩课，或是外请专家学者来校教学的机会越来越多，但我经常能看到这样的情形：会场里前几排总空着，教师大都选择中间偏后的位置。我还看到，当一些教育专家想以对话的方式，使讲座更接近一线教师、更能解决一线教师身上的实际问题时，台下往往一片沉默。正是这种不想出头的平庸心理，使一个个很好的求教机会、和专家交朋友的机会失之交臂。其实，所有的专家也都期盼着能和一线教师交流，和一线教师做朋友，他们绝不想高高在上做空研究的。

有一位专家做讲座，讲座前他试图与听众沟通情感，于是提了些简单的问题，但是底下无人响应。他苦笑一声，讲了个小故事："我在美国读书的时候，大学里经常有讲座，每次都是请华尔街或跨国公司的高级管理人员来讲课。每次开讲前，我都发现同一个有趣的现象，我周围的同学总是拿一张硬纸，中间对折一下，让它可以立着，然后用颜色很鲜艳的笔尽可能大地写上自己的名字，放在桌前，于是，演讲者需要听者回答问题时，就可以直接看名字叫人。我不解，问旁边的同学。他笑着告诉我，讲课的一般都是一流人物，当你的回答令他满意或吃惊时，很可能预示着他会给你提供很多机会，这是一个简单的道理嘛。"专家接着讲："事实也确实如此，我的确看到我周围的几个同学，因为出色的回答，最终得以到一流的公司供职。"

听众或许不久便忘记了讲座的内容，但是这个开场白一定会给很多人留下难以磨灭的印象。年轻人时常埋怨机会不肯光临，而机会从来不是贴着"机会"的标签出现的，它总是变换着各种面孔，突兀地来到你的面前，当你还在犹豫的时候，它已悄然离去。你少的，就是一点勇气，伸出手来抓一下的勇气，拿出硬纸板亮出自己的勇气。

　　一线教学经验和行政管理经验告诉我，不少青年教师工作多年，最怕公开课和写作。遇上教研课、公开课，推三阻四。课堂之于教师，犹如舞台之于演员，一个教师，对课堂应该有着一种展示的冲动和欲望，有此情结，教学才会给人以美感和幸福感。一个畏惧课堂的教师，即便他逃避了一次又一次的研讨课、公开课，只上每日都有的家常课，他也必定体验不到那种教学激昂的乐趣和幸福。用什么征服课堂？有人说多读书，有人说多琢磨，有人说多观摩，有人说多反思，有人说用智慧征服课堂，有人说用专业预设征服课堂……我说，要用你的勇气。有的教师对此不解。我问他主动向学校提出承担公开课的任务了吗，主动邀请教师听你的课了吗？他说，这怎么可能？上糟了，不是自己搬起石头砸自己的脚吗？我说，你缺少的就是展示自我缺陷的勇气。一个人只有袒露自己丑陋的一面，袒露自己有缺陷的一面，袒露自己不成熟的一面，别人才能真切地看到你需要雕琢、修正的地方。唯有如此，你才能真正进步。要知道，掩饰缺点，恰恰是在不经意中大量地繁殖缺点。

　　勇者无敌。成功说来就这么简单，面对一项实验，能勇敢面对，请你上公开课，你勇敢地接受；请你参加大会交流，你勇敢地接受；有征文比赛，你勇敢地参与；交给你一个乱班，你勇敢地接受。每一次接受，或许都是一次阵痛，但同时也是一次无可抵挡的成长。告诉你，成长的代价就是接受挑战。此刻，你不妨扪心自问：我用勇气接受了几次工作的挑战、生命价值的挑战呢？是否有勇气接受挑战，实际上就是"主动"与"被动"的两种人生态度。一个人有着主动的人生态度，机会怎不会光顾？全国著名青年教师袁卫星谈及往事，当年老校长对他说，你们想爬多高的山，我们就给你搭多高的梯。袁老师当即回答，你能搭多高的梯，我就能爬多高的山。之后，袁老师主动请缨上公开课、汇报课，正是这种主动出击，使袁老师迅速成长，众多教育杂志相继报道他的事迹。袁老师固然有才华，但我深信这个世界上有才华的人多的是，中国教师队伍有才华的人多的是，他之所以脱颖而出，一个重要的原因是，他有亮出自己的勇气。

　　人，天生具有惰性。没有人听课，对课堂的准备、对教学细节的处理总是相对马虎；有勇气请他人来听课，有勇气承担公开课，实际上就是对自己惰性的宣战。我觉得只要做到三个一百，即上一百堂教研课、写一百篇教学文章、辅导一百个特长学生，五年后你就是名师。

4. 做务实的教师

在我看来，一个有奋斗感的教师，一定是个踏踏实实的教师，一定是个愿意把教育的小事做好的教师。教育本无所谓惊天动地，在和平昌盛的今天，更是如此。作为一名教师，你每天做的大抵是这样一些小事：早上到学校，进班级，看看学生是否到齐，谁没来，是什么原因。收上家庭作业，谁没及时交，为什么。批改作业，谁错了，为什么错了。晨读开始，尽管有学生组织，但还是去看一下，学生很认真，笑着表扬。晨会课，可能讲个故事，可能回顾上周班级常规管理考核情况。和学生们一起做操。要上课了，准备一些教学用具。下课了，利用课间和几个学生交谈几句，课堂作业有问题的学生，此时也需要点拨一下。到办公室，可能有一些表格需要填写。有了点时间，想想明天的课怎样上，或者备下一堂课，情况好的时候，办公室的几个人要扯一下教育趣事或气事。中午可能会有学生吵架，需要你去调解。批改课堂作业，一边批改一边记录错误的和优秀的案例。想上网看教育在线。想收集一点试题，供布置家庭作业用。提醒某几个学生，回家别忘了写作业，有不会的，可以打电话给老师。叮嘱学生明天有冷空气，添件衣服。

你看，教育无非就是做这样的小事。也正因如此，每一个教师只要投入工作，都能把这样的小事做好、做到位。每一个把这样的小事做好的教师，就是中国教育的脊梁，大家一起来把这样的教育的小事做好、做到位，就能把中国教育的大事做得让政府放心，让老百姓满意。当你尽力把教育的小事做好时，你就做起了真正的教育——我不是说纯粹指向于分数的教育。真正的教育，能影响人的教育，往往就蕴藏于那些很小的小事之中。教师们，你不妨回忆一下，印象中教师对你留下的永不磨灭的东西，就是那些不经意间的小事：一次简短平和的谈话、一个举动、一个眼神、一个期望、一个微笑，其间饱含着教师浓浓的真情，传递出师生间短距离心灵交流的火花。经由这些小事，教育进入人的心灵，持续影响人的一生。

教育就是这样的一些小事，把小事琢磨透、处理好，就是教育艺术。经常有学生上课不专心听讲，怎样把这小事处理好？是不是习惯性地提醒一下："开小差的同学，请注意了。"你细想没有，这个学生不专心听讲，和那个学生不专心听讲的原因一样吗？是因为他以前的知识脱节了，无法听懂而不听？是因为他遇到了伤心事、烦恼事而无法静下心来听？是因为他早就预习到了，早就懂了而真的没必要听？是因为他从来就不喜欢这门功课？是因为他不喜欢这名教师而不喜欢这门功课？是因为教师的教学设计有问题？是因为教学进度太慢，引不起他思维的快乐？是因为教师的某个不经意的动作或话语刺伤了他的自尊，以此来反抗？是因为他身体不好而无法静下心来听？

　　能这样思考和实践的教师，就是能把教育的小事做到位的教师；能把这样的一件件的教育小事做好的教师，是在做真正的教育，是在做真正的教育科学研究。当前教育科研为什么那么浮夸，课题研究为什么受到那么多的指责和批评？因为课题研究往往省略了过程中的小事，那些挂在文件上的教育科研似乎只做大事，做"计划""总结"之类的大事，过程中那些一小步一个小脚印的脚踏实地的事儿，没人去做，到最后，教育科研只能是一朵没有生命的塑料花。

　　老师们，世上原本就没有什么惊天动地的伟业等着我们去做，世上等我们去做的都是些小事情。一个真正做大事的人，当他做大事的时候，一定会觉得像是做一件小事，举重若轻，这才是真正做大事的人应有的风范。而这样一种意志和能力，正是集腋成裘、聚沙成塔般积累而成。教育原本也不是什么惊天动地的伟业，教育只是一些小事，教育只是一些微不足道、平平淡淡、不成体系的片段或细节。每天你微笑着对待孩子，每天都摸一摸孩子的脑袋，每天你都和孩子亲密地接触一下，每天你都准备好了去上课，每天你都想一想教得怎样，每天你都记下点教育的轨迹，每天你都做着这些小事，几年后，你将肩负起学校的一些管理与改革上的重任，那是顺理成章的了。

5. 做没有借口的教师

　　三十年前柏杨说中国人的丑陋之一，是喜欢满世界找借口，推卸责任。三十年后的今天，借口文化依然在不少年轻教师身上盛行。教育中，他们不愿多花一点力气，不想尽可能地做善、做美；马马虎虎地做，只求"做了"，出现问题，只顾找借口开脱。他们看不到工资以外的人生价值的存在。对工作，一没信心，二没热情，能躲则躲，能敷衍则敷衍，对得起工资卡上的工资是他们最大的工作动力。他们从来不想，是否对得起学生，是否对得起自己的青春，是否对得起来之不易的人的一生，是否对得起家人和朋友的期待和关怀。

教师们，对于一个有见地的管理者来说，需要的，不是你的各种解释，而是你的行动，具有实效性的更正性行动。一件事，如果你想去干好，就会发现有很多方法，你所要思考的，是比较哪一种方法更经济、更有效。同样，一件事，如果你不想做好，也可以有很多理由，这就是俗话说的"歪理十八条"，歪理，听起来还像蛮有点理似的。

都说教师工作是碗良心饭。一个教师如果养成做事找借口的习惯，实际上就是教育良知削减、消亡的行为表现。当前教师经常使用的借口有"学生基础太差了……"在今天，教学成绩无疑是学校生存的生命线。教学质量简化、异化为分数的事，将在很长一段时间内存在。一些年轻教师的教学质量不高，就抱怨学生的基础差，抱怨家长这不管那不管。其实，基础差的学生永远存在，教师的一个重要劳动，就是尽可能地使基础差的学生也能在你手上得到发展。"我忙不过来啊……"对于一个有责任心的教师来说，教师工作的确很忙。但现实恰恰是，越是有责任心、教育责任感强的教师，越不会以一个"忙"字来推诿工作。倒是那些责任心不强，把一天的教育教学工作简缩成三两小时的人，大叫其"忙"。"找班主任去……"育人的任务仅仅落在班主任身上，这是教育的悲哀。教师的首要工作是人的教育，其次才是学科的教学。中国教育要分数，这没什么好多说的。但不要忘了，在排名考试中，每一个学生都成为考试高手是不现实的。每一个教师都是潜在的"班主任"，都应在学生的"人"的成长上负起必要的责任。"这个事我做不了……"还没有做，怎么知道不行呢？知道自己不行，那就更要珍惜这样的锻炼的机会，以使自己"行"起来啊！一个人最重要的是勇气，失去勇气也就失去了一切。一个人不能只做自己经验范围以内的事情，要习惯去带有几分挑战性的事情。不然会永远活在害怕里，也永远活在没出息里。

人要么是懒惰、贪图安逸,要么是给自己找台阶,这样,人的潜能就不能在一种无路可退的情况下得到开发。要断绝退路,拒绝借口。因为借口对人的成长,就像恶狼对羊群的威胁。任何借口都无法解决哪怕是一点点的实质性问题,借口只会使人习惯拖延,习惯推卸责任,习惯转嫁过失,习惯损害他人利益,你说,这样的人能得到领导和同事的认可,成为学校乃至教育的中坚力量吗?一个人如果常常对领导找借口,自圆其说,久而久之,做事情的时候,潜意识的第一反应是"不做"或"做不好"的借口,时时处处宽容自己,宽容到最后,只剩下懒惰、自私和一事无成,这种危险看不见、摸不着,却能置你的人生于灰暗境地。

教师们,你是否已经被"借口文化"感染?如果是,那么请你赶快医治。送你一个药方:设立"无借口月"。从这个月的这一天起,无论什么事情,你都及时地想尽办法把它完成,实在完成不了,把责任放在自己身上,诚恳地对领导说"我没做好,我将努力",而不是搜肠刮肚地找借口;如果所要完成的事需要合作,那么出现问题时,也请你将责任放在自己身上,这样做,你并不会损失什么,相反,你将获得很多,你将获得责任感,你将获得信任感,你将获得良好的人际关系。又因为你主动承担责任,所以你会主动去补救,从而你又将获得成长的动力。年轻的教师们,对借口说"不"吧,面对学校的各种事务,请你果断地收起借口,你说:"好的,我马上去做……"领导找你做事是对你的信任,你没有理由拒绝,况且,领导叫你做这个事情,是相信你有这个能力。不要给自己任何思考借口的机会,答应下来,再想具体的方法和办法,而不是把时间和精力浪费在想借口上。"好,我会尽力而为。"当你向大家说出"尽力而为"的时候,一方面能获得领导的好感,另一方面也会给自己一种压力:如果我"尽力而为"了还不能把事情做好,那么将给大家留下怎样的印象?年轻的生命正是最扛得起分量的季节,做事要学会"尽力而为"。"这个事情我来做。""只做领导分配的事"和"做不好领导分配的任务"的人很多,主动出来做事的人很少。这个世界上永远缺少主动的人,主动的人永远值得欣赏和尊敬,他们是成功一族的后备军。"这个事情我来做"的人,走到哪里都是受欢迎的,哪怕是把办公室的地板拖干净,哪怕是去搬纯净水,哪怕是将纸篓里的垃圾倒掉。"行,事在人为。"只有想不到、没有做不到。教育上的事情更是如此。一些你看来头疼的事情，在有经验的教师眼里可能是一件并不难办的事；一个在你看来很费神的研究工作，在有科研经验的教师的帮助下，可能一点就通了；一个令你伤神的课堂设计，在教学技术高超的教师那儿，一下子就化繁为简了。只要善于学习和请教，教育的事准能办好。收起借口，你同事说你变了；收起借口，你领导说你变了；收起借口，你学生说你变了；收起借口，你发现自己真的变了……

6. 做有责任感的教师

责任，从字面上理解，有两层意思：①应尽的义务，分内应做的事。例如：教导主任的责任、校长的责任。②应承担的过失，例如：推卸责任；从实践层面看，责任是一个系统，是一个完整的体系，包含六个方面的基本内涵：责任意识，是"想干事"；责任能力，是"能干事"；责任行为，是"真干事"；责任制度，是"可干事"；责任成果，是"干成事"，责任外延，是"不惹事"。简单地讲，就是一个人该做和不该做的事情，往深处讲，就是把该做的事情做到什么程度，是好，较好，一般还是差；把不该做的事情，是不做，还是无意或者有意做了，做的后果给团队带来哪些不利，如何担当过失等。

在学校里，哪些是该做的事情？工作是该干的事情，做人是该做的事情。想把工作干好，想做个好人，这是一个层面；能教学，很受学生喜欢，能担当一方面的工作，同事或属下认可，教学成绩显著，担当工作受到同行和上级领导称赞，是能干事、真干事和干成事；真诚待人，兢兢业业，不这不那，不做不该做的事情，把失误降到最低，不给同事领导添麻烦，是不惹事。

责任的重要问题是应承担的过失。首先，要明白自己的过失，承认自己有过失，这是承担过失的前提，不然，即便承担了过失，对自己的成长也是无益的，也失去了承担过失的本来意义。很多有过失的人，这一步就没有把握好，导致第二次三次失误或不足的再现；其次，要把过失作为教训来吸取，以后不再交"学费"；再次，承担过失，体现担当；最后，找出过失失误的内外部原因，加以改进，把坏事变好事，让过失成为进步的阶梯。

作为教师，自己理想的学科成绩应当达到本学科组、本校、全区最好的水平，最低也要发挥出自己最高的水平。现在的评估，无论是个人、学科组、班级、学校还是全区，都是从团队的角度来考察：如，学生升学中考，这个学生的成绩必须达到规定的分数线，这个学生总分达到650分，才能成为高中学校的正榜生，这个学生的中考成绩来自哪里？是这个学生的语文、数学、英语等学科成绩和实验、微机、体育成绩之和，这些学科的成绩来自不同的教师的教授和培养，这个学生有的学科成绩高，有的学科成绩差，但是，能够考上学，就是成功。关键是在招生分数线边缘的学生，如果其他学科成绩较好，自己教的学科成绩太差，或者，只要自己的学科成绩稍高点，这个学生就能升上学，那么，自己怎么承担这个责任？假设，自己的学科不仅仅是一个学生差，而是多个学生较差，且平均分、及格率、优秀率皆不理想，直接影响了和自己一起上班、共事、关系还不错，共担学科组荣誉的同事，怎么承担这个责任？自己成绩差，意味着拿同事的高成绩来贴补自己，组成学科组的成绩，类似向同事要分数和比率，近乎向同事要金钱和东西，的确不是光彩的事情。自己影响了学科组的成绩，进而影响了年级的成绩，学校的成绩，这个责任很难担当得起。

　　假设是刚刚上班时间不长的年轻教师，假设自己总是很尽力，假设自己是第一次或者不是多次拉后腿，最重要的是对成绩较差有良好的内省，团队的每个同事大多会理解、谅解，自己也会认真研究学科规律和学生身心发展规律，最终会成长为一名自己希望的那种教师，成为最好的自己。问题的关键是，成绩不理想，还用过多的时间与精力找他人和团队的原因，即外归因：学生基础差、家长不配合、领导不支持等，这样的话，自己的做人就有问题了，每学年的聘任都是问题，任何团队都不会聘任成绩差、做人不理想、负能量大的人。被辞退的人一般只有两种人：第一种人是确实工作能力不够或者工作态度不好；第二种人是尽管工作能力很强，但是同事不喜欢的人。

　　作为教干，担负一个部门或层面的工作，工作的重要性不言而明：自己就代表着学校，就代表着和自己一起共识的多人，代表着校长。做好了，学校光荣、个人自豪，校长、同事高兴；做不好，学校蒙羞，自己忐忑，同事、校长代替自己担责。担任教干，所担负的工作不是自己一个人能够完成的，需要动员多人甚至多个部门协调才能完成。

要想让自己的工作成为大家内心中都想完成的任务，自己的做人显得十分重要。要让大家认可自己的人品，跟着你干放心；要让大家熟悉并赞成做事的思路、原则和方法，减少分歧和内耗；要让成员明白做事的评估办法，做好做差怎么样，预防失误和不足。最重要的是，做任何事情一定要关注到别人的感受，一定要考虑到别人的利益。任何人不管说话还是做事情，不关注别人感受的，肯定到最后自己活动的空间会越来越窄。

教干出现失误，绝对不是个人的问题，势必涉及学校团队整体形象，所以，对教干的选拔和任用十分谨慎，组织考核，民主评议，学校负责人推荐，才能把最优秀的骨干力量提拔到教干岗位。教干的成长是个艰难的过程，教干和骨干教师是两个不同的角色，责任的宽度和厚度不同，承担的压力不一，代表的团队不同，教干必须与同事搞好关系才可完成工作任务。

假设一个处室完不成常规工作，拖了全区的后腿，区教体局直属科室就会找到校长进行询问、批评甚至指责；假设一项任务不能很好地完成，上级领导就会进行干预、评估，学校的整体形象就会受损，全体教职工的光彩就会减少；假设学校出现了问题需要上级领导给予解决，就会给领导增加负担，学校班子的领导能力就会受到质疑，班子成员的发展成长就会受到影响或停滞；学校发展方向出了问题，就会偏离社会需求，对当地教育事业造成损失，给家长和社会各界带来很多的疑问，直接影响孩子的发展。

工作中出现问题的原因很多，但最终还是自己的问题最多。"成功者是不受谴责的，失败者再多的理由都无力"，这是一个定理。

怎么承担过失？学校过失的责任承担，主要有批评、处罚、调整岗位、建议调离等，其核心目的有两个：一个是有利于该班学科成绩的提高，利于学校整体发展；一个是有利于个人发展，使自己静心反思自己的言行，吸取教训，以利提升个人能力和素养。一个学科教学成绩不佳，是促成人员调整的主因，自己与学生的关系如同仇雠，再担当原来的班主任、教师，显然不利于个人和学校发展，应当以学校大局出发，主动承担责任，或到一个新岗位继续提高自己的能力和素养，或是服从学校整体安排；一个人做人欠佳，在学科组、年级、学校团队成了落后分子，拖了大家的后腿，同样可能调离原来岗位,"虽然你工作能力强,但是周围没有一个人说你好,你再强也没有办法"。况且,在没有人认可、喜欢自己的状态下,团队协作之好坏、个人工作之优劣,不言自明。做出批评或调整人员,对学校领导来说是个十分复杂和麻烦的事情,选谁来接这个班?让谁来承担这个重任?每到学年聘任时,这个问题就会困扰其中。所以,一定把自己的工作做好,不麻烦别人。

反过来说,责任的主要问题还是想干事,真干事,干成事,不惹事,做好应该干的事。因为,把事情干得很好,就根本不需要承担什么责任了。教学岗位哪些是应该干的事情?备好课,上好课,科学布置作业和及时批改作业,辅导好学困生,是应该尽的义务;爱学生,让学生有目标、有盼头,在奔向目标中给予及时鼓励和指导,这是班主任应该干的事情;把握办学方向,履行岗位职责,把学校带入理性良性发展轨道,是教干应该干的事情。

责任体现了一个人的心态、态度、原则、作风、风格、习惯、思想,责任体现了一个人的心智、格局和胸怀;体现着一个人的使命、生活空间和追求,责任是一个人人生观、价值观和世界观的体现,是一个人对待人生和生命环境的态度。对待人生和生命环境的态度决定了人生观、价值观和世界观;人生观、价值观和世界观决定了心智、格局和胸怀;心智、格局和胸怀决定了使命、空间和追求;使命、空间和追求决定了日常生活中的心态、态度、原则、作风、风格、习惯、思想,同时,日常生活中的心态、态度、原则、作风、风格、习惯、思想,又不断积累、反馈、沉淀和形成人生观、价值观和世界观。

责任就是担当,就是付出。责任是分内应做的事情。也就是承担应当承担的任务,完成应当完成的使命,做好应当做好的工作。责任感是衡量一个人精神素质的重要指标。心在哪里,时间和精力就在哪里,时间和精力在哪里,哪里就会绽放光芒。

做一个负责任的人吧!一个负责任的人,在哪里都会受到喜欢,在哪里都会做出自豪的成就,在哪里都会实现自己的价值。

7. 做不抱怨的教师

很多教师抱怨,当教师太累了。早晨很早就得起床,到学校备课、上课、批改作业。备课本、听课本、作业批改本、导师记录本、校本培训本、业务学习本、家访记录本等，一本都不能少。工作中稍不留神就会遭家长投诉、媒体曝光，教学成绩稍微不好就会被领导问责。所有这一切，最后换来的仅仅是微薄的收入。看看其他行业吧，既轻松、又没有加班，工资却比教师高很多。真想跳槽去干点别的工作，体验不一样的人生。

可是，如果你真的辞职了，学校照样运作，可是你的家庭却好像是塌了天。真正能在离开学校后闯出一片天地的教师不是没有，但是却是极少数。大多数离开学校的教师，到社会上找工作，都不能如意。

很多教师经常做学生的思想工作，教育学生走向社会应该如何如何，可当教师自己真的走向社会之后，教师教育学生的那些道理，很多都不管用。很多教师，哪怕你是在学校被捧起来的名师，要是真的走向社会，你什么都不是。如果你是普通教师，走向社会之后的境遇就会更加糟糕。

教师其实就是一个普通劳动者，但因为我们是教师，很多家长和学生都尊敬我们，甚至是邻居也尊敬我们；因为我们是教师，社会上一些机构、团体会邀请我们，让我们参与一些交流和讲座；因为我们是教师，虽然我们相貌一般，学生却说你长得帅气或美丽，爱人也能看上你；因为我们是教师，孩子非常崇拜你，他们在学校的时候，会因为有一个当教师爸爸或妈妈而感到骄傲。

在很多教师眼里，学校似乎只给你了一份工资，作为你劳动的报酬。可是实际上，学校还给你一个身份，一个让你能获得被人尊敬的身份。这个身份成为你和社会之间，和他人之间进行交换的桥梁。

教师身份让你获得发言权，让你得到了尊重。学校给两个班让你教，不是让你当牛做马，而是给一个展示才能的舞台。这个舞台可能让你锻炼自己，可能让你去同事之间竞争，可能提升你自身的价值，可能让你得到安身立命的技能。所以，作为教师，我们必须要珍惜自己的工作。要做到三点珍惜。

一是珍惜岗位。我们的任课和班主任工作就是教师的职责，职责意味着担当，而担当就是价值。让你当班主任，这是给你独当一面的机会；给你加重担、施加压力，因为领导觉得你是可造之才。这些都是机遇，是信任，是平台，是你迈向成功的筹码。好好珍惜和把握这些责任，很多失去了就不会再来。

二是珍惜关系。很多教师在学校的工作是长期的，与同事搞好关系，你的工作会顺风顺水。作为教师，宁可受委屈，也不要破坏和同事的关系。宁可得罪社会上的人，也不要得罪自己的同事。有的教师交到了社会上的一些朋友，觉得他们是"铁哥们儿""好姐们儿"，可真当你遇到难题的时候，他们会翻脸不认人。能在你身边拉你一把的，很可能是你们学校的同事和领导。

三是珍惜已有的。在学校里，有的教师已经是班主任，已经是骨干教师。可是时间久了，会厌倦这些东西。因为班主任和骨干教师会干更多的活、担更多的责任。可是，一旦教师主动地失去了班主任，这些失去了，就不会再回来。当你哪天再想利用班主任的平台为自己的教学提供便利时，已经时过境迁，没有了机会。哪怕我们工作是枯燥的、重复的，你也要牢牢抓住，死死抓住。抓住你已经拥有的，你还会获得更多。

平时工作中，要做到三个不能。

一是不要把自己的工作推给别人。

工作是你在学校立足的基础。把属于自己的工作推给别人，不是聪明，而是愚蠢，除非你不能胜任它。很多学校都要分普通班和实验班，教实验班的教师压力大，工作任务繁重，而教普通班的教师则相对轻松很多。

有的教师厌恶实验班繁重的工作，抵触领导对自己的严格要求，主动申请不教实验班，而教普通班。当你真的教普通班的时候，你会发现，虽然得到了工作上的轻松，可是却失掉了很多机会。虽然你各个方面的能力没有改变，可是学校却是把机会尽可能地给实验班的教师。

当班主任也是如此。所有的学校对班主任都有很多优惠的政策，虽然班主任费不多，但是优惠政策让那些不当班主任的教师望尘莫及。例如，班主任有更多外出学习的机会，有更多评先选优的机会，评定职称的时候，学校会根据你当班主任工作的年限加分。在各种比赛中，班主任还会得到优先推荐的机会。

一个教师把班主任工作推给别人，失去的绝不仅仅是那点儿班主任费，而是自己绝大多数向前发展的各种机会。

二是不要愚弄同事。

教师队伍中，真正聪明而善于掩饰自己的人很多。同时，也有一些教师不怎么聪明，而自己觉得聪明的人也很多。自作聪明的教师有两种，一种是在工作上自作聪明。在与同事的竞争中，玩弄权术，耍手段。例如，挑拨教师和学生之间的关系，利用各种机会给同事造谣。这种教师可能在短时间内获得一点利益，可是从此以往，会被所有教师提防，被大多数教师所孤立。这类教师的所作所为，其实就是搬起石头砸自己的脚，聪明反被聪明误。所以，与同事共事，绝不可以耍小聪明，要以诚待人。

还有一类教师是在生活中自作聪明。他觉得很多教师都傻，都很有趣。这类教师会在公开场合嘲笑同事、愚弄同事。例如，在开会时，这类教师问另一个同事说："你说领导讲得对吗？"同事当然不好评价，只能含糊其词。他一看同事含糊其词，立刻又说："还是你聪明，故意装作不懂。"可是，他就不想想，你在那个场合，提的问题本身就是错误的。他的问题，让同事无论怎么回答都不合适。既然提的问题本身有问题，又反过来说同事的风凉话，这不就是在得罪人吗？可是有不少教师，却在这样做，因为他觉得自己很聪明。

三是不能沉不下心来。

一个人的一生总是浮浮沉沉，有起有落。对于教师而言，不可能总处于事业的高峰期，也不可能总处于事业的低谷期。从低谷期到高峰期，可能要经历一年、两年，甚至五年、十年。这就需要教师要沉下心来，耐得住寂寞，甘于坐冷板凳。处于低谷期的教师，会有很多的时间和精力来提升自己，磨炼自己，在机会来临的时候，会厚积薄发。

处于低谷期的教师，千万不要发牢骚，也不要让自己职业倦怠。有低谷，就会有高峰，你处于低谷期的时间越长，之后来的高峰就会越高。但有个前提，你得好好工作，不断地读书、学习，时刻准备着机会的来临。

在学校，永远不要说大话，不要说工作上的大话，也不说生活中的大话。你的大话，只会让同事更看不起你。维护自己的学校，干好自己的工作，优化自己的职业。学校离开任何一个教师都会正常运转，哪怕这名教师是名师、专家。但大多数教师离不开学校，那就请你努力证明，你在学校很重要。

第二节 优秀教师必备的素质

一、爱心，是成为优秀教师的前提

1. 爱教育，做到身上有情

人是有情感的。人的行为受情感所左右，情感是人一切行为的动力。热情，在每一个人的人生旅途中有着十分重要的作用。因为热忱是人的"内心之神"，"没有热忱，便没有伟大的成就"。

思想是根本。有一个积极的对待工作的态度，喜欢所从事的工作，热爱工作岗位，是干好工作、干出成绩的前提。

有人说"教育是一门爱的艺术"。爱是教育的源泉，是教育的灵魂，没有爱就没有教育，就像池塘不能没有水一样。爱心是教育成功的原动力。对学生发自内心的爱，能够产生巨大的教育力量。

于永正老师就是一个"身上有情"的人。他和蔼可亲的脸上，总是堆满慈祥的笑容；他眼中，饱含暖暖的温情、甜甜的柔情。课堂上，这位72岁的老人，不时俯下身板，亲昵地在学生耳畔叮咛，拍拍学生的肩头，亲近、了解并鼓励学生。每一次于老师上完课，孩子都是那么地恋恋不舍。短短的一节课，几十分钟的时间，学生就深深喜欢上了于老师。为什么？源于于老师对学生的爱、对教育的情，他时时刻刻都是"身上有情"。

魏书生说，做教师，就要爱这个职业。如果不爱它，就趁早离开它；如果离不开它，就趁早爱它。他认为，一个人是否快乐，主要不取决于他在什么岗位，而取决于他爱不爱自己的岗位。

一般来说，人对待工作有五种境界：无心无意，三心二意，半心半意，一心一意，舍身忘我。

"医生的功夫在病床，教师的功夫在课堂。"

爱岗敬业其实要求的是一种职业态度。衡量一个教师的工作，无非有三个维度：工作态度，工作能力，工作成效。其中，工作态度最重要，工作成效最能说明问题。

积极心态像太阳，照到哪里哪里亮；消极心态像月亮，初一十五不一样。

要想成为更优秀的教师，首先应该做到"身上有情"，要倾情教育行业，热爱三尺讲台、关爱每位学生；要爱教乐生，为每天去学校而感到兴奋；要喜欢学生，为能够帮助他们而感到幸福，成为一个孩子们喜欢的教师。

爱岗，其实就是责任心的问题。一个人有责任心，才能心做事；只要用心做事，多数事情都可以做好。一位教师，只要有了对孩子一生负责的责任心，教学工作肯定会干好。

特级教师吴正宪说过，教师要尊重每一位学生，关注每一位学生，满足并提升每一位学生的发展需要。用爱唤起每一位学生心底的学习热情是教师的重要责任。吴老师的话很明确地要我们"把爱给每一位学生"。

幸福的教师大多拥有热情、激情。在事业上非常投入，热爱学生、热爱学校、热爱工作。

我们在教育引领班级学生前进的过程中，要以海洋般深沉宽广的爱，去拥抱每个孩子，让他们在爱的洗礼中长成大树、长成栋梁，并且懂得以爱去回报社会、回报生活。

一个幸福的教师，必然拥有亲情、友情、爱情，是一个感情上的富翁。一个幸福的教师，在他的身上，必然洋溢着满腔的热情和澎湃的激情，必然充满着暖暖的温情和甜甜的柔情，同时还拥有高雅而有品位的闲情。

2. 立志向，有一颗雄心，做到胸中有梦

志向，对一个人的成长非常重要。一个人有什么样的想法就有什么样的生活。你的想法会影响你的抉择，你的抉择会决定你的一生。

我们每一个人都不是随意降临这个世界上的。正所谓：天生我材必有用！我们生来应为高山，而非草芥！拿破仑有句名言说得好，"不想当将军的士兵不是好士兵"；同样，不想当名师的教师也不会成为一名优秀教师。

有这样一句话："把自己当作羔羊，只能追逐在狭窄的牧场；把自己当作雄鹰，才能在碧蓝的天宇翱翔。"

教师们，"心有多大，舞台就有多宽广"。我们一定做到"胸中有梦"。有梦的人生才是幸福且充实的人生，有梦的人生才是幸福且快乐的人生。对于胸中有梦的教师来说,"教育不是牺牲,而是享受;教育不是重复,而是创造;教育不是谋生的手段,而是生活的本身"。

我们的一生不一定要干成什么惊天动地的伟业,但它应当犹如百合,展开是一朵花,凝聚成一枚果;它应当犹如星辰,远望像一盏灯,近看是一团火,在照亮学生的过程中,同时也照亮了自己。

3. 定规划,做到心中有数

有了奋斗目标后,就要制订计划。青年教师要在学校领导、老教师的帮助下,做好自我分析,给自己定位,明确发展方向、努力目标,用目标来导航。尽快制订出适合自己的发展规划,而非"计划"。既有远期目标又有细要求。对各个步骤、阶段做到心中有数。总目标是:一年入门,两年上路,三年胜任,五年成才。如"一年入门"目标要求是:了解教学常规,初步掌握教学基本功,完成一学年的教学任务。"三年胜任"目标要求是:掌握教材教学,教学基本功过关,独立完成教学任务。通过教学汇报课、集体诊断课、单元说课、领导随堂课、课堂效果检测等定量定性评估等来增加自己达标的紧迫感、责任感,从而激励自己满腔的热情和实足的干劲,向着目标奋进。

4. 勤学习

"学高方可为师,身正才能为范。"教育是一种特别需要经验积累的职业,那种企望依靠"灵感""一蹴而就"就能成就一番事业的想法是不切实际的。要成为一名优秀的教师,就要做到学识渊博,造诣高深;要有完善的知识结构和较高的学科素养——职业道德、科学文化、教育理论、学科专业、艺体礼仪。要实现三个专业发展——专业精神、专业素质、专业能力。

知识结构的完善和专业素养的提升,最基本的途径就是学习。一个人对待学习的态度决定了他成长进步的速度。各位青年教师要勤于学习、善于学习、经常积累;要对学习如饥似渴,抓住一切可能的机会,利用一切可用的时间学习;要关注学科前沿,拓宽学科视野,努力丰厚专业基础知识,提高学科本领和科研能力,把所在专业和学科做优、做精、做强。

那么,向谁学?

一是向专家和名师学习(名师引领);二是向领导学习(领导关怀);三是

向同事同伴学习（同伴互助）；四是向书本学习，书刊相助（个人努力）。

学什么？学习专家名师的教学案例，看视频、教学实录，向名师专家学思路，明方向。

怎么学？我们要像学毛笔字一样，从临摹开始，先模仿，照着名师的教学套路去练；练熟了，达到一定层次，自然会有生成、会有创造。

读哪些书？青年教师要热爱读书，博览群书，养成阅读的习惯。有位专家曾经指出："人类的精神史就是一部阅读史。"金庸先生有一句名言："只要有书读，做人就幸福。"苏霍姆林斯基说："每天不间断地读书，跟书籍结下终生的友谊，就是最好的备课。"朱熹说得好："问渠哪得清如许，为有源头活水来。"唯有读书，才能拥有源源不断的"活水"，才能以自己的书卷气息，去熏陶学生。多读书，才能做一名有思想的教师。有思想的教学才能推陈出新，有思想的教学才能心灵快乐。

要多请教。一粒散沙几乎没有威力，但是聚沙可以成塔。一个人的力量是有限的，但是众志成城的团队威力极大。青年教师要成长，就要虚心好学，要主动争取老教师的帮助，要做到有疑必问。

要常反思。陶燕珍老师谈个人成长经历时提到这个关键词——"反思"。孔子曰："学而不思则罔，思而不学则殆。"学习催人思考，而反思促人成长。叶澜教授说："一个教师写一辈子教案不一定成为名师，如果一个教师写三年反思有可能成为名师。"

作为优秀的教师要学会反思，能够反思，要把反思落实到文字上——修改教案和写教学随笔。要反思自己的教育思想和教学行为，内容主要是聚焦课堂，记录课堂的亮点、课堂的败笔和课堂的意外。只有经常反思，才会不因循守旧，才会吸纳新的理论，去粗存精，不断修正自己教育教学行为，不断成长和发展。在反思中，不断创新，研究深入。

要勤于笔耕，写"下水文"——力求规范，有示范性、有启发性。写"下水文"是最好的作文备课。

要敢上台。青年教师要有勇气，抓机遇，积极参加活动，积极参加比赛，敢于上台。要努力争取、紧紧抓住每一次参赛的机会，在领导、同事的指导帮助下，在一次次的活动中锻炼自己，在一次次的磨炼中不断地成长、成熟。因为，你每次参与,都会有脱胎换骨般的改变,都会有凤凰涅槃浴火重生般的提升。

要肯吃苦。不经历风雨,怎么见彩虹?一分耕耘,才能有一分收获。成为名师的过程中,肯定要付出;要远离安逸、做耐得住寂寞、就像周黎明老师所讲,从未玩过游戏。成为名师,就要做到吴正宪老师的"约法三章"——"要敢于吃别人不愿意吃的苦头,要乐于花别人不愿意花的时间,要敢于下别人不愿意下的苦功。"

要能坚持。成为名师的道路不是一片坦途,坎坷是常有的事。我们能否达到成功的顶峰,问题的关键在于是否能够坚持。

"滴水穿石,磨杵成针"的故事路人皆知,它告诉我们成功者要忍耐,要坚持。

我们每天的奋斗就像对参天大树的一次砍击,头几刀可能了无痕迹。每一击看似微不足道,然而累计起来,大树终会倒地。这恰如我们今天的努力,我辛勤耕耘,忍受苦楚,放眼未来,勇往直前,坚持不懈,直到成功。

有句谚语说得好:没有比人高的山,没有比脚远的路。要坚信,沙漠尽头必是绿洲!还是那句话:只要路子对了,相信山花烂漫自有时!

请各位青年教师不要放弃,要做永不放弃的教师。丘吉尔说把他成功秘诀归纳为三条:"第一,决不放弃;第二,决不、决不放弃;第三,决不、决不、决不能放弃!"教师们,你朝着奋斗的目标,坚持做上两年、三年、五年,就会从量变发展到质变。你一定会拥有属于自己的天空。我们教一门功课,带一个班级,认真地坚持做上三年,研究上五年,一定能够出成绩。

要尽义务。尽"传、帮、带"的义务。市教育局、学校培养青年教师的目的是什么?就是为了带动一大批教师成长起来,最终实现整体提高教师队伍素质。希望各位青年教师在教学教研中发挥好自己的作用,开展好"结对帮扶"工作,带动周围的教师。你在传帮带的过程中,自身也在提升。

二、用心,是成为优秀教师的捷径

很喜欢全国劳动模范李素丽所说的一句话:"认真做事只能把事做对,用心做事才能把事做好。"

教师的工作具有长期性、复杂性、重复性和艰巨性的特点，这就要求我们教师在工作中不仅要认真，更要用心。我觉得用心主要体现在以下几个方面：

首先，用心提升自己高尚的品格，塑造教师自身的人格魅力。

提升自己高尚的品格，是工作艺术的第一块基石。教师对学生的教育影响，实质上是一个"灵魂"塑造"灵魂"，"人格"影响"人格"的教育过程。俄国教育家乌申斯基说，在教育中一切都应以教育者的人格为基础，因为只有人格才能影响人格，只有性格才能形成性格。在班级管理中，班主任的率先垂范、为人师表对学生的潜移默化作用是巨大的。教师不是雕塑家，却塑造着世界上最珍贵的艺术品。我们的学识、我们的人品、我们的态度，直接决定着我们事业的成败；直接决定着我们面对的教育对象的成败。

其次，用心做事的教师一定是一个善于学习的教师。

"腹有诗书气自华"。爱学习不仅能够丰富自己，更能感染学生。教师渊博的知识不仅能征服学生，唤起学生心灵的共鸣，而且还能在教育教学中旁征博引、挥洒自如，从而积聚了人气、提升了品位，使学生"亲其师而信其道"，达到高效的教育效果。

信息时代要求教师具有多元化的知识结构。一位优秀的教师心中要有一种永不衰竭的求知欲望，像一个永不疲倦的探索家，对未知充满渴望，不断吸取新信息、新理论，不断充实自己、完善自己的知识结构，以期成为多专多能型教师，以适应教育发展的需要。这就要求我们教师读书要多、知识面要广。为了拉近和学生之间的距离，我不能不知道《阿凡达》、西单女孩。为了把学生培养成综合素质更高的人才，我努力涉猎关乎政治、经济、社会、生活的各个领域的信息，奥巴马、金融危机、国家软实力、杂交水稻、钓鱼岛都成为我每天关注的话题。这就对教师提出了更高的要求。教师只有爱读书，善于学习，才能满足时代的需要。

再次，用心做事的教师一定是一个充满爱心的教师。

热爱并尊重每一个学生，不因为学习成绩的好坏与家庭背景的不同而高看或歧视某些学生。教师要胸怀博大，能容得下性格各异、兴趣爱好各不相同的学生。教师不仅要关心学生的学习成绩，更要关心学生的品德修养。新课程理念的出发点是"人本主义"，其核心就是以学生的发展为本。所以，关注每一个学生，是教师职业操守的底线。如果说爱优等生是一种天性，那么，我觉得，爱学困生则是一种优秀品质。

爱学生更要帮助学生学会成长。为了提升学生的自我教育和自我管理能力，推行了"班级管理月负责制"，就是让学生人人参与班级管理，培养学生的责任感和服务意识，充分发挥自我教育的功能。

在学生管理中，关注学生的终身发展，尊重每一个可塑的灵魂，只要爱心永驻，定能灌溉滋润每一个学生的心田。只要用心思考，就会招数不断。任小艾老师曾经说过："爱是可以产生智慧的。"

最后，用心做事，就会充满激情，享受工作。

教师生活在较窄的工作空间中，面对着枯燥的书本、面对长期重复单调的工作、面对来自各方的压力，甚至还要面对生活的挫折，难免产生倦乏、焦虑、上进心迟滞等不良情绪，从而导致激情淡化，工作效率降低。

俗话说："既来之，则安之。"我们虽已过了做梦的年龄，但我相信，让学生在课堂上享受热烈奔腾的精神生活，让我们师生的生命活力共同涌动，这就是我们作为教师的生命价值。

与学生一起参与牵手大型公益活动"心连心"、参加趣味运动会、与学生们一块跳集体舞，还有联欢会上纵情的表演等，都让学生体会到，我们的教师不仅是一位挥洒课堂的良师，更是一位对生活、对美好事物有追求的益友，这无疑对学生产生强烈的示范作用。苏格拉底有句话，我一直奉为箴言，"教育不是灌输，而是点燃火焰。"教师的激情就是点燃学生内心火焰的火种。人，总要有那么点精神。实践告诉我，要想成为一个成功的教师，就要充满激情与活力。

快乐是一种能力，幸福是一种感觉。我特别赞同一位哲学家说过的话："生活像镜子，你笑它就笑，你哭它也哭。"有人说，积极的人像太阳，照到哪里哪里亮。消极的人像月亮，初一十五不一样。激情乐观，是一种生活态度。

用心，要做到以下两点：

1. 要用真爱去关心学生

学生的确存在"好"与"差"的差异，教师应因材施教，对"好学生"关爱备至，而对"学困生"更应加倍地关爱与呵护。要善于发现他们学习上每一点滴的进步，去寻找他们生活、品德上每一个闪光点，加以充分的肯定和激励，让他们感到温暖，增强自信，从而缩小师生间心灵上的距离，使他们产生"向师性"。这样，他就会把教师当成知心朋友，愿意向你敞开心扉，愿意接受你如何学习和如何做人的指导。教师，是学生学习和效仿的榜样和楷模，身教重于言教，幽默风趣的谈吐，得体大方的着装，亲切热忱的态度，扎实渊博的知识，犹如和煦的阳光照射到学生的心灵上，使他们感到温暖、舒畅、轻松。融洽的师生关系可提高学生的学习效率，从而产生对教师的信任感，尊敬感。

要从思想上重视学生的常规养成。让学生明确有序的常规是形成良好的学习、生活习惯，并与德育相联系，是营造浓厚学习氛围、增强班级凝聚力的重要依据。以常规来保障学生的学习和生活，明确常规与个人行为，常规与学习态度，常规与集体行动的关系。要给学生讲明、讲透其中的道理，让学生主动接受、自觉遵守。

要制定具体、完善和行之有效的措施，并积极落实。工作有创新，不墨守成规。努力做到关注全体学生，管理内容上全面、空间上全方位、过程上全程、途径上全优。

教育有耐心，不怕出问题，允许出问题，解决问题时不急躁。处理问题力争追根溯源，从根本上解决。要尊重学生，虚实结合，管放适度，宽严有致，堵导并存。

要善于借势、借力，即善于借任课教师、家长、学生干部的力量，形成育人合力。大家方向要一致，心往一处想，力向一处使，共同关注学生的健康成长。要指导家长，做好辅助教学工作。

2. 工作先要讲规范，再讲个性、特色与提升

要认真钻研教材，充分掌握学生的实际，进行恰当有效的教学设计。要正确对待教学参考资料和他人经验。一是要先"钻"后"参"，不能以"参"代"钻"；二是对他人经验应联系实际，分析研究，消化吸收，不能照搬照抄。

要提前一周备好课，不能临教临备，更不能开"无轨电车"。要备符合自身特色的详案。

要认真对待每一节课。教师要充分做好课前准备，提前到教室候课，关注学生行为习惯及精神面貌；严格按课表上课，不私自调代课或挪作他用。上课时间，无特殊情况不坐着讲课，不接打手机，中途不离开教室；不剥夺学生上课的基本权利，不讽刺、辱骂学生，不体罚与变相体罚；不提前下课，不拖堂影响学生休息及下堂课教学；即使临时带课，也要认真备课，周密准备。

作业布置要适当、科学，作业的类型要精心设计，作业布置要分层次，不布置重复性作业，避免学生无效劳动。作业批改要认真、及时、正确，各学科要统一使用规范的批改符号，要给出作业等级，写上批改日期。对有错误的作业，要有二次批改痕迹。综合学科教师不要给学生增加课外负担。还要严格遵守学校的规章制度。形成良好的校风。

三、养心，是成为优秀教师的法宝

教师要经常反思这些话：

1."静胜躁，寒胜热，清静为天下正"

这句话出自《道德经》，意思是说：清静能胜躁动，寒冷能胜暑热。清醒冷静才是天下的正道。有一本书，叫《菜根谭》，这本书被称为天下奇书。其中有句话也非常有哲理："性躁心粗者，一事无成；心和气平者，百福自集。"

浮躁即心浮气躁，不冷静，不沉着，是踏实沉静的反面，是工作学习的大敌。患有此症者，轻则心绪不宁，无所事事，重则善恶不分，误入歧途。

静下心来，受益的是学生，受益的是你身边的每一个人，而最终受益的还是你自己。

我们在做任何一项工作时，要"不图其表，但求其实；不图其速，但求其久；不图虚荣，但求其效"。少一些浮躁，多一些踏实；少一些务虚，多一些务实。为人做事既要解放思想、积极热情，又要心平气和、沉着冷静、自我反省、修身养性,只有这样才能走向成功。

我们当教师、做教育尤其需要一份静气,一份心平气和、气定神闲做教育的定与静。面对学生冷静以对,面对家长心平气和,面对新学期静下心来思考。

2."天道无亲,常与善人"

没有谁是天生的好命,只有常怀善念的人,只有常做善行的人才能获得上天的眷顾。教育就是智慧的布施,教育就是行善积德之举。

善良,是一个人最高的修养。《易经》里讲"厚德载物"。一个人真正有良好的品德,才能真正拥有他的财富与地位。"德不配位,必有灾殃。"天地不仁,对万物一视同仁,没有亲疏之别。但是对善良的人,却格外青睐。我们很多退休教师都能够健康长寿,这与他们在学校当教师时对孩子的那份善意和敬业分不开。

善念是种,善行花,善报是果。一个人积德行善,自然有福。有的教师常有学生回校看望,共叙难忘的师生情谊;而有的教师却鲜有学生回校看望,我猜想是我们的善意没有能够让孩子们感受到吧。"从善如登,从恶如崩。""勿以善小而不为,勿以恶小而为之。"我们做教育的都知道我们的工作就是一个良心活,希望教师们对每一个孩子怀揣善良,心存善念,多做善事,把每一个孩子培养成内心温暖、头脑智慧的善良而幸福的人。

3."谦谦君子,卑以自牧"

这句话出自《易经·系辞下》。这句话的意思是:以谦卑自守,以谦卑的姿态守住低处,才能没有祸患,护佑我们一世平安。我们当教师,教书育人,一片赤子之心,做正直的事,走正见的路,心怀光明,敬畏天地,我相信一切美好,都将如约而至。虽然我们当教师目前的待遇还有点差强人意,但是我们的国家和民族越来越重视教育。我们需要做的是修炼自己的情操,提升自己的能力。我们做教师的尤其要注意谦逊、低调、朴实、善学。

网上看到一些教师喜欢自命清高,自以为是,高高在上,自己没有什么真才实学,倒是喜欢指手画脚、出言不逊、冷言冷语、自曝其丑。我们不可以这样,要说正能量的话,虚心待人。

《易经》六十四卦中,每一卦都有凶有吉,唯独谦卦,没有凶,只有吉,是最好的一卦。曾国藩说，人生大部分的失败都源于两个字，一个是懒，另一个就是傲。我们从事教育工作的人同样要戒掉这两个字——懒和傲。勤奋一点、谦虚一点，总没有坏处。

4."学者要有兢业的心思，又要有潇洒的趣味"

这句话的意思是说：我们做学问的人要有兢兢业业的心思，又要有潇洒大气的趣味。何止是做学问的人？我觉得我们每个人都要有这样的态度。所谓干一行爱一行，不然我们没有办法体味到教育的乐趣。我们每一位教师要学习老教师兢兢业业工作的精神，大家可以看看他们的备课本，读一读他们过去撰写的教育心得，育人故事。我们做教育还需要一些灵性，能不能策划一些让孩子们感兴趣的教育活动，让孩子们期待你的课堂，放学都舍不得离开你。曾经做过一个调查，学生最喜欢什么样的教师。他们喜欢有趣的、幽默的、健谈的教师。亲其师信其道："我们要让孩子们喜欢我们，教育才能收获成功。"

5."众人以顺境为乐，而君子乐自逆境中来。众人以拂意为忧，而君子忧自快意中起。盖众人忧乐以情，而君子忧乐以理也"

这句话出自《菜根谭》，意思就是说：一般人都因为处在一个顺境中感到开心，而君子的快乐却是从逆境中来的；一般人都害怕那些不顺心的事情，而君子的忧虑，却来自称心如意的时候。所以说，一般的人喜怒哀乐来自情绪，而君子的喜怒哀乐来自理性的认知。

大道至简，真正的大道绝不复杂，也不神秘，就是阴阳二气的转化。人也一样，境界越高，生活和生命就越简单。教育工作哪里有什么顺风顺水？今天这个学生捣乱，明天那个家长又在群里发了一句牢骚。人生在世，哪里没有一点风雨？"人生不如意十之八九"，工作也好，兴趣也好，人总要有一点积极的心态。面对教育工作中的问题和困难，不要害怕，要迎难而上，"谁怕？一蓑烟雨任平生"。

当然我们要有"理"，这份"理"就是教育的专业性，教育的学术力。这种经验智慧和内在底气需要不断积累。正所谓"合抱之木，生于毫末，九层之台，起于累土，千里之行，始于足下"。愿意付出努力的人，坚持不懈，循序渐进，终究可以抵达教育的幸福港湾。

6. 立己达人

说起"立己达人"这个富有哲学意味的词语，也来自中国传统的智慧。《论语》说："夫仁者，己欲立而立人，己欲达而达人。"立己就是教师不要忘记个人自我成长，要不断地修炼自己；达人就是要将这样的修炼转化为教育的智慧，形成育人的成效。我们教师在今天学生的心中，不是权威，不是孩子眼中的"神"。但，一定是孩子和家长眼中最接近完美的人。感谢这份职业，让我们轻而易举地得到了世界上最纯洁的信任、最盛大的爱戴与至高要求。其实我们也是生活中的常人，面对来自学生、家长与社会的挑战，倍感压力。然而，教师传道、授业与解惑的使命从未改变，谁让我们选择这份职业？那就努力配得上这份荣誉，努力不断超越、永不停步。因此，比让孩子敬畏我们更重要的，那就是，让孩子喜欢上我们。一个孩子，只有喜欢上教师，才会喜欢上我们的课堂；喜欢上我们的教诲，才会从我们身上学到更多的东西。而这就是教师的职业使命，在立己达人、再立己再达人的螺旋上升中，成就学生的同时，实现自己的人生价值。

四、实干，是成为优秀教师的关键

人生一定要有事业目标，给自己订一个五年计划、十年规划。每季度做什么事情，每个月做什么事情，甚至每天做什么事情。不要每天浑浑噩噩。说什么计划赶不上变化，要有耐心，成功不会在一夜降临。如果你没有获得提升，不要抱怨怀才不遇，要知道，是金子，总是要发光的。不要自满，不要把自己的成功处处与他人比较，因为山外有山、天外有天，这个世界，你还有很大的天地没有开垦。

要坚守执着，不怕苦不怕累。该吃苦的时候不吃苦，今后会吃更多的苦。出点脑力活、力气活，年轻人，睡一觉起来什么都恢复了。早上早起一点，晚上晚睡一点，到教室多看一点，批改在认真一点，辅导多一点，厚积薄发是你最好的选择。机会只不过是相对于充分准备而又善于创造机会的人而言。也许，你正为失去一个机会而懊恼、埋怨的时候，机会却被同事给抓住了。作为教师，要创造机会、争取机会、千方百计地抓住机会，别让它丢失。

《易经》中的两卦,第一卦乾卦说:"天行健,君子以自强不息。"是说人要像天体那样,生命不息,奋斗不止,以这样的态度来要求自己;第二卦坤卦说:"地势坤,君子以厚德载物。"是说人要像大地那样,以宽厚包容的态度来对待别人;以勇于担当的态度来承载事务,以这样的态度来处人、做事。

《大学》中讲的"格物、致知、诚意、正心、修身、齐家、治国、平天下",格物,就是要认识客观世界,致知,就是要由感性认识上升到理性认识,接下来诚意、正心、修身、齐家、治国、平天下,都寓意深刻,这八条把人生应该做什么,怎么做,先做什么、后做什么都讲清楚了,是人生观、价值观最好的信条。青年教师要扎扎实实地从头做起,落实六字方针,"细、实、严、精、勤、恒"。

细:对工作细致,细心,细化。认真细心做好每一件小事是起码要求。要做细工作,细是成功的关键。

实:为人处世实,工作才会实。踏踏实实从实际出发制订富有实效的工作方案,一切问题就迎刃而解一顺百顺。

严:严格,对工作严格要求,严格把关,高起点高标准要求成绩才能突显。还要严于律己,处处起表率作用,给人以示范。

精:精致、精细。是对质量的要求,也是向完美地追求。做教师的还要学会精选,省时省工减负出成绩。

勤:勤奋,勤快。是做人的基本素养和最低要求。勤,就是要勤于动脑思考,善于思考。另外基层工作者要勤动口、勤动手、勤动腿。

恒:恒心、恒劲。工作没有最好,只有长期不懈坚持做好工作才是真好。恒,需要毅力,需要信仰追求。做到"恒"是非常可贵的。

要实干兴校,教师要做到四讲。

一是讲秩序。一所学校,要做到大而不乱,按部就班,张弛有度,收放自如,就必须要讲秩序。秩序就是纪律,秩序就是规范,就是有令必行,令行禁止。

加强自身学习,坚持做到每天看报读书,看新闻了解时事,认真参加各类继续教育。刻苦钻研教学业务,重视自身素质的提高,力争达到思想、业务一流水平,并每年都有新进步。

当每个教师都勤于学习、追求卓越,当每个教师都在努力向着大师型教师发展,我们的学校也必将营造出浓郁的学习氛围,和谐的学习环境,成为学习型学校。

二是讲责任。自己忙好自己的事,努力做最好的自己。人人恪尽职守,各司其职,各负其责。我们要把"学校发展,人人有责"细化为"学校发展,我的责任;学生发展,我的责任;自我发展,我的责任"。人人尽好分内之责,就会产生巨大的聚集效应和推动力。当然,有时候,学校工作是有分有合的,正所谓"分工不分家"。因此,责任感还体现在合作与共享之中。

树立良好的师表形象,注重自身人格魅力,以优秀人格感染教育学生,做学生的表率。工作中讲进取、讲奉献,树立团队意识,弘扬团队精神,增强责任感和主人翁精神,积极参加学校的各项活动,为学校的发展献计献策。

三是讲品位。"品位"就是追求卓越。追求卓越才能与外国语学校的教师身份相符。在我们学校,今后要多一些与专家的对话,多一些深邃独创的思想,多一些德艺双馨的名师,多一些高雅的文化活动……品位造就品质,也才能最终铸就品牌。积极投身于教科研工作中来,求实、进取,使自己与同志们一道尽快成为一名研究型教师。

四是讲境界。我们的教师要做到三个"超越"。要超越自我,不断提升,做"有奋斗感的教师";要超越小我,以事业为重,学校为重,团队为重;要超越旧我,树立目标意识、成长意识,使自己日积月累,终成大器。树立敬业意识。对自己的工作要认真完成,力求精益求精,争取做到最好。用我们尽心尽力工作这一实际行动,让学生在你的呵护下茁壮成长,向家长、向社会递交一份满意的答卷。

教师只有干出成绩,学生家长才满意。假如你比人家仅仅好一点,别人会嫉妒你;你比人家好很多,别人就敬仰你。你的工作不是给别人干的,更不是给别人看的,人人心中有杆秤。一个人的思想很好,但要用到正道上,要用到教育教学上,不发牢骚,不要满眼里充满仇恨,实际上仇恨是自己制造出来的。每一个人的权利都不能滥用。要克服幼稚，谨言慎行。要发现自己的不足，多与同事交流学习，虚心听取并且认真分析他们的意见和建议，以免自己以后走弯路。多了解社会，多实践，多分析某些社会现象的因果利害关系。认真分析身边发生的某些事情。正视并分析社会上某些不良风气，不要清高自傲，不能因为有一点矛盾就否定一切，哪里都有矛盾，关键是我们应努力解决矛盾。

请大家记住一句话"学会在适当时吃些亏的人绝对不是傻，而是大智"。给别人留余地就是给自己留余地，给学校支持就是给自己方便。学校为我们发展提供平台，每一位教师都要为学校提供正能量。学校好，得到全社会尊重，大家都能分享学校带给我们的荣耀。在单位要尽量远离那些鼓动你不工作的人，鼓动你闹矛盾的人。在单位永远不要说大话，没有人害怕你的大话，大家只会瞧不起你。维护自己的单位，维护自己的工作，维护自己的职业。如果你仅仅是为了玩耍，请你不要在单位里。你若是单位的草，那单位就是你的地。单位离开谁都能运转，但你离不开单位。你要努力证明，你在单位很重要。教育家顾明远说，做人的态度，应该像小草那样学习，随处生根，不要埋怨人生，不要浪费时间；像大海那样做人，海纳百川，不要以自我为中心，要学会与人和睦相处；像松树那样做人，坚韧不拔，不要见风使舵，要正直、诚实；像细雨那样做事，润物无声。不要过分图名利，要树立高尚的人生。面对浮躁的社会，要珍惜时间，不要糟蹋青春，应在等待中积蓄力量。

教师们，有人说，你是蜡烛，燃烧了自己，照亮了别人 我想说，如果你真的可以发光的话，你应该做一盏白炽灯，照亮别人时，也温暖了自己。有人说，你是春蚕，生命寂灭时，奉献才结束。我想说，春蚕吐出绵绵细丝，缠绕成温暖的房子，在那房子里，它长出翅膀，期待破茧而出的华丽。

五、师德，是成为优秀教师的保障

在我们周围有许多热血沸腾的人，在执着地坚守"人品、师品、学品"的统一，即使清冷、孤独、困苦，他们也耐得住寂寞，不改其志。在迷茫的浮尘里，在一个越来越物质化的生存空间里，不为功利所驱，不为诱惑所动，执着地耕耘在育才这片热土上，令人敬仰。我们应时刻检点自己的言行，自觉地以自己无可挑剔的品行做社会道德的模范，做人类公德的楷模。只有把这些美德升华成为坚定不移的信仰，整个人生才会有方向，才会获得永恒的力量。教书育人，是我们的天职，不论领导是否器重，学生是否喜欢，只要在这个行业一天，就要忠于这一天。千万别浮躁，要学会静心，学会忍受孤独，学会处理繁杂的事务。一定不要因为寂寞而乱了方寸。应有良好的心境，平衡的心态，很好的控制力，不把自己不好的情绪带到课堂，不要把自己不愉快的情绪带给学生，不要让自己糟糕的情绪影响课堂教学。教育能做什么？向上向善。教育永恒不变的两个主题：大爱与责任。其实学校最本真的东西，就是一种爱，就是一种责任。如果这个学校，它的一切行为都是出自爱，那么我们的校园就会被爱所温暖，我们都能够感受到爱的温度。从某种意义上说：责任就是成效，责任就是质量。一个负责任的教师可以把一个差班带好，一个不负责任的教师可以把一个好班带差。

陶继新说，教育追求的终极性价值就是幸福，这种幸福应该是高尚的，久存的。这种幸福来之于立志高远，师德高尚，关爱学生，学识渊博，上起课来得心应手，游刃有余。用孔子的话来说就是"志于道，据于德，依于仁，游于艺"。古人还说："小胜在智，中胜在术，大胜在德。"我提倡教师们要做到以下几点。

1. 敬业

就是要热爱本职工作，俯下心来干好本职工作，在工作中享受幸福。有的人把职业当成谋生的手段来干，而有的人把职业当成发展的事业来做。把职业当成谋生的人一生劳累却贫苦，把职业当成事业来做的人一生轻松而幸福。所以我们一定要把工作当成自己的事业来做，要做大做好，要牢固树立终生学习的观念，学习专业知识、专业技能、教育理论、实践经验等，在工作中学习，在学习中工作，不断提高自己的教育教学和管理水平，让自己的生命之泉永不枯竭。岗位上千万不要这山望着那山高，弄得自己心神不定，犹若浮萍。既然我们没法改变环境，何不改变一下心态。"天要下雨，我们无法改变，但我们可以打一把雨伞；天黑下来了，我们无法改变，但我们可以点一盏灯。"

2. 关爱

"关爱学生"是教师最基本的职业修养,当然,关爱学生不仅仅是爱那些活泼聪明、讨人喜欢的孩子,也要关心、呵护那些需要特别教育的孩子。关爱学生,就必须对每一个学生一视同仁,不能偏爱一部分学生,而冷淡或歧视另一部分学生。每一位学生都渴望得到教师的爱,在与学生交流、相处的过程中,我们应该真诚相待、热情鼓励、耐心帮助,用浓浓的真诚关爱让他们在积极的情感体验中接受教育。爱体现在细节上。一个眼神、一句关心的话、一个不经意的动作……都是爱的表达。教师最大的悲哀是对学生没有爱,最大的痛苦是失去学生对你的爱。教师对学生既要有爱的情感与行为,又要有爱的艺术与智慧。教师的价值在于成就学生的同时,也成就了自己。教师要用心做教育,满怀激情地做教育。教师要视学生为孩子,教师要善于用父爱、母爱、师爱去唤醒孩子的梦想,激发孩子的追求。

3. 尊重

同事之间要互相尊重,师生之间要互相尊重,上下级之间要互相尊重。人常说,尊重领导是你的品质,尊重下属是你的聪明,尊重同事是你的安全与幸福。尊重生成谅解,尊重生成和谐,尊重生成幸福。

4. 团结

我要求我们整个教师团队一定要搞好团结,一个团结的团队富有凝聚力,富有战斗力,富有向心力。领导之间团结,同事之间团结,上下级之间团结,都要团结。上下同心,土粒变金。团结出形象,团结出正气,团结出威信,团结出力量,团结出政绩。我们做到团结就必须做到宽容、大度,不斤斤计较。我们要做到不利于团结的话坚决不说,不利于团结的事坚决不做。

5. 反思

(1) 自省。"静坐常思己过,闲谈莫论人非。"曾子曰:"吾日三省吾身,为人谋而不忠乎,与朋友交而不信乎,传不习乎?"古人能做到,我们尚且不能。我们也应每日对自己做总结性反思,教学前、教学中、教学后都要对自己的工作进行反思,注意积累,及时发现自己工作中存在的问题,有针对性地加以解决，不断改进自己的工作。

（2）思齐。孔子曰："见贤思齐焉，见不贤而内自省也。"现在国家正提倡学习孔子文化，儒家文化。2021年的孔子文化节，习近平总书记亲自参加并发表重要讲话。我们教师也应学习古人的优秀品质，向同事学习，向富有经验的老教师学习，向优秀教师学习，向名师学习。"他山之石，可以攻玉"，我们要学习别人的长处，拿来为自己所用，知识不像物品，拿来的也就是自己的。

（3）换位思考。《论语》中，子贡问曰："有一言可以终身行之者乎？"子曰："其恕乎！己所不欲，勿施于人。"译成白话是说，子贡问孔子说："有没有一句话可以终身奉行的呢？"孔子说："那大概是'恕'吧！自己不愿做的事，就不要强加给别人。"这启发我们，在生活中，多些换位思考。跟领导换位思考，跟同事换位思考，跟学生换位思考。尊重是相互的，关怀也不是独立的。我们不是在生产产品，如果有技术就可以开动机器，任何人都可以接手做出同样质量的产品来，而我们是在育人。我们要反思我们的角色，是引领者而不是包办者、是激励者还不是嘲讽者，是商量者而不是独唱者。我们经常让我们的学生要启动一项工程叫励志墙，我看我们的教师要启动一项工程就叫诺言墙、诚信墙。

6. 合作

合作是快乐的事情，合作出智慧。合作比竞争更重要，帮助别人就是强大自己。这些观点很切合实际，在我们的学习和工作中，要注意加强与其他特别是本年级本学科教师的合作，互相学习，取长补短，共同研究，共同发展，共同享受。

7. 鼓励

鼓励的力量是巨大的，低迷时给人振奋，迷茫时给人方向，颓废时给人勇气，彷徨时给人信心。所谓是"良言一句三冬暖"就是说的这个道理。所以，我们教师在工作上要相互鼓劲，相互支持，而不是泼冷水。

8. 维护

名师是我们学校的形象，任何教师都是我们学校的形象。每位教职工都是学校的一张名片，一言一行都关系学校之发展，每位教职工都是信誉度、美誉度。我们学校的发展与我们教师的声望息息相关。那么，我们就一起努力维护好我们学校的形象。一方面，努力干好本职工作，在周围群众中留下好名声；一方面，多宣传正能量，使我们学校形成好风气。我们要求，不利于学校教育整体的话不说，不利于学校教育发展的话坚决不说，不利于学校教育整体的事，不利于教育发展的事坚决不做。

第三节　教师专业成长

一、教师的困惑及感悟

1. 学生为什么不听课

一位青年教师课讲得很好，勤奋敬业，但成绩与付出不成正比。学生在他的课上注意力不集中，学习劲头不足。自己总结：不够厉害，镇不住学生。其实，问：老师课讲得好不好？答：好。问：为什么不听？答：讲得遍数太多，现在不听，反正他还要讲，不听没关系。

2. 教学成绩为什么不高

听一位教师的课，感觉讲得很好，但学生成绩并不好。原因是教师讲课时，对每一个知识点分析得特别细，但没给学生一点思考的时间。留的作业，还要逐一提示一遍才放心，怕学生不会做。教师把学生的活都包了，学生不用干了。

3. 好的先生不是教书，不是教学生，乃是教学生学

一位教师，上课不规范，板书也不好，课堂很随意，也没亲和力，但学生的成绩很好。分析起来，一是善于提出问题，给学生思考的时间，并有一定的梯度，还注意提醒学生多角度思考问题，找解题的方法。二是讲课注重一个字"比"，在课上引导学生新旧知识的异同、问题之间的异同，找联系找变化找解题方法。

由此得出结论：

1. 教师课堂上讲得不一定都有效,更不是讲得越多越好。
2. 教师讲得精彩不等于学生学得精彩。
3. 教师上课不能看表面,要看实效。

二、教师专业成长

1. 专业能力的重要性

某校曾出一道题考教师,请你写出本学科的三本全国核心期刊的名称,结果没几个老师能写出来。

1996年联合国教科文组织在《关于教师的地位的建议》这一权威文献中提出:"教师是专业性职业,它是一种要求教师具备经过严格训练而持续不断的研究才能获得并维持专业知识及专门技能的公共业务。"我们来关注其中的"经过严格训练而持续不断的研究"这个短语,目前的师范教育对师范生进行"严格训练"了吗?我们的教师有"持续不断的研究"的意识,有"持续研究"的行动吗?

教师队伍处于这样一种现状,我们凭什么去抱怨教师地位和待遇不高?要知道,别人不重视的源头,正是你不重视自己,大众不把教育的神圣当回事,其源头,正是教师不把教育看得神圣。

一个人足够重视自己,别人就不敢轻视。教育,当所有的教师都尊重它,都把它当作生命一样神圣的时候,别人就不能不对它肃然起敬。

爱默生曾总结这么一条人生法则:"你要做到让世界需要你,这样,人们才会给你面包。"这话非常深刻。我们不妨这样问一问:"世界需要我吗?""我的'面包'在哪里?"检验的标准倒也不难,就是看看你当前从事的工作是否可以被人替代。假如你行,他也行,那么,你的"面包"时刻存在被人拿走的危险。反过来,如果你非常优秀,非常专业,当你专业到无人能替代的时候,你便可以说:"世界离了我,地球就不能转动。"那么这块面包就永远属于你。没有专业素养,就没有专业地位;没有专业能力,就没有专业报酬。

教师要得到社会的认可和尊重,要潇洒地活着,就必须树立专业形象,展现"专业精神"。教师要靠自己拯救自己。所有这些都要求我们每个教师要努力地走向专业化。在专业化发展的过程中飞得更高、更远。

教师的专业能力包括以下几个方面。

一是教材解读能力。画家不一定能成为优秀的美术教师，数学家不一定能成为优秀的数学教师，作家不一定能成为优秀的语文教师，原因就在于他们不具备教材的解读能力。一个教师，其专业能力的根本点是，他阅读材料的时候能自觉地从学生的学的角度，教师教的角度以及训练的价值角度，熏陶的人文角度，难度的把握角度，坡度的设置角度去审视材料，从而筛选出最具科学性、艺术性的教学要素来，这种能力必须成为教师的基本功，它是区别于其他工作者的重要的能力标志。

二是与学生及家长的交往能力。师生间的交往由于年龄差距、价值取向的差别，会造成师生之间的隔阂。目前师生间的情感隔阂是一个不容忽视的问题，也是师生无法享受教育幸福的重要原因，直接影响着师生的生活质量。因此，把教师与学生交往能力纳入教师的基本功是十分必要与迫切的。每一个教师都要多和学生交往，在交往中掌握交往的技术，获得交往的能力。因为从某意义上说，教学就是一种交往。

三是课堂组织管理能力。全国著名班主任孙蒲远讲过一个故事，说的是她批评一个刚从美国回来的小男孩在课堂上不遵守纪律。小男孩的爸爸有意见了，说孩子在美国读书就是这样的，老师从来没有批评过。孙老师回答他，这是中国，请你注意中国的国情。美国课堂就那么十几个学生，我们的课堂有那么多的孩子，孩子又好动，如果没有较好的课堂纪律，肯定无法保证良好的学习环境。课堂的组织管理当然不是一味简单的批评，它需要管理能力和艺术，艺术的本质是进入学生的心灵世界。

四是突发事件的处理能力。教师要具备处理突发事件的能力，就像军队首长要有处理突发战事的能力一样。战斗，事关人的生命；教育，事关人的灵魂。不同的是，教育教学中出乎意料的事太多。现实中，经常看到教师简单乃至粗暴地处理各种课堂上和课堂外的突发事件。一些研讨课上，我们还能看到青年教师面对突发事件，手足无措，不了了之，严重影响课堂教学质量和课堂生活质量，也严重影响了学生的生命成长。

2. 提升教师专业化成长的方法

一是选择。选择很重要。有位青年教师曾对我说，我实在不想当教师，真的很想去干点别的事。我问，你不做教师，你喜欢做什么，你能做什么？他又答不上来。考公务员？考不上；当电视主持或唱歌演戏拍广告？没那个才艺；办公司做老板？没资金没能力。他只有天天空想。有些梦想，除了继续干扰我们的生活和工作，再也不会起到任何有益的作用。

不少教师在目标混乱中无谓地长久徘徊，消耗自己最珍贵的青春年华。站在教育人生的十字路口，我们迫切需要一种抉择——人生的抉择、智慧的抉择。

意大利著名男高音帕瓦罗蒂年轻时也读师范学校。毕业时，他问父亲，是从事教育还是向唱歌方面努力。父亲回答他，如果你想同时坐两把椅子，最终你只会掉到两把椅子之间的地板上，你应该选定一把椅子。帕瓦罗蒂选择了唱歌，并经过努力，在歌唱方面取得了辉煌的成就。我们很钦佩帕瓦罗蒂的选择，尽管他没有选择当教师。要是帕瓦罗蒂当初选择当教师，但又同时梦想着成为歌唱家，那才是一种可悲——既是他的学生的可悲，也是他自己的可悲。

我们的教师，迫切地需要像帕瓦罗蒂那样果断地选定一把椅子，不做教师，就早日选择自己真正想做的事情，千万别继续窝在校园里，这对你、对学生、对周边的同事、对学校的领导都是一种不经意的伤害。对学生来说，你耽误了他们的前程；对你自己来说，你消耗了宝贵青春；对同事来说，你的消沉，你的不忠，你的彷徨、痛苦、迷惘影响着周围同事的情绪；对学校领导来说，任何一位校长都讨厌一个心不在焉、心猿意马、身在曹营心在汉的不敬业的教师在校园里鬼魂似的游荡。

要做教师，就全身心地投入到教育事业中来。如果到目前为止，你对这个问题还没有清楚的认识，或者说，想不做教师又没好出路，终日昏昏沉沉，那么我要奉劝一句：用心地投入到目前的工作中吧。工作是相通的。今天认真工作所得到的感受和体验，对今后的人生绝对有用，哪怕那是两个风马牛不相及的岗位。

教师们，当你全身心地投入到教育的热潮中去，不论是处理班级事务还是上课批作业，你始终全神贯注，心中闪亮着教育，那个时候，工作的快乐已来到你的身边。

二是在实践中历练。实践是检验真理的唯一标准，实践出真知，实践长才干。教师要立足长远，勤于实践，不辞辛劳，脚踏实地，做到在实践中探索，在实践中成长，在实践中走向专业。

光有想法、光有计划、光有方案不行，关键是要去做、去实践。中国不乏理念、制度、创意，缺乏的是执行、是实践。

三是做比什么都重要。赞可夫说："人不是天生就会当教师的。甚至像热爱儿童、热爱教育劳动这样一些品质，也是可以培养的。"马卡连柯说："教育者的技巧，并不是一门什么需要天才的艺术，但它是一门需要学习才能掌握的专业。"有人说："每个教师都可以成为一名优秀的教师。重要的是目前的你需要付出行动，用行动来坚守自己的教育意志和方向。"

有人评论比尔·盖茨之所以成为全球首富，因为他除了软件什么也没有做，他专注做他的软件，做到了别人望尘莫及的程度。全世界最著名的刮胡刀是吉列牌，吉列是美国人，这个人一生很富传奇色彩，他40岁时还只是一个推销员，一个偶然的机会使他想发明即用即扔的剃须刀，从而使他成为世界富豪。吉列公司只做刀片和刮胡子泡沫，一个刀片打遍天下无敌手，一个刀片做到了50亿美元的股市，这就是力量集中到一点上做出的惊人业绩。

做任何事情都必须有这样的专注，才能攻无不克，战无不胜，做刀片的时候就做刀片，做软件的时候就做软件，做教育的时候就做教育，养成这种做事的态度和心境，一个人做事的时候就能像针一样尖锐，无坚不摧，也就能不受外界纷扰的影响，心如止水，静下心来做事，就容易产生智慧，这就是佛家所讲的"静能生慧"。

"十年磨一剑"。一个人能守住自己的事业之锅，一心一意，专心致志地煮上十年，那么不管锅里的是铁水还是铜水，都能沸腾。

四是阅读。阅读是人生最大的财富。霍勒斯·曼说："一所没有书籍的房子，犹如一个没有窗户的房子。"教师必须视阅读为一种生活方式，视阅读为一种生命状态，视阅读为人生的必然选择，视阅读为生活的良好习惯，让阅读伴随终身，让自己的教育生命因阅读变得美丽而精彩。

要想成为一名具有专业化的教师，还须具备以下能力。

一是亲和力。好教师一定是有亲和力的。心胸开阔，活泼开朗，乐于交流，善于沟通，师生关系、师师关系融洽。学生们愿意与他说心里话。有说话的安全感和自由感；同事们乐意与他交流，切磋教艺；家长们高兴与他讨论，没有距离感。亲和力还应解读为心理健康，阳光灿烂。善于用乐观感染他人，用微笑引导他人，用赏识激励他人，用激情点燃他人，用成功砥砺他人。

二是学习力。在未来的课堂上，知识将由三方面组成：教科书及教学参考书提供的知识、教师个人的知识、师生互动产生的新知识。理想的教师一定是与时俱进的教师，一定是适应未来发展的教师。

要树立终身学习的理念。未来社会是激烈竞争的社会，能够立于不败之地的人是会学习的人，而不是有知识的人；是善于在一个团队中合作共赢的人，而不是单打独斗的人。

高学历不等高能力，要不断学习、虚心学习，避免发生妄自尊大、我行我素、自以为是、刚愎自用等现象。我们也是从年轻时代过来的，也有过类似现象，但是一定要及时克服和纠正。

学历代表过去，只有学习力才能代表将来。聪明之人总是借鉴和吸纳他人的经验和教训来提升自我，加快自我成长。所以，只有尊重经验的人，才能少走弯路。

在方式上要向书本、他人和实践学习，要尊重老教师，学习他们的成功经验和工作作风。在内容上要学习业务知识，教无定法，但有规律可循。我们做不了专家，可以做行家，但是绝不能做外行，那样我们就愧对我们赖以为生的职业了。

我要轻轻地告诉你：

一要学会做人。是非观念，待人接物，为人处世等。

二要学会读书。让一个人懂得道理并不断提升自我的重要方法就是读书。如果你不喜欢读书，那你永远也超越不了现在的你，超越别人更不可能。

三要学会做事。无论做任何事情态度永远都是最重要的，要有一种积极向上、认真负责、精益求精的态度。只有干一行、爱一行、钻一行、专一行，才能在事业上有所成就。

三是创新力。教育是艺术，艺术的生命在于创新。创新的动力源自好的教师。好的教师不会教二十年等于一年，始终在低层次徘徊。理想的教师会教育，更会思考；会实践，更会用科学、用创新为教育提速。

四是个性化。越是民族的，越是世界的。越是好教师，越有自己的特色。教师是人类灵魂的工程师，教育是塑造人的活动，它不等同于工厂的机械化生产，更需要倾听每个声音，尊重每个选择，相信每个孩子。

第四节　给教师的讲话

不忘初心，砥砺前行
——临沂外国语学校干事创业好团队

临沂外国语学校是临沂市唯一一所具有接收外国孩子就读资质和外教聘任资质的全日制公办学校、山东省规范化学校，是一所集小学、初中、高中为一体，面向国内外招生的国际化、高学术标准的寄宿制学校。目前，临沂外国语学校已经有小学14个班级，初中26个班级，国际高中2个班级、普通高中40个班级。2016年，临沂经济技术开发区投资近5亿元筹建临沂外国语学校新校区，2017年9月建成并投入使用。临沂外国语学校校史至今历经六十载。六十载峥嵘岁月，海纳百川，中西合璧，书写学校育人的锦绣年华；六十载继往开来，生命教育，特色兴校，描绘学校蓬勃发展的光辉色彩；六十载改革创新，俊才辈出，砥砺奋进，谱写开创时代辉煌的新篇章！

一、不忘初心，时代潮流独占鳌头

"善歌者，使人继其声；善教者，使人继其志。"学校教育国际化是学校是一种特色教育培养方式，崇尚"以人为本""因材施教"的教育理念，已经实现了全球优势教育资源的融合。小学部、初中部以中国义务教育课程为主，国学、国画、毛笔字，传承传统文化。高起点、高标准、高质量，与国际接轨，融合国外教学模式，强化英语口语训练，重在培养学生良好的学习习惯和行为习惯，为学生的终身发展奠基。

教育要面向现代化，面向世界，面向未来。国际高中部以美国、加拿大名牌高中培养模式，纯外教授课及课程管理，实行小额班封闭寄宿管理。学校通过合作办学，在保留国内传统教育的基础上，加入了全外教授课的美、加等国际特色课程，注重培养学生的综合能力，为他们将来成为国际化人才打下坚实的基础。

近年来，临沂外国语学校在校领导班子的带领下，传承办学使命，弘扬合作办学特色，紧紧围绕"素质教育"这个永恒的主题，立足于生命教育，推进善水文化，以精致化管理为依托，向管理要质量，以质量求发展，逐渐建立一个有激情、有担当、有作为的领导团队。

二、牢记使命，领导班子团结奋进

火车跑得快全靠头来带，学校事业要发展，领导班子是关键。学校认真学习贯彻落实十九大精神，践行社会主义核心价值观，坚定政治信念，以党建建设为切入点，以作风建设为抓手，大力加强领导班子建设，近年来逐渐形成以校长张再河，副校长刘中伟、丰茂华、解自如为首的"政治立场坚定、思想觉悟高、工作求实高效"的领导班子。

1. 坚定政治信念，坚持社会主义办学方向

全面贯彻党的教育方针，必须坚定正确的政治方向。临沂外国语学校坚决服从党工委、管委会的领导，无条件地执行教育局的决定及各项工作部署，在思想上、政治上、行动上与上级党组织保持高度一致。习近平总书记反复强调："理想信念坚定，骨头就硬，没有理想信念，或理想信念不坚定，精神上就会'缺钙'，就会得'软骨病'。"因此，学校把加强领导班子社会主义理论学习当成常规工作来抓，开展干部理论培训，坚持把理论学习与教学、科研、人才培养、服务社会等教育实践相结合,不断提升领导班子成员的理论素养和政治素养。

2. 切实加强学校党建工作

一是明确指导思想。学校明确学校党建工作指导思想以马列主义、毛泽东思想为指导,高举邓小平理论伟大旗帜,全面贯彻"三个代表"重要思想和十九大精神,进一步完善学校党建制度,保持党组织的先进性。2017年学校优化领导班子队伍,选拔青年干部,使学校发展更有朝气与活力。二是努力抓好党风廉政建设,弘廉洁正气,扬时代清风。学校认真落实党风廉政建设责任制的有关要求,领导班子成员率先垂范,模范遵守廉洁从政的各项规定,形成了用制度管权、按制度办事、靠制度管人的工作机制。2018年学校组织多次专题讲座、报告会、参观教育和开展"廉政文化进校园"等系列活动,2020年暑期,学校党支部一行25人到大青山胜利突围纪念馆、孟良崮战役纪念馆开展"不忘初心、牢记使命"主题党日活动,强化党性教育加强干部廉政教育。

3. 大力弘扬真抓实干、求真务实的工作作风

真抓实干、求真务实的工作作风就是带着责任心、带着感情、带着激情、带着一颗不达目的誓不罢休的执着心干工作、做事情。2018年在临沂市争创全国卫生城市过程中,学校领导班子提高认识,认清形势,以高度的责任心和饱满的工作态度全身心地投入创城工作,争当教育系统创城工作的主力军、先锋队、排头兵。期间学校也涌现出很多"以校为家,舍出舍小家为大家"的创城典型先进代表(如潘会卿、杨德草、陈加启、刘运侠等),这种"无私奉献,任劳任怨"的精神,这种务实高效的工作作风、良好的师德形象带动、影响全校师生唱响创城主旋律,传递社会正能量,逐渐形成临沂外国语学校独具特色的"工匠精神""卫士精神""勇士精神"。

三、众志成城,一流团队硕果累累

1. 一流的骨干教师团队

教师是促进学校发展的中坚力量,是教育事业的第一资源,教师素质的高低直接决定着学校的兴衰成败。因此，临沂外国语学校高度重视名师队伍的建设，成立名师工作室，引进外教名师十余人，引进国内骨干教师近百人，走出了一条"名师带名校同发展，教师与学生共成长"的办学之路，一批专家学者型教师脱颖而出。目前，学校有省特级教师2人，省教学能手2人，市区教学能手及新秀等80人。

桃李芬芳因雨润，俊才辈出赖师贤。在全校师生员工的共同努力下，学校打造善水文化、推行生命教育，在创新中发展，在发展中超越，全校教风正、学风浓、校风优，特别是2020年的中考成绩名列全市前茅，全市前60名3人，尖子生也有了很大的突破。在高一期末考试全市统考中，不负众望，成绩优异。在与两个兄弟学校的对比分析中，三个学校前10名中，学校独占8名，同时，在9个考试科目中，语文、数学、英语、生物、历史、政治6个学科的第一名均在学校。一年来先后获得国家级荣誉5项，省级3项，市级5项，区级2项，成绩骄人、成绩可喜。

2. 一流的管理团队

学校推行以校级领导干部牵头负责年级组管理制度，以生命教育团队特色建设为核心，强化年级组的综合管理职能，有效调动各项目组、行政团队等高效融合，逐步形成四线四部行政管理、生命教育团队育人、项目组专项突破、志愿者团队自制、工作室辐射带动的五位一体管理格局体。工作中严格执行"谁分管的谁负责""谁的岗位谁负责""谁的班级谁负责""谁的课堂谁负责""谁的活动谁负责"的岗位责任制，提高教职工的责任心和使命感。以年级组分部、分块管理，重细节、重过程、重落实、重质量、重效果，将管理责任具体化、明确化，讲究专注做好每一件事，在细节上精益求精、力争最佳，达到"我们的团队人人会管理，我们的区域处处有管理，我们的年级事事见管理"的良好效果，使团队管理收到最大值的绩效。一流的团队管理，铸就一流的团队，一流的团队取得卓越的成绩。

宝剑锋从磨砺出，梅花香自苦寒来。学校砥砺奋进先后获得：全国青少年校园足球特色学校、全国中小学德育与班主任工作特色学校联盟成员单位、全国生命教育会员单位、山东省文明校园、全国青少年机器人技术等级考试考点单位、国家级写字教育实验学校、国家级心理健康教育实验学校、家校合作育人团体一等奖、山东省规范化学校等荣誉称号。人心齐，泰山移。骄人的成绩的取得得益于党工委、管委会的大力支持，得益于区教育局的正确领导，更得益于临沂外国语学校全体师生的智慧、努力、团结、拼搏。

转动的历史车轮印记了临外人的风雨兼程，变幻的斗转星移见证了学校的春华秋实，跳跃的时代脉搏涌动学校的光辉历程。风物长宜放眼量，发展的道路上没有休止符，关掉聚光灯，暂时收藏起那些辉煌的成绩和荣誉，定位方向，每一步都是坚定的步伐，让岁月来见证过去精彩的故事，新学期，踏上新征程，不忘初心，砥砺前行，积跬步之功，行千里之程，争创鹏程万里新辉煌！

我们应该怎样做班主任
——班主任会议讲话

最近本人参加了一场"学困生转化工作交流会"，让我感触颇多。目前学困生的数量、类型以及他们的思想行为让人忧心忡忡，应该引起每个教育工作者的高度重视。我看过一篇报道，青少年犯罪占某个地区犯罪人数的80%以上。尽管这里面存在着很多的社会原因和家庭原因，但学校教育与班级管理也有不可推卸的责任。从班主任们的交流材料来看，可以说是理论颇丰，认识到位，方式方法林林总总。但就目前之现状，班级管理的整理现状实在不敢恭维，也实在不是大唱赞歌的时候。

有人说，一个好班主任就是一个好班级。我也认为：没有高素质的班主任，绝不会有高质量的班级管理。那么，我们怎样做好班主任呢？俗话说，打铁先须自身硬。班主任要成为有理想、有道德、有思想、有激情、有方法的人。

忠诚于党的教育事业，有献身于教育的精神是每个教师本应切实的理想。有的教师把教书看成是谋生的手段，只教书不育人，出勤出工领工资混日子，当一天和尚撞一天钟，得过且过，他们充其量只能是个教书匠，绝不是一个真正的教育工作者。一个真正的教育工作者应该忠于职守，孜孜以求，安分守志，决不能甘于寂寞。我们向往并倡导要有声有色地干好教育事业。一个胸无大志、碌碌无为、毫无进取的人，绝不会把学生引向成功之路。

班主任要有良好的职业道德，做到为人师表、率先垂范，言行举止都要成为学生仿效的榜样。有的教师出言不逊，满口脏话、粗话，充满低级趣味；不修边幅，邋邋遢遢，着装随意，举止粗野，家庭不和，四邻不睦。学生必然耳濡目染，感同身受，产生近朱者赤、近墨者黑的效果，这样的教师怎么可能教育出有修养的学生呢？

班主任要做一个思想活跃的人，要善于接受新观点，研究新问题，勇于改革，敢于创新，有主见、有创见、又开先河的胆略和气魄，只有这样学生才有可能形成一个鲜活锐利、发散宽阔的大脑，才有可能成名成家成才。有的教师不读书不看报，也不涉猎相关的专业资料，信息闭塞、孤陋寡闻、思想僵化、视野狭窄，这样的教师如何向学生晓之以理呢？

洋溢的激情是做班主任的重要素质。有了激情，工作才能不畏艰难困苦，才能以苦为乐、以干为荣，才能朝气蓬勃、勇往直前。实验证明，激情是成功的一半。人有了激情，就有了兴趣和欢乐，行为便有了力量和导向，主观甚至可以达到忘我的境界。有的教师情愿麻木、面若苦瓜、爱心淡泊、冷若冰霜，工作必然呆板、机械教条。这样的教师如何对学生动之以情呢？我们要时刻注意开发学生的情商，只有我们教师自己精神饱满，情绪高涨，才能感染学生，鼓舞士气，班级工作才能一呼百应。

班级管理有千种方法、万条途径，归根到底是尊重热爱学生。这是一切教育活动的出发点和根本方法。舍此，一切教育内容与形式，一切方法与措施都将变得苍白无力，毫无意义。有了这个基点，发现和分析每一个学生的资质和潜能，设计和规划每一个学生的方向和目标才可以成为可能，人人成才的设想才能够成为现实。一个有理想、有道德、有思想、有激情的班主任，必定是一个有大法良策的人，必定是一个工作得法的人，也必然是一个富有成效的人。

珍惜与担当
——在优秀教师表彰会上的讲话

尊敬的各位老师，同志们：

今天下午学校召开生命教育阶段推进会议，在会上表彰了许多优秀的老师，是因为他们为学校的发展、为提高学生的综合素养，他们不仅奉献了许多心血和汗水，而且取得了骄人的成绩，他们是我们学校的功臣。教学方面，总体成绩，国际部、海外部、校本部，总分第一，遥遥领先，有人说外国语学校坐着火箭，没法比。我要说，是老师们的汗水换来的。我们的体育工作：从区运会到市运会，田径、女足、男足、健美操、篮球都成绩骄人，体育强校。我们的后勤工作，也不甘落后，积极协调外部资源，给学校做了大量工作。聚沙成塔，集腋成裘，积小胜与大胜。感谢老师们，今天的表彰，是对他们的奉献精神、工作能力、业务水平的认可和表扬，我们全体师生要感谢他们，助推学校的发展，我们为他们感到骄傲和自豪，学校也因有你而美丽。

老师们，作为外国语学校，领导要求目标高，家长期盼值大，是社会关注的制高点，作为其中的老师，一举一动，一言一行，学校的发展理念，也备受社会的关注和监督，所以，对全体教师提出几点要求：

一、要有高度的爱心，热爱学校

最近看了一篇文章，很有感触：

你不种地，但你有吃有喝；你不织布，但你衣着华丽，你不造车，但你以车代步；你不盖楼，但你家居安泰；你不是神仙，但许多人尊重你；你没有才华，但你依然能够参与社会。这是为什么呢？你是依靠什么获得你需要的生活物品呢？你是靠什么得到社会的尊重呢？那就是单位。

你是小草，单位就是你的土地；你是小鸟，单位就是你的天空；你是骏马，单位就是你的草原。单位，就是你和社会之间、他人之间进行交换的桥梁，是你显示自己存在的舞台，也是你安身立命的客栈。

所以，你要学会：

1. 珍惜工作。工作就是职责，职责就是担当，担当就是价值，要感谢那些让你独当一面的人，感谢那些给你压担子的人，感谢给你补台的人，因为那是机会、信任、平台。

2. 珍惜关系。单位的各种关系一定要珍惜，一个人只有能够处理和自己有工作关系的关系，才叫能力，没有工作关系的关系，只是吃吃喝喝、玩玩耍耍，毫无意义。

3. 珍惜已有的。在单位，你已经拥有的，一定要珍惜，也许时间久了，你会感到厌烦，要学会及时调整自己，是自己在枯燥无味的工作面前，有一种常新的感觉，你应经拥有的，一旦丧失，你就会知道他的价值。

在单位注意三点：

1. 别把工作推给别人。工作是你的职责，你的权利、也是你的义务，更是你立足单位的基础，把属于自己的工作推给别人，不是聪明，而是愚蠢，除非你的能力太小，不能胜任，推诿工作是一种逃避，更是一种无能，他会让别人从内心瞧不起你。

2. 不要愚弄别人。愚弄别人是一种真正的愚蠢，是对自己的不负责任，尤其伤害那些信任你的人，万万不可耍小聪明，你会得不偿失。长期在一起共事，你的真诚会让同事感动，当你被提拔时往往看中的是你的为人，其次才是你做事的能力。

3. 不要沉不下心来。工作浮躁，是在单位的大忌，工作不能走马观花，不是旅游，要静下心来，慢慢干，经得起时间的蹉跎。在单位里，老教师有老教师的优势，年轻教师有年轻教师的长处，千万不可互相轻视，能多干一点就多干一点，总有人会记得你的好，在单位里，要尽量远离那些鼓动你不干工作的人、鼓动你闹矛盾的人。

在单位里，永远不要说大话，没有人害怕你说大话，大家只会瞧不起你。要维护单位，维护自己的工作，维护自己的职责，单位离开谁都能运转，但你要证明你在单位很重要，有为才有位。

二、明确下一步的工作思路

1. 教学方面

注重九年级教学，二轮复习，重知识的切块整合，重两个边缘生的辅导，重复习方法，提高效率。

在七、八年级中，推进生命课堂。叶澜教授说：教育是直面人的生命，是为了人的生命质量提高而进行的社会活动，是以人为本的社会活动中，最能体现生命关怀的一种事业。把课堂还给学生，让课堂焕发生命的活力，使所有学生得到健康发展。所以要做好课前展示，课堂上自主学习、合作交流、展示提升，精讲点拨。严禁满堂灌、海量布置作业，其实好的课堂展示的是美学思想、哲学思想、文化思想。

2. 政教处

打造生命教育特色，学校实行顶层设计。这一观点由美国学士唐纳·华特士于1968年提出。爱是生命教育的核心理念。以生命课程、生命活动、生命课堂、生命课堂为支撑。

完善社团构建，明确艺体团队、目标、任务，加强安全教育。

3. 后勤工作

老师们，同志们，有志者事竟成，苦心人，天不负，外国语学校已处在快速发展的黄金时代，让我们携起手来，为学校的发展，做出更大的贡献。

做让历史铭记的老师
——新学期给教师的讲话

一、团结拼搏，创建幸福校园

首先，要创建幸福、和谐的工作环境。幸福应建立在相互信任这一基础上，作为学校领导要非常理解老师们的工作，并充分信任老师。幸福还应建立在领导和教师、教师和教师的相互包容这一平台上,要知道能相互包容的人才敢说真话,做实事,出成绩,能相互包容的人才可能长期久处。

其次,要用和谐的心态来对待工作和学习。良好的心态是构建和谐人际关系与和谐工作关系的必备条件。人的心态不和谐,其言行举止就很难符合社会价值规范,各种行为自然就很难协调,就很难达到平衡。良好的心态源于对生活的热爱,对选择的坚定和对自身价值的现实定位。要知道人只有在和谐的环境里,优秀的东西才会认知与肯定,而认知与肯定的东西恰恰是构成和谐的成分。

二、要有较强的责任、担当意识

作为一名教师,首先要有强烈的社会责任感。我希望大家都一定要把沉甸甸的责任放在自己的肩上,走出家门一步,就要肩负着全家荣辱;走出校门一步,就要肩负着学校的荣辱。要不断提升自己的人格。你要时时记住,我们代表着临外的形象,代表着临外教师的水平,真正做到"穿有样,坐有相,言有规,行有范"。责任,还体现在你对学生学习成绩的提高、学生综合素养的提升上,体现在你的每节课上,体现在每次备课、研讨、也体现在你落实年级的每次要求上。现实生活中,我们往往重视看得见的,而不重视看不见的。其实,很多看不见的又往往比看得见的重要得多。

我们来看看:道路看得见,思路看不见;学习看得见,学问看不见;文凭看得见,水平看不见;温度看得见,温暖看不见;药品看得见,药效看不见;人体看得见,人品看不见;眼珠看得见,眼力看不见;校园看得见,校风看不见。

三、要做一名优秀的教师,以四讲为基本要求

1. 讲爱心

李镇西说:素质教育就是爱的教育。杜威说:"教育,人是目的。"学校

中的一切都是为了人，为了学生和教师。全体教师要牢记以"人本"为教学理念。"人本"的另一含义就是要有人文关怀，教育就是一种关怀的人生，这就是为什么我们的管理行为和教育活动中要始终充满着"爱"、饱含着"情"。这一点我们今后要特别注重。

尊重、爱护、关心每一个学生，对学生的发展负责，为学生终身学习打好坚实的基础。建立和谐的师生关系，做学生的良师益友，不放弃每一个学生，要关心每一个学生的成长。坚守工作岗位，不擅离职守，认真上好每一堂课，做一个名副其实的教育工作者。对教师而言，这"赤子之心"，就是对事业的热忱，对教育理想的执着，也是对"人"这个字的不断装裱。

爱学生是教师职业道德的核心和精髓。爱学生是做教师，做合格教师的底线。

如果你讨厌学生，那么你的教育没等开始就结束了。

教师对学生的爱是一种"博爱"——面向全体学生的爱。

2. 讲秩序

这样一所大学校，要做到大而不乱，按部就班，张弛有度，收放自如，就必须要讲秩序。秩序就是纪律，秩序就是规范，就是有令必行，令行禁止。每个人要遵守学校的制度，学校、年级有许多的规定，你都要严格遵守与执行，不要有不和谐的声音。不要我行我素。服从组织，服从安排，有一种"我是临外一块砖，哪里需要哪里搬"的精神。

3. 讲教学

教学是学校的中心工作，是学校工作的主旋律，教学质量是学校的生命线，全体老师要紧紧围绕全面提高教学质量这个目标，树立质量第一的意识，以开展课堂讲课比赛为契机，做好听课、评课、赛课等活动，抓实教学过程，备课、上课、作业批改、辅导、检测。进一步打造生命大课堂教学策略，特别高二、九年级、六年级的教学工作，要学习新课标，要研究高考、中考的考试题，把握考点、注重教学的每个环节，备课、上课、批改、辅导、检测等，向过程要质量。提高教学效率。出色完成学校的战略目标和任务。

4. 讲实绩

临外要形成这样一种风气和文化，即"父母给我姓名，自己打造品牌"；

要凭本事吃饭，靠实绩取胜。在教师的评功选模、晋职晋升、岗位评聘等工作中，要坚持"赛马不相马，有为才有位"。要努力提高业务能力。"医生的功夫在病床，教师的功夫在课堂。"希望老师们在评优树先、职称评聘等方面，不要找关系、找门路给学校施压。谁找了，我们就在教师会上公开。我们一切靠制度，看人看成绩，成绩看大小，大小大家看。今年区优秀工作者，全部给了老师，教干的风格很高。

因此，在这里我要强调"两点"：

第一，大气。它相对于小气而言，要求我们教师要有开阔的胸襟，做人不能太"精"，太斤斤计较。

第二，正气。相对于邪气而言，作为一名人民教师，作为学生楷模的教师，一定要有浩然正气。

给教师几点建议：

总的建议就三句话：按照本色做人，按照角色做事，按照特色定位。

1. 要保持一种平和的心态

我们应该向教师的楷模——魏书生学习，守住心灵的宁静，建设自己的精神乐园。

做到"十心"：对事业要忠心，对工作要上心，对岗位要尽心，对领导要诚心，对父母要孝心，对他人要爱心，对自己要宽心，对家庭要关心，对困难要耐心，对胜利要信心。"五情"对同事要有一份真情，对家长要有一份深情，对事业要有一份痴情，对所从事的工作要有一份激情，对学生要有一份亲情。

快乐的人不是因为拥有得多，而是因为计较得少。

不满足的人，不是因为他得到的太少，而是他想要得到的太多。教师的职业是平凡的，很少有轰轰烈烈，更多的应该是扎扎实实。教师的待遇虽然在不断提高，但总体来讲，教师的职业古往今来都是比较"清贫"的。所以，大家要有"安贫乐道"的准备。

2. 要做一个心胸开阔的人

古人云："人之有德于我也，不可忘也；吾有德于人也，不可不忘也。"用今天的话来说就是别人对我们的帮助，千万不可忘记；别人倘若有愧对我们的地方，应该忘记。

经常记住别人的好处，时刻不忘感恩的人，一定能有好人缘。常记别人对自己的坏处，处处想让别人报答自己的人，肯定不受欢迎。

3. 感激

感激伤害你的人，因为他磨炼了你的意志；感激欺骗你的人，因为他砥砺了你的人格；感激鞭打你的人，因为他激发了你的斗志；感激遗弃你的人，因为他教导了你该独立；感激绊倒你的人，因为他强化了你的双腿；感激斥责你的人，因为他提醒了你的缺点。

当我们改变不了别人对自己看法的时候，我们可以改变我们对别人的看法。

"做教师的应该控制好自己的情绪，特别是不要把自己在家庭、单位、社会里形成的不良情绪无端地发泄在学生身上。只要你行得端、走得正，非议算什么。走自己的路，让别人说去吧！""静坐常思己过，闲谈莫论人非。"

两点保证：

(1) 工作公平公正、阳光透明。

(2) 注重教师专业成长，为想进步的教师搭建平台。

前几天看了中央电视台播出的《对话》节目，触感很深。对话的主题是"中国制造和中国创造"。最后主持人有一段总结语，大致的意思是：中国经过多年的努力，许多过去我们不能做到的，今天我们做到了（航母、高速列车、深潜器）；也有许多今天还不能做到的（大型发动机、精密医疗器械），我们再加大研发，不久的将来也会做到。但最可惜的是，许多我们本能做到，也能做好的，却没有做好，而失去了市场。比如中国人到国外买马桶盖，在李克强总理强调前，我们不讲细节，没人去研究解决马桶盖在任何季节其温度都能与人体温度相适应的问题等。再比如：大家在关注养老产业发展，大量投入研发智能机器人为老人服务，做一些高大上的产品，但与此同时，老人坐着洗澡的智能椅子却需要从日本进口。马桶盖也好、洗澡椅子也好，虽说都是智能产品，却没有多少科技含量，我们能做，也一定能做好，但我们没有认真去做，失去了市场。

这几句话发人深思，令中国人深思，同时也令我们深思。中国社会发展已进入新时代，要让人民的美好生活日益增长，一定要摒弃粗放式的管理方式和工作方式。作为学校的教师，要树立严谨、求实、一丝不苟的学风、教风、校风，是每一个教育工作者的责任和义务。正如中国足球队原主教练米卢的一句话："态度决定一切，细节决定成败。"我把这句话注解为"敬业＋认真＝一定会成功"，也就是说，在我们的工作中，无论是教学还是管理，还是服务，只要敬业又认真就一定会有高质量。不管你教小学、初中还是高中，教学质量的提升，都是认真落实教学过程，掌握课标，了解考纲，抓住学生的学习来实现的。也就是态度决定的。

结合学校实际，提几点要求：

（1）把职业当作事业，职业是用来谋生的，我们不仅要用它来吃饱、穿好，还要用它来成就事业，实现人生价值。每个人、每个岗位，只要敬业加认真，都可大有作为。把工作当作快乐，热爱自己的岗位，研究工作的规律，培养工作的热情，体验培养人、帮助人的快乐和幸福。要做到两个极致：把自己的能力发挥到极致，把自己的价值体现到极致。

（2）朱永新说，做让学生瞧得起的老师。是的，一个老师，如果连学生都瞧不起，就没资格做老师，也无法在学校安身立命。怎么做呢？简单来说，就是陶行知说的那八个字："学高为师，身正为范"。学高为师，就是要把课上得好一点。上一堂好课并不那么容易。要让学生佩服你，就要看你对课程、课堂的理解。你的课堂效率是不是高，你的讲解评点是否深入浅出学生能懂，很多老师不是这样提高自身素养，而是大搞题海战术，把学生搞得苦不堪言，对这门知识、对这门学科的兴趣丧失殆尽，自然谈不上学高为师。

身正为范，就是要对自己要求高一点。教师的言行，是学生活生生的教科书。为人师表，才能引导学生向正确的方向前行。教师应该是一个主动帮助别人的人，应该有一颗善良的心，有一种悲天悯人的情怀，对弱者有着天然的同情。你不能对学生之中发生的各种事情视而不见，你应该关爱孩子们，尤其是关注班级里那些看上去最不可爱的学生。这个要求其实并不高，只要用心去做，我们都能做到。

（3）做让学校骄傲的老师。教师的一种境界，是做一个让学校骄傲的老师，让学校为你而感到荣耀。过去我们对学生讲，"今日我以母校为荣，明日母校以我为荣"。实际上，对每位教师也应该提出这样的要求，也应该寄予这样的期待。如果一个教师做到在学校里可以很难被取代，你如果走了，短时间内找不到人来顶替你，那么，你自然是一个学校非常需要、校长非常赞赏、同事非常想念的人。

一个人，在一个地方，在一个单位，能够被人们记在心里，真的是很了不起的。这种不可替代，并不是指我们的工作岗位很特殊。任何一个岗位，哪怕是一个普通的门卫，都可以做到这一点。香港大学把"荣誉院士"的称号授予八十二岁的清洁工袁苏妹，表彰她四十四年如一日地为学生做饭、扫地，悄悄地为生病的学生煎凉茶、为熬夜的学生煲鸡汤，"对高等教育界作出独特的贡献，以自己的生命影响大学堂仔的生命"。在清洁工的岗位上尚且如此，何况教师呢？每一个岗位，每一个工作，只要用心去做，都能做好，都可以成为让学校引以为荣的人。

(4) 做让历史铭记的老师。从一所学校来看，学校文化的最高境界，就是创造了自己的故事和传奇。而学校的故事和传奇，是依靠老师的故事与传奇。正如当年清华校长梅贻琦在就职演讲中提出的："所谓大学者，非谓有大楼之谓也，有大师之谓也。"学校靠一个个的人承载着历史。因此才有昔日的北大清华。尤其我们外国语学校，有大楼，更需要大师。

(5) 把同事处成兄弟姐妹。工作中，要多为同事着想，多拿镜子照自己，少拿手电筒照别人。就像歌里边唱的：希望你过得比我好。

(6) 以阳光的心态，有语不惊人誓不休的决心，去完成学校的目标，为学校的发展，发挥自己最大的才能。

(7) 外国语学校，是个大家庭，互相包容、理解，在大家庭里，人才济济，要互相尊重，谦虚好学，各个学段统有各自的工作特点，不能蔑视、轻视别人。学历、学段不能代表你的人品、你的工作成绩，看人，要看工作成绩、看人品。希望老师们，既要仰视星空，关键要脚踏实地，干出成绩来，用成绩赢得别人的尊重和认可，用行动证明自己的价值，不要做自命清高的人。

教学相长，师徒共进
——在青年教师拜师仪式大会上的讲话

各位老师：

  大家好！

  抓教师队伍建设，注重青年教师成长，一直是学校的工作重点之一。青年教师拜师活动，是提高新教师素质的需要，也是老教师自我发展的需要，是提升学校内涵、打造学校品牌的需要。今天，我们在这里举行隆重而庄严的青年教师拜师仪式，我代表学校向一直以来为学校发展做出突出贡献的老教师们，表示衷心的感谢；向青年教师荣幸地找到了自己工作上的师傅，表示热烈的祝贺！借此机会，我谈点对开展此项活动的意见：

  首先，大家要充分认识开展青年教师拜师结对活动的重要意义。

  目前学校教师队伍趋于年轻化，年轻队伍给学校带来了蓬勃生机和无限活力，但是年轻教师经验的匮乏同时也会制约教师自身的成长和学校工作的开展。学校新招的年轻教师比较多，青年教师的教育教学质量，直接影响和决定着学校的整体教育教学水平，青年教师的思想、政治、业务等方面的素质将决定学校发展的前途和命运。在全面落实素质教育、实施新的课程改革以及学校进入内涵发展的关键时期，如何使青年教师迅速提高教育教学能力、促进青年教师专业成长、提高青年教师的综合素质，以保证学校的教育教学质量，保持学校的品牌效应，已成为学校发展过程中的重要课题。这次开展青年教师拜师活动，是学校加强教师队伍建设、促进青年教师专业成长的重要举措之一，也是学校发展战略的需要。

  本次活动，我们本着"学习、指导、交流、提高、超越"的原则，目的是为青年教师搭建向骨干教师学习的平台，使他们在经验丰富、业务精湛、师德高尚的教师的精心指导、帮助下，尽快成长起来。同时，通过教师之间的交流互动，促进全体教师更新知识，进一步营造浓郁的教研氛围，加快教师队伍整体素质的提高。我们确立这种友好的伙伴帮扶关系，对于新教师迅速提高教育教学水平，达成"一年合格、两年成熟、三年成为学科骨干"的自我发展目标是很有必要的。

其次，要扎扎实实开展好师徒结对活动。

教导处如何把这项工作做好，关键不在于形式，而在于行动，在于内容，在于活动过程的求真务实。在这项活动中，指导教师，责任重大。传什么、帮什么、带什么，这是我们应该认真思考的问题。根据青年教师和教育教学实际的需要，一要带德，二要带才，三要带教，四要带研。所谓带德，也就是使自己的徒弟具有良好的师德。德为师之本，德高才为范，作为一名合格的人民教师必须师德高尚，这是做教师的灵魂，是做教师的前提。指导教师要时刻严格要求自我，用自己高尚的师德影响带动徒弟。

所谓带才，就是要对徒弟的学习及业务进行指导，提高他们的业务水平，丰富他们的知识储备。有德尚需有才，德才兼备才是人才。德是人之根，才是人之果。师徒要共同学习，不断交流。

所谓带教，就是具体指导徒弟的教学工作。教育是一门科学，又是一门艺术。面对各具特点的学生，教师不仅要掌握渊博的知识，而且必须懂得教育规律，掌握教育技巧。人民教师首先应该是教书育人的行家。应该努力提高教育教学能力。它包括组织教学；制订教学目标，确定教学重点、难点；选择和运用恰当的教学方法；恰当使用现代化教学手段；语言表达和板书的设计；作业布置及辅导学生的方法的选择；精心组织课外活动和社会实践；以及如何与校内外各种教育力量的配合，形成教育、教学合力等。培养这些能力可以通过多种途径和方法，但最重要的是教育教学实践。指导教师要通过集体备课、相互听课、共同研讨等一系列教学实践活动帮助青年教师迅速成长。

所谓带研，就是指教科研。只会教学而不会搞教科研的教师，只能是一名教书匠，绝不会成为学者型、专家型教师。学校要走科研兴校之路，我们就必须具有一定的教科研能力，即：承担课程改革实验的能力、总结教育教学经验成果的能力、撰写教育教学论文的能力等。指导教师的责任就是应该与青年教师一起搞课程改革、共同搞教育科研、精心指导并督促青年教师总结个人工作经验、精心指导并鼓励青年教师积极参加校内外各项教育教学评比活动，并力争在这些活动中取得好成绩、好名次，鼓励青年教师抓住机遇，自我加压，争创一流，让青年教师在竞争中求生存，在比赛中求发展。徒弟的成绩是师傅的骄傲，徒弟的进步包含着师傅的心血。

师傅在对徒弟"传、帮、带"指导过程中，还要注意：在目标上，要循序渐进，不要求之过急，先解决会教的问题，再解决教得好的问题。在活动安排上，要讲究师徒互动。一要主动听课，二要虚心接受评课，三要经常性地相互研课。师徒之间要教学相长，共同研究，共同探讨，共同提高。

各位老师，俗话说："天道酬勤。"作为青年教师要老老实实做"徒弟"，认认真真学习，扎扎实实工作。要根据自己的实际需要有选择地去学习，要处理好继承与发展的关系，对指导教师的教学不能照搬照抄，学会扬弃，在继承指导教师丰富教学经验的基础上，根据自己条件创造性实施教育教学，逐步形成自己的教学思路、教学特色和教学风格，努力追求自我教学的高品位，加快专业成长，成为名师、大家，做一名优秀的人民教师。"好风凭借力，送我上青云。"学校相信，青年教师在师傅的指导下，一定会"青出于蓝胜于蓝"。作为师傅，要经常关注徒弟的成长，及时给予指导和帮助，同时也要不断完善自我，要有个人的成长规划，要有更高的奋斗目标，做到教学相长，师徒共进。三人行必有我师，教师之间的学习不仅限于师徒之间，关键是形成一种相互学习的氛围，学习内容是多维的，交流方式也是多种多样的，只要别人有长处我们就向她学习。老师们，让我们共同在外国语这块充满希望的教育园地里，辛勤耕耘，用大家的智慧、心血和汗水，共同描绘学校美好的明天。

预祝学校青年教师拜师结对活动取得圆满成功！

第三章　课程管理

第一节　课程构建与实施

临沂外国语学校，立足本土，精心打造善水文化，践行生命教育，在"润泽生命、播种智慧"办学理念的引领下，致力通过实施生命管理，构建生命课程，推进生命课堂等途径，努力把生命教育办成学生怀念、教师幸福、社会信任的大教育，让每个孩子的一生成为一个精彩的故事。

一、素养为魂，五育并举

学校立根本土，秉承"全面提升学生核心素养"的教育宗旨，精心打造"善水文化"，践行生命教育，并把"善水文化"的核心——"上善若水，厚德载物"作为学校教育的核心价值观，初步确立"润泽生命，播种智慧"的办学理念，以培养"具有民族情怀和国际视野的现代化人才"为办学的终极目标，形成以生命教育为特色的智慧化、国际化、生命化、生态化、幸福化的育人模式，促师生素养全面提升。

中国学生发展核心素养以培养"全面发展的人"为核心。"核心素养"并非与生俱来，需要通过各教育阶段长期培养，而科学合理的课程内容则是其重要保障。国家课程为学生"核心素养"的形成奠定了坚实基础，应当使之成为发展学生核心素养的重要途径。但由于地域、学情的差异，学校依据具体的育人目标和学生实际需求加以调试及补充。学校的课程是指向服务学生的，最终目标指向学生发展需求和兴趣。

如何让课程闪耀素养之光，围绕"润泽生命，播种智慧"这一办学理念，对学校的育人要素做了进一步梳理，并对学生的需求进行科学的评估，在充分考虑本地和学校课程资源的基础上，学校严格遵循国家立德树人、全面发展的总要求，确立了明德弘毅（德育）、乐学善思（智育）、体健行雅（体育）、悦美臻艺（美育）、尊勤笃劳（劳育）五大育人目标，并针对学生发展规律及认知水平，从低学段到高学段，明确了螺旋式上升的分学段目标要求，培养爱人、悦己、健康、向上的好儿童，向善、求真、阳光、和雅的好少年，有志、有为、丰实、进取的好青年。通过构建师生学习共同体的文化建设，确保课程目标达成。

临沂外国语学校各学段具体课程目标

课程目标	小 学	初 中	高 中
明德弘毅 （德育）	初步具有爱祖国、爱人民、爱劳动、爱科学、爱社会主义和爱中国共产党的思想感情，初步具有关心他人、关心集体、诚实、勤俭、不怕困难等良好品德，以及初步分辨是非的能力，养成讲文明、懂礼貌、守纪律的行为习惯。	具有爱祖国、爱社会主义、爱中国共产党的思想感情，初步树立辩证唯物主义、历史唯物主义的基本观点，初步具有为人民服务的思想和集体主义观点，具有良好的品德，以及一定的分辨是非和抵制不良影响的能力，养成文明礼貌、遵纪守法的行为习惯。	具有社会主义和共产主义理想，热爱社会主义祖国和社会主义事业，热爱中国共产党，具有为国家富强和人民富裕而艰苦奋斗的献身精神，树立辩证唯物主义和历史唯物主义的观点，具有社会主义和共产主义道德品质，使学生具有道德思维和道德评价能力，具有自我教育的能力和习惯，养成遵纪守法、文明礼貌的行为习惯。接受与包容他人能力、质疑与批判性思维能力。
乐学善思 （智育）	具有阅读、书写、表达、计算的基础知识和基本技能，掌握一些自然、社会和生活常识，培养观察、思维、动手操作和自学能力，以及有广泛的兴趣和爱好，养成良好的学习习惯。	掌握必需的文化科学基础知识和基本技能，具有一定的自学能力，运用所学知识分析问题、解决问题的能力和动手操作能力，培养学生实事求是的科学态度和不断追求新知识的精神。	在初中教育的基础上进一步掌握必需的文化科学基础知识和基本技能，特别要打好语文、数学、外语的基础，要发展学生的志趣、特长，培养学生具有不断追求新知识的热忱以及自学能力和分析问题、解决问题的能力，具有实事求是、独立思考、勇于创造的科学精神。

续表

课程目标	小学	初中	高中
体健行雅（体育）	培养锻炼身体和讲究卫生的习惯，具有健康的体魄。	初步掌握锻炼身体的基础知识和正确方法，养成讲卫生的习惯，具有健康的体魄。	掌握锻炼身体的基础知识和技能、技巧，学会科学锻炼身体的方法，逐步养成自觉锻炼的习惯，身体素质全面发展，具有健康的体魄和从事生活、生产所需的身体活动能力，养成良好的卫生习惯。
悦美臻艺（美育）	培养爱美的情趣，具有初步的审美能力。	具有一定的审美能力，初步形成健康的志趣和爱好。	培养正确的审美观，具有感受美、鉴赏美和创造美的能力。
尊勤笃劳（劳育）	培养良好的劳动习惯，会使用几种简单的劳动工具，具有初步的生活自理能力。	掌握一定生产劳动的基础知识和基本技能，了解择业的一般常识，具有正确的劳动观点、劳动态度和良好的劳动习惯。	具有劳动观点、劳动习惯和学习生产技术的兴趣，掌握现代生产技术的一些基础知识和基本技能，学会使用一般的生产工具，掌握组织生产和管理生产的初步知识和技能。

二、课程为本，科学规划

（一）课程结构

世界应成为教材，带着如何让教材成为世界的思考，在"润泽生命，播种智慧"的办学理念引领下，围绕五大育人目标，学校坚持国家课程校本化、校本课程特色化、特色课程精品化三原则，按照课题驱动、专家引领、团队协作、实践取向、凸显特色的思路，统筹实施国家课程（80%）、地方及学校课程（20%），同时以"学科基本能力、创新能力、实践能力"为能力基线，以"基础性课程（国家课程）、拓展性课程、实践性课程"三类课程为板块，简称"红黄蓝"三原色课程。学校以红、黄、蓝三个原色分别对应三个课程体系，进行整体规划，构建与实施语言与表达、数学与思维、审美与艺术、体育与健康、科学与技术、实践与创新六大领域主题课程，聚焦学生核心素养，关注学生的个性化差异，满足不同学生的发展需求，优化课程结构，构建课程体系。

三色课程即"生命"底色课程。红色：血液的颜色，最有传统审美的中国色，对应基础课程；黄色：大自然最显眼注目的颜色，对应的是凸显个性和特长的拓展课程；蓝色：天空和大海的颜色，代表开阔的视野和综合的能力，对应开放的体验式活动课程；红黄蓝：自然界彩色世界的三原色，适时交汇融合，将呈现赤橙黄绿青等绚丽色彩。三色共同绘成同心圆，旨在为学生将来的多彩人生打好生命底色，同时关注学生七彩纷呈的差异，最终为他们实现生命之发展。通过托底"三色"课程，呵护学生个性，关注学生七彩纷呈的差异，为他们将来的多彩人生打好生命的底色。

三类课程的环境分别要求"安全、自由、开放"，就是给学生以最大的选择空间，使学生幸福成长具有良好的课程基础；课程方式分别要求"科学、自主、融合"，就是对学生生命特征的尊重，使课程能够真正因材施教，课内与课外，校园与社会实现融合；课程的效果以"积淀、喜悦、历练"为追求，最终体现"生命成长，幸福成才"的目标。

（二）课程设置

临沂外国语学校小学、初中课程安排计划表（试行）

课程		一	二	三	四	五	六	七	八	九	周总课时（节）	总计比例	国家要求比例
国家课程	道德与法治	3	3	3	3	2	2	2	2	2	22	7.9%	7%~9%
	历史	/	/	/	/	/	/	2	2	2	6		
	地理	/	/	/	/	/	/	2	2	/	4		
	科学 科学	1	1	2	2	2	2	/	/	/	10	8.6%	7%~9%
	科学 生物	/	/	/	/	/	/	3	3	/	6		
	科学 物理	/	/	/	/	/	/	/	2	3	5		
	科学 化学	/	/	/	/	/	/	/	/	3	3		
	语文	8	8	7	7	6	6	5	4	5	56	20.0%	20%~22%
	数学	4	4	4	4	5	5	4	4	5	39	13.9%	13%~15%
	英语	/	/	2	2	2	3	4	4	4	22	7.9%	6%~8%
	体育与健康	4	4	3	3	3	3	3	3	3	29	10.4%	10%~11%
	艺术 艺术	/	/	/	/	/	/	/	/	/	/	10.7%	9%~11%
	艺术 音乐	2	2	2	2	2	2	1	1	1	15		
	艺术 美术	2	2	2	2	2	2	1	1	1	15		

续表

课程			年级									周总课时（节）	总计比例	国家要求比例
			一	二	三	四	五	六	七	八	九			
国家课程	综合实践	信息	/	/	1	1	1	1	1	1	1	21		
		劳育	1	1	1	1	0.5	0.5	1	1	1			
		探究学习					0.5	0.5	1	1	1			
地方与校本课程		阅读与表达	1	1	1	1	0.5	0.5	1	1	/	27	48	
		安全教育	1	0.5	0.5	0.5	0.25	0.25	1	1	0.5			
		人生规划	/	/	/	/	/	/	1	1	1			
		数学与思维	/	0.5	0.5	0.5	0.25	0.25	1	1	1			
		特色英语	1	1					1	1	0.5			
		选课走班		1	1	1	1	1						
		礼仪教育+衔接课程(前两周)	1	/	/	/	/	1	/	/	/			
周总课时数（节）			29	29	30	30	30	30	34	34	34	280		
学年总课时（节）			1015	1015	1050	1050	1050	1050	1190	1190	1122	9732		

临沂外国语学校普通高中课程安排计划表（试行）

课程	科目	学分		一年级		二年级		三年级		选修学分
		必修学分	选择性必修	上学期周课时	下学期周课时	上学期周课时	下学期周课时	上学期周课时	下学期周课时	
国家课程	语文	8	6	4	4	2+2	2+2	2+3	5	12
	数学	8	6	4	4	2+2	2+2	2+3	5	12
	英语	6	8	3	3	3+1	3+1	2+3	5	10
	思想政治	6	6	2	2	2	2	2+2	2+2	4
	历史	4	6	2	2	2	2	2+2	2+2	4
	地理	4	6	2	2	2	2	2+2	2+2	4
	物理	6	6	2	2	2	2	2+2	2+2	4
	化学	4	6	2	2	2	2	2+2	2+2	4
	生物学	4	6	2	2	2	2	2+2	2+2	4
	信息技术	3	1	1	1	1	1	/	/	/
	通用技术	3	1	1	1	1	1	/	/	/
	音乐	3	1					1	1	/
	美术	3	1							
	体育与健康	12		2	2	2	2	2	2	/
综合实践活动	党团	1		党团教育、党团建设						/
	军训	1		一周						/
	劳动	1		劳动实践不少于一周						/
	专题			国家安全、环境教育、法制教育、知识产权						1
	志愿服务	1		一周	一周	一周	一周	一周		/
	社团活动	1		课外活动						/
	研究性学习	4		/	/	研究性学习课内 1 课外 2				/
	研学旅行	2		/	2	/	/	/	/	/

续表

课程	科目	学分		一年级		二年级		三年级		选修学分
		必修学分	选择性必修	上学期周课时	下学期周课时	上学期周课时	下学期周课时	上学期周课时	下学期周课时	
地方（校本）课程	学生发展指导	3+1		自我认知指导 1	学业选修指导 1	职业行业体验 1	专业选择指导 1	/	/	1
	传统文化			1	1	1	1	1	1	≥8
	心理健康			1	1	1	1	1	1	
	外语阅读			1	/	/	/			
	衔接课程（前两周）			1						
	演讲与口才			/	1	/				
	德育系列活动			0.5		0.5		0.5		
合计		88	≥42	33.5	33	33.5	33.5	33.5	32.5	≥14
备注		高三下学期开设选修课程，同时安排总复习，选修Ⅱ课程主要依托高三学科拓展课程开设								

临沂外国语学校美达菲国际高中课程安排计划表（60分/课时）

课程	科目	学分		九年级		十年级		十一年级	
		必修学分	选修学分	上学期周课时	下学期周课时	上学期周课时	下学期周课时	上学期周课时	下学期周课时
美达菲国际高中核心课程	英语文学	1	/	3	3	/	/	/	/
	中文	1	/	2	2	2	2	2	2
	几何	1	/	4	4	/	/	/	/
	生命科学	1	/	3	3	/	/	/	/
	综合科学	/	1	2	2	/	/	/	/
	标准化考试			6	6	6	6	6	6
	全球研究	1	/	3	3	/	/	/	/
	世界历史	1	/	/	/	3	3	/	/
	代数	1	/	/	/	3	3	/	/
	世界文学1	1	/	/	/	3	3	/	/
	美国经历	1	1	/	/	3	3	/	/
	物理	1	/	/	/	3	3	/	/
	预备微积分	1	/	/	/	/	/	3	3
	化学	1	/	/	/	/	/	3	3
	美国历史	1	/	/	/	/	/	3	3
	商业与经济	1	1	/	/	/	/	3	3
	世界文学2	1	/	/	/	/	/	3	3
	戏剧	/	1	2	2	2	2	2	2
	体育	0.5		2	2	2	2	2	2
	健康	0.5		1	1	1	1	1	1
	健康管理	/	/	1	1	1	1	1	1

续表

课程	科目	学分		九年级		十年级		十一年级	
		必修学分	选修学分	上学期周课时	下学期周课时	上学期周课时	下学期周课时	上学期周课时	下学期周课时
体验类课程		马术、高尔夫、红酒鉴赏、花艺等							
生活技能类课程		烹饪、烘焙、手工制作、修理简单器械等							
PTS家校延伸课程	家校论坛	周期待定							
	家长工作坊	1次/月							
	学术家长会	1次/学期							
综合实践	主题班会	国家安全、环境教育、法治教育、学生行为管理等							
	师生论坛	3~5次/学期							
	志愿服务	不少于50小时							
	社团活动	文学社、手工社、模联社、篮球社、排球社、多媒体社团、小语种社团、演讲社团等							
	研究性学习	/		1次/学年		1次/学年		1次/学年	
	研学旅行	/		1次		1次		/	1次

三、制度为纲，评价导行

学校在项目研究过程中采用"分层推进，动态管理"工作制度，制定《临沂外国语学校课程实施细则》，并把项目工作的成绩纳入教师工作考核中，积极向上级政府申请优秀成果奖。同时确立课程开发制度，用规范的程序保障国家课程化过程的合理性、科学性、实效性。学校从学生、教师、教学管理三个层面进行制度保障，分别制定《临沂外国语学校学生管理基本规范》《临沂外国语学校中学教学常规50条》《临沂外国语学校小学部教师综合评估制度》《临沂外国语学校学生自主学习30条》，同时根据课程的育人目标及其解读，通过对评价的维度、标准、权重等研究，形成课程的综合分类评价体系，课程评价以学生为主体，学校坚持终结性评价与过程性评价相结合的原则，评价方式多样，评价内容全面。

1. 国家课程评价

课程评价主要以学科素养达成度为重要指标，采取过程性评价与终结性评价相结合的方式。过程性评价侧重以多维度生命大课堂为抓手，主要是对学生学习过程中基本知识、基本技能、情感态度、学习方法等方面取得的成效，及作业、作品、活动等具体成果做出评价；终结性评价侧重评价学生的学习效果，一般通过期中检测、学期末检测、学科素养抽测等形式进行具体评价，其结果以分数和等级为主要呈现形式。

2. 地方与校本课程评价

为满足社会发展对人才的需要，有效激励学生个性化发展，全面贯彻新课改精神，高起点、精管理、细操作，扎实做好地方与校本课程评价。高中部以学分管理的研究和实验为抓手，进一步转变教学观念，改进教学方法，推动课程建设落地生根；小学部与初中部关注学生综合素养的提升与发展，注重学生综合素质表现形式评价，主要以过程性评价为主，从活动设计、活动过程、活动效果、成果展示等方面对课程进行评价，成绩优秀者可将其成果计入学生成长档案里，以激发学生成长动机、规范学生成长行为。

四、过程为重，分层推进

课程实施过程中，学校严格做到"五要五不"：要坚持按国家课程计划设置课程，不随意增减课时和增减科目；要坚持按课程标准要求教学，不随意提高或降低教学难度；要坚持按教学计划把握进度，不随意提前结束课程和搞突击教学；要坚持按规定的考试要求，不随意增加考试次数；要坚持按规范办学要求作息时间，不随意增加或缩短作息时间。

（一）国家课程校本化

1. 以"深度学习"理念下的多维度生命大课堂的实践与研究为抓手，以合作、体验为基本手段，以生成性、生动性、主动性为主要特征，重点关注课堂自主的程度、合作的效度、探究的深度、生成的高度以及目标的达成度，致力于处理好"鱼（知识）、渔（过程、方法、技能）、欲（情感、态度、价值观）"三者之间的关系，最终帮助学生实现由"学会—会学—想学—享学"的四个层面的华丽转身。

2. 综合实践活动之劳动课程遵循"快乐体验、勇于实践、健康成长、奠基未来"的指导思想与劳动主题系列活动整合推进，主要涵盖：自我服务、家庭服务、学校服务、社会服务、主题探究、职业体验等，小学、初中、高中全员必修，其中小学部三至六年级以年级、班级、小组为单位领养地理园中的果树，从春天的施肥、浇水到夏天的拔草、捉虫，再到秋天的采摘、品尝、义卖等，全过程体验果农的辛苦与快乐，目的是打通课内与课外、校内与校外的壁垒，使其成为一溪活水，让学生在广阔的天地中体验劳动的快乐、感悟生命的魅力。

3. 艺术"1+1"：音乐、体育、美术通过"1+1"推进落实（美术基础课＋书法课，音乐基础课＋舞之韵，体育基础课＋网球课）。

4. 双语"1+1"：语文基础课＋特色展示（课前三分钟素养展示或者演讲），英语基础课＋特色英语（线上线下双师口语、多维阅读）。

为了全面提升学生语文素养，发展学生的思维、激发学生潜能，小初高三个部开展课前三分钟素养展示活动，小学侧重国学素养展示，初中、高中侧重演讲与口才，演讲就是生产力，口才就是竞争力，学会当众展示，练就出色口才，成就生命美丽绽放；特色英语除了小学低年级占用校本课时，其他年级融入英语课时：线下双师口语课，每周一课时，由外教与中方教师同台上课，线上线下双师新英语，极大提升了学生的英语口语水平；另外，小学中高年级开设多维阅读课程，与英语课整合推进。

（二）地方与学校课程

1. 德育系列课程

为丰富德育内涵、敦促品牌建设，临沂外国语学校以"方法创新"为宗旨，牢记立德树人的神圣使命，倾力创建科学、系统、完善德育课程体系，形成有效的教育合力，实现德育工作的创新发展，全面促进学生的生命成长。体系的宏观架构注重立足常规、继承传统、连通学科、深化校本，以自主开放的全员育人理念为指导，全学科参与、全方位落实、全过程调控。通过"开掘隐性课程，优化显性课程"，多元吸纳德育要素，合理创设德育途径，彰显其规范化、集约化和精细化。

（1）语文经典阅读：党的十八大报告倡导全民阅读、建设书香社会的理念要求我们要鼓励学生养成良好的阅读习惯，文学作品阅读是所有阅读的核心,具有发展学生语言和思维的特殊功能。小学部、初中部通过与地方课程传统文化整合推进,以推荐阅读书目,指导阅读方法,固定阅读时间,创新阅读形式,实施多元评价等形式提升学生语文素养;高中部开设"读原著,学原文,悟原理"阅读课程。

(2) 英语经典阅读:初中部借力书虫阅读课程,全面提升学生素养;高中部在山东省教科院高中英语教研员陈元宝教授以及临沂市教科研中心崔广进主任的引领推进下,学校市兼职教研员朱存时老师多次前往各地学习,选编了学校英文原著阅读校本教材,开设英语阅读校本课程教学,在临沂市名著阅读教学中产生了良好的辐射效应,高三毕业生捐赠英语经典阅读刊物,创建了学校英语大阅读基地。高一年级二十个班搞得如火如荼,每个班级教师和学生同读一本书,二十个班循环共享二十本名著,读书报告和读书卡留下成长痕迹。

(3) 小初、初高衔接课程,在每年七年级、高中一年级新生入校前后都开展,时间前后持续一两个月。第一阶段是集中衔接,从思想情感、行为习惯、生活能力、学习方法、知识异同、目标要求等多方面进行专题衔接,基本内容涵盖拓展军训、学生一日行为准则及日常行为规范学习、励志教育、主题培训、学习方法指导、学习习惯培养等;第二阶段是融合衔接,重点体现在知识衔接、学习习惯、学习方法等的衔接。

2. 选修课程

体育与健康、审美与艺术、科学与技术领域系列课程,学校在充分调研学生需求、家长需求、教师特长、家长特长的基础上,围绕育人目标,提供课程套餐,双向选择,促个性发展,集中在周四下午最后一节课进行,通过选课走班的方式落实,要求像落实国家课程一样按照课程内容,每年8月份开始要编写课程纲要,根据课程纲要认真备课,确保课程开课质量,每门课程每学期开课不能少于10课时,除学校统一活动外,任何年级和个人不得随意占用、中止、提前结束校本课程,学校统一活动占用的课时要及时补回。其中合唱、网球、书法、创客、扎染、儿童画、舞之韵是我们主打课程。特别是创客社团借力山东省科教教育专项课题的实验与研究,荣获山东省创客大赛二等奖,课程内容涵盖了计算机、数学、科学、结构学等多学科的综合性、合作性学习，极大地激发了学生的学习兴趣，有效地培养了学生的创新能力和综合素质。

3. 地区教育特色与课程改革

(1) 红色教育资源的开发与利用。

道德与法治课程与红色教育以研学旅行的方式整合推进，旨在推动学校教育与社会实践相结合，促进学生拓宽视野、丰富知识、陶冶情操，加深与自然与文化的亲近感，增加对集体生活方式和社会公共道德的体验，培养学生的自理能力、创新精神、实践能力和社会责任感，提升学生综合素质。

①小学部低年级研学的主题为"我爱外国语"。以初识学校、了解学校为课程主线，选取校内艺术中心、体育中心、餐饮中心、办公楼、教学楼、地理园、操场等场所，深入了解学校的布局结构，着力培养学生爱校如家的情怀。

②小学部中高年级研学的主题为"美丽河东区"。以初识家乡、了解家乡为课程主线，选取区内龙园旅游区、皇山东夷文化博物馆、新四军军部旧址暨华东野战军纪念馆等研学基地，深入了解临沂以及河东地理、历史、文化、经济等相关信息，着力培养学生的国家情怀、红色基因等知识、能力、德育目标。

③初中部、高中部研学的主题为"大美新临沂"。学校开发"基地＋红色之旅"研学方案，培养学生爱国主义情怀，了解老一辈无产阶级革命家的智慧和卓绝功勋，感受和平年代这一大环境来之不易。瞻仰孟良崮战役纪念碑，向人民英雄敬献花圈，追忆七十年前炮火纷飞的场景。登顶孟良崮，感受烽火硝烟的阵地争夺。山顶安排体验项目：学生推动当年战争时的独轮车，体验担架救伤员。参观张灵甫被击毙处，了解当时战役场景。走进常山村，聆听乳汁救伤员的红嫂明德英、拥军模范王步荣、舍子拥军方兰亭、宁死不屈的吕宝兰、永远的新娘李凤兰的感人事迹，感受军民水乳交融生死与共铸就的沂蒙精神。

总之，课程建设是学校内涵发展的灵魂与方向，是师生核心素养形成的不竭动力。在新一轮基础教育课程改革确立了国家、地方、学校三级课程管理体系精神引领下，学校致力于通过本项目的研究，努力打破国家统编教材"大一统"的局面，实现课程向个性化与统一化相融合迈进。

五、保障为先，多措并举

（一）组织保障

为使学校课程的推进能得到有效管理，成立课程领导小组、课程规划与审议小组、课程工作小组，负责对课程的构建、审批、实施、评价等工作。

（二）资源保障

为使课程方案能够稳步推进，选修课能顺利开设，学校在师资、经费、设备投入等方面予以充分保障。

1. 师资保障

教师队伍团结务实，骨干教师较多，特别是近几年招考的教师，年轻有为，不但具有较高的知识水平和强烈的进取意识，而且多才多艺，大多数教师在唱歌、器乐、舞蹈、书法、绘画、摄影、折纸、烹饪、篮球、足球、乒乓球、羽毛球、跳绳、毽子、长跑、写作、英语、科技创新等方面有特长，很多教师一专多能，具备开展校本课程的师资基础。

2. 经费保障

学校设立课程领导力建设项目研究专项经费，并积极协调上级支持，为项目研究提供基本物质保障。

3. 设施保障

学校总建筑面积17万平方米，校区建筑融合哈佛大学、剑桥大学、斯坦福大学等世界名校的建筑风格设计建造。所有设施设备场地均按照或超过省规标准配备，其中独立省标准化餐厅楼一座，高端学生宿舍楼八座，艺术中心（音乐、美术、器乐、舞蹈、书法等专用教室）、体育中心（篮球馆、羽毛球馆、乒乓球馆等）楼各一座，实验楼两座，大型会议中心楼一座（最多容纳1100人），室外标准化塑胶田径场一块，篮球场、羽毛球场、乒乓球场、排球场若干块，另外还设有大型洗浴中心。校园无线网络全覆盖，所有教室均配备高档班班通，七至八年级学生全部配备平板，九个信息教室（每室学生机

60台），机器人室、3D打印室、VR教室各一个，创客中心一处。教育教学场地和设施设备做到能用、够用、适度超前。

4. 社会资源

三河汇聚、青少年综合实践基地、华为大数据科技等研学圣地为课程实施提供基本保证；书法家学会等专业人士来学校义务授课，分年级开设不同校本课程，促进课程特色化发展；家长资源的充分调动，开发社会实践课程，例如医院、动植物园、龙园等，促使课程符合社会发展需要。

六、课程管理，重在"三抓"

（一）抓好常规

抓好常规是开展课程管理工作的前提。抓好常规就是指常规管理要讲究规范性和科学性。只有管理行为科学而规范，管理工作才能扎实而有效。因此，抓好常规是开展好课程管理工作的必备的前提。

1. 课程必须开齐开足，力求上好

课程在教育中处于核心地位，教育的目标、价值主要通过课程来体现和实施。教育改革的核心内容就是课程改革。目前，在新课改的大背景下，学校由于受到许多主客观条件如师资结构不合理，办学条件简陋，观念滞后等限制，在课程的管理上存在着许多难以回避的问题，尤其是受各级各类考试指挥棒的影响，对教育教学质量评价的单一性（过分强调分数），导致了学科教学的畸形发展。

为此，我认为，抓学校课程的管理，最基本的要求就是做到开齐开足，并力求上好。否则，就是对下一代人的不负责任，甚至可以讲是一种犯罪。

在学科教学的课时安排上，要严格按照课程计划的标准执行。我认为有些学科多加课时，那么落实课堂教学效率效益，就成为一句空话。这实质上培养了教师的惰性。有些人还会有这样一种错误想法，某教师教学水平低、质量差，就多安排几课时，以示"关心"，还美其名曰"笨鸟先飞"，殊不知"愈飞愈笨"，其实是坑害了教师，妨碍了他的可持续发展。因为这些教师认为，反正课时有的是，马虎或浪费一节无所谓，这就导致每节课都不能认真备、认真上。质量越来越得不到保证，甚至越来越差。所以，我认为应严格执行好课程计划，按规律办事。

2. 制度必须公正公平，追求真实

一所学校的规章制度，必须切合学校实际，因校制宜，追求"真实"。目前我们学校的制度不少，也很健全，但要认真落实，杜绝一纸空文的务虚制度。学校制度绝不是"韩信点兵，多多益善"，因为有制度执行不力，甚至不执行，形同虚设，比没有制度还要糟糕。

3. 常规管理必须常抓不懈，始终如一

在学生行为习惯的管理上，要在做好中小学生行为规范衔接工作的同时，制定小学生一日常规要求，列入班主任的考核条例。每天在值日教师指导下，学生组成一日常规检查考核小组，对发现的管理问题和好人好事，都及时公报。天天如此，常抓不懈，学生一日常规要求最终处处落到实处。如自行车排放秩序井然，中午用餐习惯良好，爱护公物蔚然成风。

（二）抓严细节

抓严细节是开展课程管理工作的关键。精彩来自细节。抓严细节，就是指采取具体的措施和方法，不仅要有认真严谨的工作态度，一丝不苟的工作作风，更要讲究精细化的操作。因此，抓严细节是开展好课程管理工作的关键环节。

1. 在早读课的管理问题上

要求讲究晨读课效益。教师按时上班辅导，明确晨读任务，指导背诵方法，留5分钟时间进行严格检查。这样有布置、有落实、有检查的做法，既减轻了教师的工作负担，又激发了学生学习的内驱力，也改变了学生被动的学习方法，培养了学生自主学习的良好习惯。

2. 在作业的管理问题上

只有科学合理地布置作业，才能真正做到增效减负。我们提倡教师手头多买几本参考书，每天做些筛选、剪贴、翻印的工作，这样布置的作业才具有针对性、实效性。有的经验提倡"教师教什么，学生学什么、考试考什么"，而现成的练习册是达不到这一要求的，因为一般现成练习册上的题目与上课内容难以吻合，只有自己根据教学内容精选的练习，才最切合自己所教的学生，才最科学合理、最有实效。题量过多，难度过大，或者没有针对性，学生整天钻在作业堆里，效果都不会好。这就好比牛皮筋，长时间拉着，到时松开都收不起来了。又好比抱西瓜，力气小的抱一个，力气大一点的可抱两个，如果硬要每个学生都抱两个或三个，到头来可能摔得粉碎，一个都抱不着。我认为，牛吃了草要反刍，学生做了作业，也必须进行反思，教师给予评析，否则就难以消化吸收。布置作业，应在练习的精选、精练、精评上下功夫。

3. 在课堂 40 分钟效益的管理问题上

在课堂教学上，我们强调教学内容重在双基，教学主要对象则要瞄准中下等学生，甚至是最后几位学生，从而切切实实地提高课堂教学效益。我认为，40 分钟效益的衡量标准，绝不是教师在 40 分钟里教给了学生多少，而应该是教会了学生多少，学生已掌握了多少。有的教师考后埋怨学生：这道题我讲了几十遍，还不会？事实上这位教师是教了几十遍，很辛苦，很敬业，但就是一遍都没有把学生教会、教懂、让学生弄通。只有树立了正确的 40 分钟效益观，在课堂上及时做好防差工作，才能真正大面积提高课堂效率。不管三七二十一，在课堂上大量教给学生、灌给学生，不考虑学生的接受程度、掌握情况，从而导致课堂上不断制造学困生，再指望到课后补差，结果只能是越补越差，收效甚微。

（三）抓实过程

抓实过程是开展课程管理工作的保障。抓实过程，就是在课程管理的过程之中，持之以恒地抓严抓好各项管理措施，始终如一地落到实处，以达到管理工作实效性和长效性的有机统一。因此，抓实过程是开展好课程管理工作的有力保障。

1. 强化质量目标意识，抓住年级工作重心

教学质量目标定位为：全面推进素质教育，大面积提高教育教学质量，同时，根据各年级学生不同特点和学习任务，一、二年级重点抓学生的行为习惯和良好学习习惯的培养，旨在夯实基础。三、四、五年级随课程增加，学习任务的加重和要求的提高，学生两极分化最严重，年级工作的重点是强化管理，做好课堂教学中的防差补差工作，尤其是防差工作。我们要求教师认真借鉴经验，力求做到"日日清，周周清，月月清"，不让学生掉队，谨防学困生队伍的扩大。六年级，面临升学的挑战，重点是抓两头促中间，大面积提高教育教学质量。我认为，在策略上，六年级是重点，但一年级是基础，而三、四、五年级是关键，因为六年级大家都较关注，质量这根弦绷得较紧，因此，六年级工作只要在战略上把握方向，在战术上一丝不苟，就不会出大的偏差。所以，我认为管理应从基础、源头和过程抓起，而不能只抓尾巴，否则六个年级就恶性循环，一个年级都抓不好。

2. 学期教学锁定四个阶段，抓严三个细节

每学期，我们锁定四个阶段，即围绕期中、期末的两次考试，每个月穿插教育教学情况调研，抓严三个细节：一是考前抓好学生的学习习惯，形成良好的学风；二是考试组织到位，形成良好的考风；三是考后分析到位，形成良好的教风，以达到反思、改进和提高的效果。这三个细节中，尤其注重第三个细节——考后的分析。通过分析，总结得失，反思前期工作，促进下阶段的工作。我们采取的措施，就班级层面而言，主要有召开主题班会，召开家长会，根据不同层次学生分别召开学生会，班主任和任课教师每次考后必须同每位学生谈心一次等。就学校层面而言，首先是成立领导小组，对各年级进行调研分析，以班级为单位，由班主任主持召集任课教师召开分析会；其次是由教导处与个别落差大的学科教师谈心交流；最后是由教导处对各年级个别薄弱学科组织抽考，弄清薄弱原因，对症下药。实行列扁平化的举措，旨在通过分析总结，肯定好的做法，改进不足之处，使下一步工作更具针对性、实效性，也有效地防止考后松懈情绪的发生。

3. 实行月考核制，抓好流程管理

推行月考核制度的目的，实际就是加强流程管理。根据期初聘任、逐级负责的制度设计，学校将每级负责人作为考核责任人，把教学常规等方方面面的工作都纳入月考核范围。学校每月召开一次教工会议，对上月考核工作进行回顾和总结，表彰先进，分析得失，同时就改进措施和下个月的具体目标提出要求。每月评选月最佳教师。

第二节 构建多维度生命大课堂

俄国教育家乌申斯基说:"教育的主要目的在于使学生获得幸福。"学校经过规划布局,构建生命教育共同体,形成庞大的育人工程,让学生得到全面发展。

一、办学思想,引领学校发展

办学目标:培养具有民族情节和世界眼光的现代化公民
校训:厚德载物,志行高远
教师的发展目标:大格局,大视野,大境界,大目标
校风:和而不同,胸怀天下
教风:爱生,敬业,严谨,创新
学风:笃学,励志,善思,进取

贴合实际,行之有效的学校文化使学校各项工作有了明确的方向和具体的目标,各项教育教学工作有序进行和全面开展。

二、推进四线四部的高效管理模式

学校推行以校级领导干部牵头负责年级组管理制度,以生命教育团队特色建设为核心,强化年级组的综合管理职能,有效调动各项目组、行政团队等高效融合,逐步形成四线四部行政管理、生命教育团队育人、项目组专项突破、志愿者团队自制、工作室辐射带动的五位一体管理格局。

三、构建多维度生命大课堂

在新的教育理念下,结合学校实际,以构建"多维度生命大课堂教学策

略",不断激发教师团队干事创业的激情,使课堂教学效果达到最优化。

(一)多维度生命大课堂内涵

多维度包含知识的生成、生命的成长、技能的培养、关系的处理。以不同的方式,用最好的效果呈现。大是指课堂容量的增大、知识面的拓宽,从而形成学生健全的人格。

(二)多维度生命大课堂结构

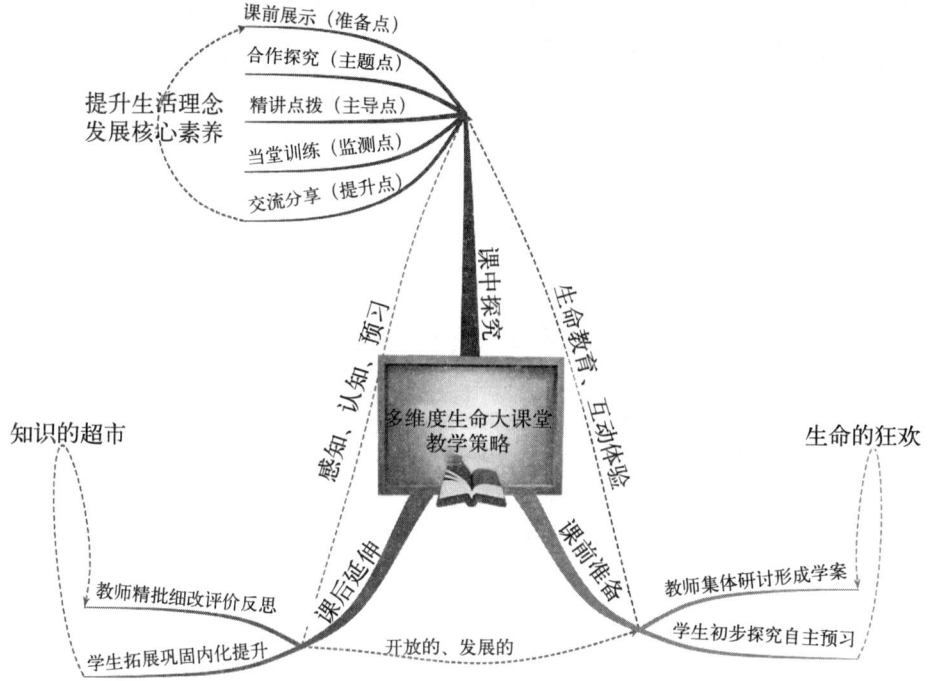

以"生命教育"为指导,以"互动体验"为手段,一切以学生为本、一切以生动教育为本、一切以生命成长为本。打造"三环五步"多维度生命大课堂教学策略,构建新时代现代课堂。

(三)多维度生命大课堂的模式

完整的课堂是指将"课中45分钟"向前后延伸,课前、课中、课后三段构成一个整体概念。课前教师"三备":编制导学案——备学习目标、备学情、备学法指导。课中教师"抓两头、促中间"——一头抓前端预习、一头抓后端反馈,促进中间的"开放搞活"。课后学生"自查、修复"——整理纠错本、整理学案，发挥课代表、小组长、对子三种作用。第一步，学案自学，找出学习困惑。教师"一查"自学进度、效果；第二步，围绕困惑对学、群学。第三步，以小组为单位，在组长组织下，"展示"学习成果，谓之"小展示"；教师"二查"展示过程在暴露的问题。第四步，教师根据小展示暴露出来的近共性问题，组织全班"大展示"。第五步，学生归位，整理学案、整理纠错本；教师利用对子"三查"对子测评。五步是课堂操作的抓手，是教之"规"，学之"范"。尊重模式便是尊重"三效"，即效益、效果、效能。

（四）多维度生命大课堂的流程

明确课堂主体（学生）→围绕导学案自学（独学）→自我发现问题（试用双色笔标出自己的学习困惑）→自主解决问题（对学、群学）→展示解决方案（组内展示与全班展示结合）→学生归纳提升（师生生成）→教师评价反馈（对子互评检测）→学生整理学案（对残缺知识修补）→课后分层训练（画知识树或者完成计时训练）。

（五）多维度生命大课堂的技法

"四评一控"操作技法。四评：1.自学三要：围绕导学案预习、自主解决50%问题、标注出疑难问题。2.课堂三看：自主程度、合作效度、探究深度。3.小组三评：互动温度、拓展宽度、生成高度。4.展示三性：展示选择近共性问题、强调展示过程中的互动性、追求生成的价值性。一控：学生主体学习过程，教师主导课堂成果。

（六）多维度生命大课堂的特征

主动性、生动性、生成性。主动性，是学习状态，"主动"会激发潜能、乐在其中、带来效益、生成能力。生动性，是追求课堂的情感价值，突出"学乐"和"乐学"，学习如饮甘露琼浆，变"怕上学"为"怕下课"。生成性，课堂要敢于变各种"句号""叹号"为"问号"。追求"主体多元"，鼓励不同见解，让思维激荡思维，让思想冲撞思想，让方法启迪方法。

（七）多维度生命大课堂的要求

团队合作：异质同组、同质结对，分组合作、生生互动兵教兵。学习"三式"：独学、对学、群学。课堂"三宝"：活页夹、双色笔、纠错本。教学"三环"：预习、展示、反馈。导学案是路线图、学情调查是教学起点、达标测评是结果。教师主导：精讲、点拨，及时评价、师生互动师亦生。模式之"神"：注重模式、不唯流程。

（八）多维度生命大课堂的灵魂

相信学生，解放学生，利用学生，发展学生。相信学生是"师德"，解放学生是使命。以"改"促进"新名校""新名师"的成长、成名、成家；用"新课堂"为当代学校注入"新血液"；让教育体现出应有的尊严、散发出生命的活力；让教师感动教育生活的幸福，让学生尽享成长和发展的快乐。

四、激发学生潜力，构建四大生命课程体系

在 2018 年 9 月 10 日召开的全国教育大会上，习近平总书记强调，在党的坚强领导下，全面贯彻党的教育方针，坚持马克思主义指导地位，坚持中国特色社会主义教育发展道路，坚持社会主义办学方向，立足基本国情，遵循教育规律，坚持改革创新，以凝聚人心、完善人格、开发人力、培育人才、造福人民为工作目标，培养德智体美育劳全面发展的社会主义建设者和接班人，加快推进教育现代化、建设教育强国、办好人民满意的教育。

为响应习近平总书记的号召，更好地满足学生的兴趣和需要、促进学生的个性发展，有效提高教师的业务潜力和课程开发水平，结合学校实际，开发了贴合学校校情的系列校本课程，以弥补国家课程和地方课程的不足，培养学生广泛的兴趣爱好，发展个性特长。

学校结合《山东省普通高中新课程实验工作方案》对校本课程体系构建的基本要求，以学校办学目标和育人理念为起点，做了学校课程总体设置。

1. 学校课程的基本内涵

以培养大格局、大境界、大视野、大目标，具有民族情结、世界眼光的现代化公民为目标，以生命教育作为课程设计的最高价值取向，以国家课程为中心构建生命课程、文化课程、学科课程、学法课程四大体系。

（1）生命课程体系。用习惯课、健康课、体能课、安全课、劳动课、规划课、科学课、技能课、礼仪课、成长课等课程，让素质教育思想落地，让学生具备健全的体魄和健康心理，掌握必要的生活技能和慎独能力，树立正

确的劳动观、科学观，培养学生良好的人文素养。

(2) 文化课程体系。学校将德育活动课程化，包括感恩课、民俗课、家史课、党史课、环保课、游学课、团队课、地理课等，涵养学生的综合道德素养。

(3) 学科课程体系。学科课程是学校课程的核心课程，在理解课程标准的基础上，设置便于教师操作的学科课程体系。我们的课程体系是"国家课程—校本课程—师本课程—生本课程"，同时把语文、数学、英语、音体美等学科分别划分为基础性课程、阅读性课程和实践性课程三大类别。

(4) 学法课程体系。它包括行为标准、组织合作、展台展板、方法途径、评价激励、技术使用、资源整合在内的各种方法、技能和规范。

2. 学校课程的总体设置

课程体系	课程领域	课程模块	课程目标指向
国家课程	学科必修课程	数学；语言与文学，人文与社会；科学与技术；体育与艺术	学科基础
	学科选择性选修课程（I）		
文化课程	生活性课程	传统文化；主题教育活动；仪式教育等	公民必备素质
	生存性课程	应急自救；生存体验，体育俱乐部活动	
	生态性课程	现代礼仪；校内服务；社团活动	
	生涯性课程	生涯规划通识，大学专业设置	
学科课程	综合实践类活动	德育实践；素质拓展；研学旅行；军事训练	拓展知识；研究能力；创新意识；智慧成长
	知识拓展类课程	竞赛课程；研究课程；AP课程；高段引桥等	
	职业体验类课程	周末讲堂；仿社会组织活动；体验父母的职业；热点论坛等	
学法课程	兴趣特长类课程	社团活动类课程，科学探究	兴趣爱好；学习能力；人格成长
	标准化学习类课程	各学科标准化学习指导（八大标准）	
	深度化学习类课程	各学科深度学习指导	

3. 学校课程的总体结构

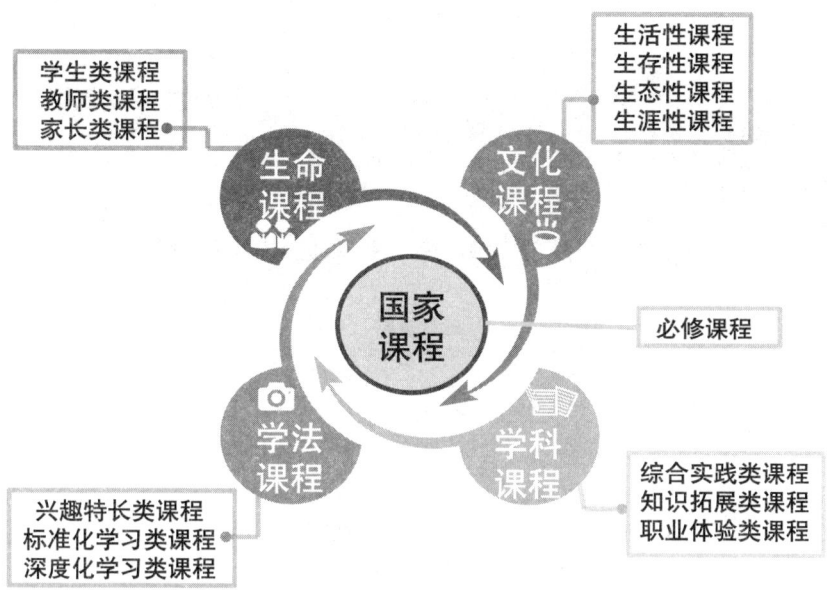

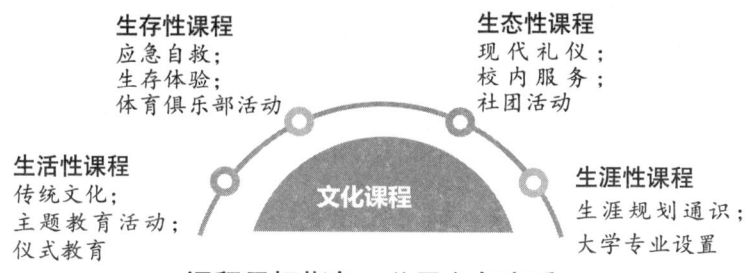

课程目标指向：公民必备素质

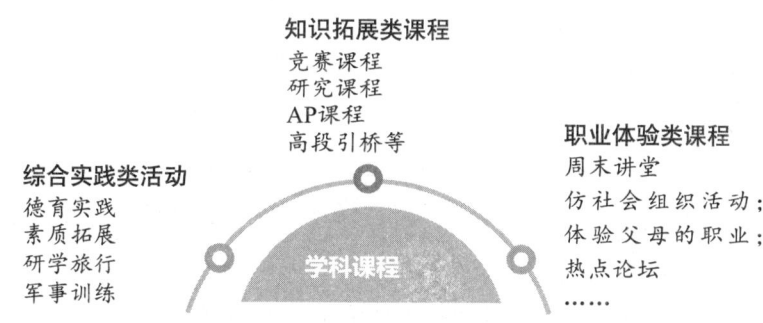

课程目标指向：拓展知识；研究能力；创新意识；智慧成长

课程目标指向：兴趣爱好；学习能力；人格成长

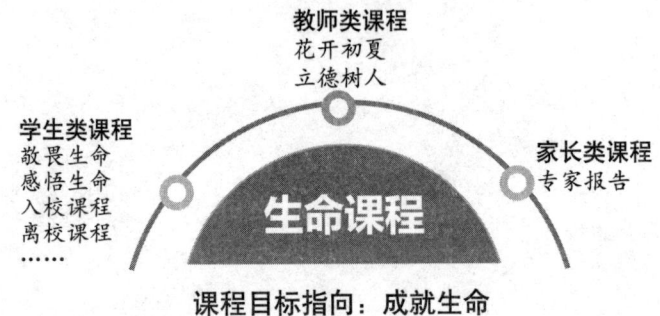

课程目标指向：成就生命

五、聚焦生命课堂

课堂教学是学校教育教学活动的基本组织形式，是学校教育的主阵地，学校引领教师、躬身实践，聚焦多维度生命大课堂，实现深度学习，助推核心素养落地。

（一）多维度生命大课堂策略

1. 多维度生命大课堂互动教学策略，是以生命教育为主导，以互动体验为基本手段，以自主程度、合作效度、探究深度、生成高度以及目标达成度的评价为着力点，体现课堂的主动性、生成性、生动性，实现对每一位学生个体（生命体）"尊重、欣赏、成就"的校本教学策略。该策略的核心在于：相信学生、解放学生、利用学生、发展学生，一切以学生为本（生命、成长、幸福、个性、需要）。该策略是校本的、开放的、发展的理论体系，是学校构建基于生命教育的多维度大课堂的主要依据。

2. 多维度生命大课堂策略中的"多"体现了学习目标的多维，学习方式的多维，学习空间的多维，体验收获的多维，生命元素的多维；"大"则体现了课堂的大容量、多思维、高效率。

3."生命教育为主导"，是指在教育教学中充分尊重生命的独特性，善待生命的自主性，理解生命的生成性，关照生命的整体性。多维度生命大课堂的目标是让课堂充满生命的气息（生成性），让生命的活力充盈课堂（生动性），让智慧的花朵尽情绽放（主动性）。

（二）建构"生命课堂"理念下的问题导学模式

1. 核心理念

目标导引、问题导向、合作交流、成果展示。内涵诠释："生命课堂"问题导学模式，以提高课堂效率、发展核心素养、提升生活品质为目标，实施课前、课中、课后三环节创新行动，以"目标导引"为核心，"问题学习"为主线，以自主预习为基础，以合作学习为手段，在发现问题、生成问题的基础上，开展师生合作探究学习，进而实现学习目标的一种学习方式。引导教师理解学会游泳知识与会游泳是两回事，课堂上尊重生命、培育生命、欣赏生命、成就生命，使课堂成为教师和学生知识、能力、思想、智慧共存共生的舞台。

2. 操作流程

课前：自主预习（预学点：带着问题、自主学习）→课中：问题生成（准备点：预习展示、提出新问题）→问题探究（主题点：自主探究、合作探究）→问题解决（主导点：展示交流、精讲点拨）→当堂检测（监测点）→课后：课后延学、内化提升（延学点）

3. 行动要素

	环节	学生	教师
课前	问题发现	利用学案自学，找出学习困惑，学生围绕困惑对学、群学	课前备课，进行文本预设，推送预习任务给学生自学；教师"一查"自学进度、效果，批改或组织学生互批，搜集进行二次备课
课中	问题生成	"小展示"，即由组长组织学生在小组内"展示"预习成果；完成问题生成	"二查"展示过程中暴露的问题、以学定教。听取学生汇报，筛选提取有效课程资源，指导学生梳理困惑、整合问题，提出主问题

续表

环节		学 生	教 师
课中	问题探究	围绕主问题、根据教师学习提示,自主探究、合作交流	进入小组、有效指导学生探究性学习,随时了解学习动态
	问题解决	小组代表汇报,展示学习结果,交流学习心得,进而实现组间交流,解决部分问题	捕捉暴露出来的近、共性问题,组织全班"大展示"科学指导,精讲点拨,解决学生困惑疑难问题;当堂检测,及时纠正错题,进行个性化评价
课后	巩固运用	总结学习过程,整理学案、纠错本	利用学生对子"三查",即对子测评
		完成教师推送作业;查找自己感兴趣的相关书籍或活动进行有效阅读探究	创设多样化的训练情景,推送学生作业及阅读资料,提高学生归纳整理、运用知识技能的综合能力

(1) 关注"主问题"的"准"。

通过课堂诊断,我们发现问题探究的深度不够,我们青年教师的课堂现状是扫射式讲授与浅表化问答(随意的连问、简单的追问、习惯性的碎问)。因此,关注牵一发而动全身的"主问题"的设计在课堂学习中显现着"以一当十"的力量。

上学期聚焦了什么是"主问题"?为什么关注"主问题",引领教师明白:学习活动均是围绕问题进行的,问题的质量决定了学习的深度和效果,通过主问题设计,引导学生的学习逼近知识的"核心地带";本学期从如何设计"主问题"以及"主问题"的解决途径两大板块关注"主问题"。

(2) 关注合作学习的"深"。

"主问题"解决的路径——合作学习,《学记》中说"独学而无友,则孤陋而寡闻"指的就是合作学习的优势。生命课堂推进中,我们发现合作的深度不够,于是,我们进行合作学习培训,关注合作学习的深度,聚焦生命课堂。

① 优化小组建设:从小组构建,文化建设,小组评价,小组长、主持人、各学科各环节引导语培训,关注合作学习的深度,聚焦生命课堂。

② 完美教室助力:"你追我赶"栏目,包含学习习惯的课前预习、合作探究、成果展示、读书、写字、检测等;行为习惯的两操、路队、纪律、卫生

等；教学、政教、少先队活动等，记录一周内每一组、每一位同学的情况，一周结束后，利用班会时间，总结反思，汇总到小组周评价表。学期中、学期末进行小组＋个人捆绑赛；每周一总结一评比的小组争霸赛。

③梦想超市加油：每学期合作学习个人＋团队的积分兑换。

(3) 关注课例研修的"活"。

借力课例研修"351"诊断课堂教学："3"，即三课：即骨干教师上好示范课，青年教师达标课，其他教师人人一节亮相课。为了减轻负担，集体备课一般提前安排，并将三课有机整合到集备计划中。"5"即课例研究"备、讲、说、评、改五环节"。"1"即说课答辩，每学期至少一次说课答辩。总之，致力于通过"351"课例研修诊断教学目标认定准不准，目标落实到位不到位，目标达成度高不高。

(4) 关注集体备课的"实"。

①加强备课组建设。

借力专家引领、区级教研、校际联盟（与三小联合阅卷）、校本教研等方式，加大备课组组长培训力度，重点围绕新课程改革带来的系列变化和要求，分期分批组织相关教师外出培训学习，结合学校实际，提前谋划，做好应对提升准备，推进备课组组长团队建设，提升基层教研水平。

②夯实集体备课。

立足"素养"，"问对"集体备课，重点解决"教什么""怎么教"与"教得怎么样"等问题，学校实施"454"集备模式，夯实集体备课，聚焦"生命"课堂。

"4"集体备课4定：定时间；定地点；定内容；定人员（包靠教干、主备人）；"5"，即集体备课5关注：关注课标解读、关注目标叙写（包括知识点梳理）、关注课例研究、关注"主问题设计"，关注作业设置；集体备课4跟踪：包括备课组集备准备跟踪；教研组集备过程跟踪；先导课课堂跟踪；达标跟踪（作业与检测）跟踪。备课流程：人人主备（初案）→集体研讨＋课例研修（共案）→课堂实践（个案）→教后反思。

(5) 关注教学常规的"细"。

教学常规，是学校教学管理实施的基本条例，是教师完成教学工作应遵循的基本原则。因此，按常规要求进行教学和管理，是学校完成教育教学目标最基本的措施和保证。具体措施：

①三个动作激活常规：教学常规实施套餐制，包含区教研室、学校规定动作、教研组自选动作、个人创新动作，激活常规。力求做到作业"三规范"：一是规范总体机制。构建作业设置（备课组）、作业审控（教研组）、作业落实（科任教师）、作业展评（教导处、学科组）四大机制，由教导处（学科组）、年级组（备课组）双线落实。二是规范作业设置。作业由备课组先周集备确定，集备时形成下一周的作业清单，内容主要来自教材和自主学习，作业要分层（必做题、选做题）。三是规范作业审控。先周作业清单由备课组组长确认，教研组组长审核，教导处督查，培养良好的作业习惯。

②三级监控夯实常规（各学科）：借力常规教研室，夯实常规，开展常规评比、常规研究、常规学习等活动，实施三级监控，搭建自我反思、组内交流、校内展示的平台，引导教师明确常规的落实要从基本的、基础的点点滴滴做起，明白常规落实与教学质量的关系。

(6) 关注评价视角的"新"

为了深入推进多维度生命大课堂，教学评价关注六个"转型"：评价从"单一"转向"多元"评价目标的转型，教师到导师教师角色的转型，教学到导学的教学方法的转型，评教到评学的评价主体的转型，研教到研学研修重心的转型，从"形式"转向"效果"的评价重点的转型，凸显教学评价视角的"新"。

最终，通过深入推进多维度生命大课堂，实现让预习成为课堂教学的基础，让体验成为课堂教学的常态，让指导成为课堂教学的升华，让教育回归本真，让校园回归常态，让课堂成为师生知识、能力、思想、智慧共存共生的精神家园。

第三节 打造优质高效课堂

学校遵循"文化立校、科研兴校、质量强校"的工作思路，制定了"一核四翼"的教学工作方针,即紧紧围绕质量提升这个核心,以课堂改革、常规建设、科研融合、教师专业发展四个方面(四翼)为突破口,进一步发展学生核心素养,全面提升学校教育教学质量。

一、进一步打造优质高效课堂

进一步打造优质高效课堂,向课堂精准教学要质量。课堂是学校教育教学实施的主阵地,是学生学习发生的主场所,也是师生共同成长、彰显个体价值的生命场。学校确立"以生为本,学为中心"的课堂教学形态,深入贯彻"先学后教,以学评教"的教学理念,积极落实课堂实效教学的基本规范。在此基础上,赋予课堂"生命"的意义,提炼出基于生命教育的多维度大课堂教学策略,并在全校三个学段推广实践。

1. 聚焦教学策略解读,构建多维度生命大课堂

多维度生命大课堂策略,是以生命教育为主导,以合作、体验为基本手段,以生成性、生动性、主动性为主要特征,体现"尊重、欣赏、成就"等生命价值的校本教学策略。其策略中的"多"体现了学习目标的多维,学习方式的多维,学习空间的多维,体验收获的多维,生命元素的多维等;"大"则体现了大容量、多思维、高效率。多维度生命大课堂的目标是让课堂充满生命的气息(生成性),让生命的活力充盈课堂(生动性),让智慧的花朵尽情绽放(主动性)。多维度生命大课堂的评价要重点关注自主的程度、合作的效度、探究的深度、生成的高度以及目标的达成度。多维度生命大课堂教学策略是校本的、开放的、发展的体系,我们在日常教学实践中还在不断总结完善着。

2. 聚焦学生和学科核心素养,转变课堂教学方式

一是通过多维度生命大课堂策略的学习与实践。教师们的课堂正在发生着悄然的变化:以学为主,先学后教;小组合作,自信展示;体验生成,敢于质疑;尊重欣赏,分享成就。课堂形态的转变,反映了教师们的学生观、教师观、课堂观、教育观在转变,传统的师生关系彻底颠覆,作为生命个体的学生的潜能被彻底激活。在生机盎然的多维度生命大课堂的滋润下,学生们越来越喜欢课堂,越来越喜欢教师,越来越喜欢学习。二是名师个性课堂逐渐梯队呈现。遵循"不同生命个体绽放不同生命色彩"的生命教育原理，在多维度生命大课堂策略的统领下，教师们践行策略但是不唯模式，每个人都在积极构建自己的个性化生命大课堂，在课堂上多维度体现"尊重、欣赏、成就"等生命教育元素，积极落实有激情、有个性、有创新、有设计的"四有"原则，努力实现课堂的大容量、多思维与高效率。在这样的氛围下，一批特色鲜明的个性课堂脱颖而出，如田润萍的田园课堂、杜宝春的本色课堂等。三是语文主题学习实验在学校落地开花。在全力推行多维度生命大课堂策略的基础上，学校快速改变传统语文教学方式，坚持推行语文主题学习实验。在学校语文主题学习项目组的引领下，语文实验课改规范有序发展，积极倡导"一课一得"，课内大量阅读，高效教学，注重整合，适当延伸，精讲巧练，重在习得。在课程实施的方式上，我们采用的是"基于文本的阅读讨论"，阅读文本不仅限于教科书，教科书以外的相关书本（包括绘本）以及其他与之联系紧密的新闻、非连续性文本，都可以选择。近年来，为了促进实验项目又好又快发展，我们积极邀请市区教研室及兄弟学校专家到校指导，也外派教师外出参赛历练或学习，还积极承办各级语文主题实验研讨活动，如第四届全国小学"语文主题学习"实验课堂教学竞赛决赛本学期在学校成功举行。学校还依托学校丰厚的图书资源，先进的图书馆、阅览室等硬件条件，定期向学生开放图书馆、阅览室，全力推进形成"大阅读"格局。通过语文主题学习实验项目，学校涌现出了司国栋、郑奇飞、崔玉宁等一大批语文教学高手，其中司国栋老师曾获全国语文主题学习课堂大赛特等奖，现在经常受邀到其他省份送课。在2018年11月27日结束的开发区首届"语文主题学习现场作文大赛"中，学校有39人参赛，6人获特等奖，11人获一等奖，12人获二等奖，总评第一名。

3. 聚焦信息技术与课堂教学深度融合，培育智慧课堂

学校加强教师教育信息化应用能力培训，鼓励教师利用信息技术开展启发式、探究式、讨论式、参与式教学，促进信息技术与教育教学的深度融合。

一是云平台助力教学。学校按照市教科研中心部署在拓普公司对教师进行了全员轮训，同时充分发挥临沂智慧教育云平台、和博士测评系统的作用力，尝试实施电子备课，实现人人通资源共享，把网络集备教研教管落到实处。学校成功承办了全省的基础教育信息化现场会，学校的云平台教学、教研、教管展示汇报得到了与会者的一致好评。

二是智慧课堂初显成效。学校组建智慧课堂技术研究室和成立信息技术与课堂教学深度融合项目组，用来指导全校的智慧课堂建设。本学期，学校七年级八个班级全部使用平板学习。借助平板可以尝试在线课堂、录播、移动app教学等新型教学模式，解决学情数据采集、智能批改、学情动态诊断与个性化补救等关键问题，形成课前、课中、课后一体化教学及评价体系，全面打造翻转课堂。在信息技术与课堂教学深度融合项目组及智慧课堂技术研究工作室的引领下，教师们积极学习平板使用技能和课堂翻转理论，积极实践信息技术与自己课堂的融合。目前，全体七年级教师已经都能使用平板进行教学，学生也已经习惯了这种学习方式，课堂翻转教学效果初步实现。高蕾老师代表学校教师在全省现场会上执教公开课，高蕾、李静两位老师在刚刚结束的临沂校际联研赛课中分获特等奖、一等奖。

三是优质资源助推教学。学校继续在课堂教学中融入洋葱数学、英语口语100等优质教学资源，借助学校先进的电子白板一体机等信息化设备，轻松实现课堂教学的大容量、高效率。学校初中部从七年级开始，就一直坚持实施"洋葱早读"。在日常教学中常态化使用洋葱数学助力教学，从视频的录制到学案的印刷都进行精心准备，将微课与习题相结合，帮助学生轻松高效学习，实现线上与线下混合式学习模式，让学生更好地理解数学、爱上数学。"洋葱早读"：备课组所有教师积极商讨，精选视频、编制导学案，学生在"洋葱早读"前一天，导学案试做，早晨看视频解惑，看视频后补做，任课教师批阅⋯⋯为了推广"洋葱早读"，张校长亲自发起并参加八年级"洋葱早读"观摩现场会。这批学生经过一年多的"洋葱早读"，绝大部分学生变得乐于探究、勤于思考了，主动学习意识更强了，获取新知识的能力、分析和解决问题的能力都变强了。

4. 聚焦课堂监管措施，促进课堂向纵深发展

一是学校制定并实施挂牌上课制度，每一位教师每学期至少上一次研讨课，具体由教导处组织，教师们跨学科、跨学段、跨年级听评。二是各级部各学科每周组织一节学科研讨课，轮流进行，确保课堂研讨成为常态。三是学校实行推门听课制度，每一位教干都要随堂听课，每次听课后同时检查备课和作业。四是学校实行教学口教干每日巡课制度，做好巡课记录。本学期，校长亲自参加各项课堂监管活动，带动校委会、教导处、年级领导主动走进课堂，以多种形式与教师一起切磋课堂技能，共同促进多维度生命大课堂构建。

5. 聚焦课改成果，生命大课堂成效初显

学生方面：一是学生的精神风貌好，阳光、健康、自信，来听课的领导教师对于学生课堂的表现都赞不绝口。二是学生的综合素养高，学生们课堂上的能力历练最终换来他们在各种比赛竞技场上的累累硕果。教师方面：在学校的课改大氛围下，每一位教师都以能上课、上好课为荣，对于各级各类课堂比赛活动都争着参加。

二、全面推行教学精致化管理

全面推行教学精致化管理，向教学常规要质量。学校全面落实教学基本规范，强力推行教学精致化管理，加强对教学常规的业务监管，加大教学全过程的"严、实、细、精"的监控。加强对备课、上课、作业、辅导、检测、培优补差等六个方面的常规管理，促进教学各环节的规范有效，向教学常规精致化管理发展。为落实好教学常规工作，学校成立了由教导副主任牵头的教学常规项目组，在项目组引领下，学校建立了定期与不定期的常规检查和巡课制度，把教师执行课程计划、精心备课、按课程表认真上课作为平时教学工作检查的重点。每学期的期初、期中、期末，学校集中组织对全体教师的学习、备课、作业批改、各种活动记录、总结等内容详细检查评估，除此以外还以年级为单位组织常规周抽查、月检查活动，检查结果都作为教师学期工作量化评估的主要依据。

1. 备课管理，强化一个"实"字

学校创新设计备课模板，提倡问题引领、简洁化备课；突出抓好个人备课与学科组集体备课的有效结合，落实"集备前人人个备，集备时互通对改，上课时适时调整，上课后反思再改"的备课上课流程；严格落实先周备课，严格落实先周备课盖章验收制度，落实集备时记录表上签到、记录表后附集备照片的要求，确保集备落到实处。我们推广了八年级数学组的"双线实效集备"举措，即学科组除了半天集备日在工作室活动外，通过建立QQ集备群，随时随地在集备群内共享资源、同步教学要求、补充修改讨论题目等，大大增加了集备的同步性与实效性。在认真抓好集备、个备的基础上，还引导教师进行了云平台电子备课的尝试。

2. 课堂监控，讲究一个"严"字

实行年级实体监控与学校巡查指导的双线体制，严格落实教干推门听课及教干每日巡课制度，定期或不定期地对教师的课堂教学行为进行督查，倡导班主任和家长跟班听课。

3. 作业优化，控制一个"量"字

严格控制学生课业负担，要求作业适量布置，有选择地布置，实行年级审批制度，借助年级QQ群及时进行公示与调控。严格作业精选精制，切实提高作业的针对性、有效性。积极要求作业设计层次性，创新作业内容和方式，教师先做题再布置，运用云平台或平板推送个性化或可选择性作业。生物团队继续拓展学生校外实践作业的形式，如生态瓶制作、细胞模型制作、认识大自然等。七年级借助平板已经实现了作业网络推送、大数据诊断补偿的优化。

4. 课后辅导，坚持一个"恒"字

实施全员导师制，帮扶工作遵循"先查病，后治疗，再进补"的原则，做到"三补五多"，即补态度、补方法、补知识，课堂多提问、课后多辅导、平时多谈心、练习多面批、方法多指导。突出落实"全员育人导师工作手册"要求，坚持全员育人、全程育人、全方位育人。

5. 阶段检测，落实一个"时"字

充分发挥考试评价、质量检测的导向作用和诊断、反馈、矫正功能，狠抓考试后的质量分析和学生辅导，精准制导，以考促学。严格规范日常考试，杜绝过多过滥的过程性考试，提高考试效能与质量。各学科重点抓好"当堂达标、单元过关"，实现"堂堂清，周周清，月月清"，确保学生一课一得、一单元一过关。每学期除组织期中、期末两次质量调研外，还积极开展单元过关检测与月度自我调研，要求"发必收、收必改、改必评、评必补、当日测当日批"，即学科及时统一检测、教师及时批阅反馈、学生及时纠错反思、错题及时再现补偿。根据多年的教学工作经验，学校形成了"成绩分析会商制度"。包括：年级教学主任整体分析（年级分析会）—个人自我分析（会后自我反思）—备课组长学科分析（专题集备会）—班主任班级分析（班级会商会）等几个环节，运用该流程开展质量分析，确保随时掌握各学科教学过程中的质量变化，以便及时采取补救措施，引导学生及时巩固与补偿知识，进一步提升学习能力。

6. 培优补差，追求一个"效"字

培优补差是学校教学质量提升的关键措施，突出抓好尖子生培优班级组建，学困生及偏科生个别帮扶的落实。各部各年级都有自己的培优方案，组建部分尖子生的虚拟班级，安排各学科最优秀的教师，每周固定时间、固定教室进行拓展、拔高训练。同时还借助党员联系学生机制把学困生分配给每一位党员教师帮扶。

三、强化教科研能力建设

强化教科研能力建设，向教学研究要质量。学校成立以教科室为龙头、小初高各学段为组员的教研团队。教科研项目组以课程与教学改革为重点，以解决问题提升教育教学质量为目的，以主题或项目研究为形式，对学校各学段教育教学过程中的问题进行研究。学校在区教研室的指导下，高标准建设了六口学科工作室、一口常规研究室、六口名师工作室、两口教学研究室、十二口项目组工作室，初步形成独具特色的教科研阵地，分别从学科集备、常规研究、名师引领、课堂演练、项目推进、技术支持等多维度进行教研机制创建，满足了学校多维度抓教研、用科研引领教学的目的。

1. 大力开展校本培训

每周至少拿出一个课时，对全体教师进行校本培训，内容可以是理论学习、师生点对点帮扶、新老教师结对帮扶、命题讨论、同伴报告、专家引领等，形式可以全校集中学习，可以以级部为单位，也可以以学科、班级任课教师等为单位。学校的校本教研内容除了市区相关教学质量提升的文件外，重点常态化开展了学课标、考课标、说课标、用课标的校本教研活动。

2. 倡导常态听评教研

学校高标准新建课堂教学研究室以及录播室的常态使用，为教师和学生搭建了研课、磨砺课堂技能的新平台，进一步营造了全体教师"聚焦课堂"的浓郁氛围，帮助促进校内外课堂教学交流，教师之间相互评课、议课，互相学习，相互借鉴，助推了学校教师的专业成长。在规范课堂、推进课堂改革的过程中，学校大力倡导教师积极参与常态课听评，落实听课"四个一"要求，即发现一个亮点、找到一个缺点、给出一个建议、撰写一个小记。学校全员发动，把所听常态课作为集备研讨的范例，以问题作为引领，人人参与课例研究，掀起以课例研讨为核心的自主校本教科研活动热潮。

3. 立足"两室"常规教研

学校把集备室按年级建设改为按学科建设，并改集备室为工作室，积极打造学科工作室文化，让学科工作室真正成为教师集备、研究、合作、提升的主阵地，是学科团队的"竞争场""练兵场"，是教学相长的"研究场""交流场"，其核心价值就是"以研促改、以研促教、以研促学"。我们对学科研究室的职能主要确定为三条：一是研究课标，用课标引领课堂；二是研究策略，用策略指导课堂；三是研究集备，用集备预设课堂。教学常规研究室的主要功能定位：实、新、展、促，"实"就是从实效出发夯实各项教学常规，"新"就是不断创新、改进常规形式、内容及管理机制，"展"就是优秀常规材料及创新做法的展评，"促"就是通过展评促进教学常规规范、优质发展。

4. 做好教科研一体化的文章

学校积极响应市区教科研部门各项教学、教研活动要求，借势推动学校教科研一体化工作。近年来，区教研室本着教科研工作重心下移的原则，积极扎根参与学校的学科教研，不断出实招助力学校质量提升，特别是教科研联合体、教研员包校两项举措，及时、有效地帮助学校解决了"会教不会研、研教两张皮""重教轻研"等顽疾。区教科研联合体于2017年8月成立，是一支由区教研员和学校的教学优秀教师组成的队伍，学校各学科都有骨干教师被选为联合体成员，他们积极参与联合体组织的各项培训、主题研讨、校际联研等活动，较好地发挥了骨干教师在校内、校外的辐射引领作用。在教科研联合体活动氛围的感召与包校教研员的悉心指导下，学校很多教师都变得愿意研究、更加注重总结与反思了。日常教学中，教师们在教中研、在研中教，以问题为导向，以个案研究为抓手，研究策略，研究课标，研究学生，研究课堂，研究命题……以研究的方式去解决教学中的每一个问题，形成了浓浓的教科研氛围。

5. 积极开展教学课题研究

教研即教学，教学即课题。我们倡导教师们在认真上好课的同时，积极开展各级课题研究。学校目前在研课题有省级课题三项、市级课题一项、区级课题九项。同时，根据区教育局文件关于逐级申报课题的精神，以学校教学改革为基本研究对象，为及时解决教学改革过程中出现的新问题，积极开展校级课题研究。校级课题的特点是切口小、范围广、方向明、周期短、投资少、收益高。引导教师树立问题意识，强化问题即课题的观念，引导年级、备课组、学科组、教师个人从"是什么—为什么—怎么办"三个环节研究课堂教学中遇到的问题。鼓励人人参与课题研究，掀起以问题研讨为核心的自主校本教科研活动热潮。为此，学校依托各个项目组确定大（校级）—小（年级）—子（备课组）—微（个人）四级课题。刘中伟副校长带头确立校级课题"多维度生命教育大课堂教学策略研究"。各级部、年级围绕学校大课题开展年级课题研究，如小学部"小学经典诵读研究"、七年级的"平板教学与课堂教学的有效融合研究"、八年级"教师个体主动反思策略研究"、九年级"关于培优培尖教学策略研究"、高一年级"班级管理中的生命教育研究"、高二年级"学科核心素养的培养与研究"。备课组和学科组根据年级的研究目标确定组内子课题，教师个人根据备课组和学科组的研究目标确定个人研究的微课题。

6. 解决好研训结合的问题

人人参与教研，人人必须参与培训。学校大力支持教师参加上级教育主管部门组织的教师培训、学习及各级各类课堂教学展评活动。为了让每一位教师在教研与培训中不断提升自己的专业水准，学校小初高三个学段均参加了区教研室组织的外出"寻标"学习活动，小学去南京玄武，初中去泰兴洋思，高中去河北衡水。通过学习，更多的教师开阔了眼界、更新了理念，有力地助推了学校教学工作。同时学校也积极承办各级各类教学教研活动，为教师搭建更为广阔的学习平台。

四、促进教师专业发展

促进教师专业发展，向优质教师队伍要质量。教学工作的关键在教师，教学质量的提升在于教师素养的持续提高。一所学校要想保持教育教学质量持续、高水平发展，就必须建立一支优质、稳定的教师队伍。学校历来重视教师队伍建设，鼓励教师专业发展。目前学校骨干教师较多，其中有省级能手1人，省特级教师2人，市能手23人，国家级讲课比赛一等奖2人，省级讲课比赛一等奖7人，市级讲课比赛一等奖47人，除此以外，还有一大批区级能手和讲课一等奖获得者。这样一个优秀教师团队，在平时的教学教研过程中起到了很好的辐射带动作用。

1. 高标准规划建设名师工作室，以名师工作室为龙头引领青年教师成长

学校从2017年下半年开启了名师工作室的创建工作，目前已经建成以省、市级骨干为核心的田润萍名师工作室等6个。学校采取的是线上线下同步建设、同步推进的做法，线下统一规划建在学校综合楼四楼，线上则借助智慧教育云平台创建。各工作室在线上开展课题研究、教学研讨、教师研修等研究性活动，在线下则按年度计划组织各种学科实践性活动、教师专业成长报告会、名师引领课等互动交流活动，线上线下各种研究活动、实践活动互相补充，共同推进工作室建设向规范化发展。各工作室运行机制日趋成熟，工作室各层级成员的专业素养都得到进一步提高。学校已初步实现了"从一位名师引领发展到一批骨干教师的成长，从一批骨干教师的成长带动更多青年教师的成长"的目标。在2017年的市区兼职教研员评选活动中，学校有4人被评为区兼职教研员，28人被聘为区学科中心组成员，11人被评为市兼职教研员。2018年，学校的生物名师工作室主持人田润萍赴西藏"送教"，思品青年名师郑健去德州"送教"，数学名师李彬然去菏泽"送教"，化学名师陈现金在临沂"送教"，语文青年名师司国栋更是多次受邀去新疆塔城、广东清远、深圳福田、河北雄安、广东汕尾等地送课。

2. 设立"百家讲坛"和"名家讲坛",由名家、专家引领青年教师成长

学校广泛邀请知名专家学者和社会名流精英等来校讲学,内容涉及文学、教育、哲学等方面,注重品位高雅、见解独特、思想深刻,与师生的兴趣和接纳程度相结合,达到启迪教学思维,塑造高尚师德,弘扬先进文化的目标。我们邀请了山东高考情报研究院孙敬文教授到校作"山东'3+3'新高考改革暨学业规划"主题报告。邀请了著名学者、北师大教育基本理论研究院肖川教授来学校讲学,肖教授作了"生命教育与师生的幸福人生"的精彩报告。学校设立"双坛"的初衷是为优秀教师、名师提供展示自我、成就自我的舞台,倡导教师们不断提升个人专长,尽快实现从"普通教师"向"优秀教师"再向"名师"的完美晋级蜕变;同时也想铸造一种"创造—分享—共成长"的学术研究文化,来丰富善水文化的内涵。当然,我们也积极倡导不同层次的优秀学生走上讲坛,绽放青春,分享智慧,成就更好的自己。"双坛"的设立,极大地丰富了学校的课程内涵,促进了教师的专业发展,提升了学生的整体素养,为培养更多个性鲜明、创造力斐然的高素质学生奠定了基础。

3. 继续深入开展"青蓝工程",大面积促进青年教师成长

除了借用名师工作室的引领辐射作用,学校还持续开展了"青蓝工程"建设,以更多的骨干教师点对点帮扶为目标,加大对青年教师的培养力度。为此,我们采取了如下举措:一是师徒结对。师生签署结对协议书,明确各自职责与义务,捆绑评价,携手共进。二是青年教师必须先听课再上课,听完课后再进行备课修改,然后再独立上课。三是师傅每周至少听评徒弟一节课,并结合课例手把手对徒弟进行上课指导。四是教导处和年级为青年教师搭建课堂展示舞台。从示范课到研讨课,从研讨课到还原课,从还原课再到展示课、优质课,课堂听评贯彻学期始终。

4. 制定坚实的政策保障机制,确保优秀青年教师留得住

近几年,受大环境影响,学校的教师也出现了短缺现象,我们也多种形式聘用了部分教师。目前学校教师有在编、区编、校聘三种形式。我们对这三种形式的教师总的原则是一律平等对待:一经录用,工作安排一样对待,晋级表彰一样对待,学习培训一样对待,表决意见一样对待,工会福利一样对待等。正是这些一样对待，吸引了更多优秀青年教师争着应聘学校并能够认真稳定工作，为学校质量提升做贡献。

另外，完善激励机制，向教育公平公正要质量。针对学生，实施全员奖学金制度，除了每学期两次的大型表彰活动外，平时还要依据学生的各项活动参与情况作出各类评选与奖励（如学习标兵评选，最美中学生评选等），为学生树立身边的榜样，进一步激发学生学习的积极性和主动性。针对教师，增加教学质量在千分制考评中的权重（400 分），在市区质量奖基础上增设校级质量奖，质量优者可享有优先外派学习等待遇；每学期一次大型教师表彰会，各部各年级各科室认真梳理各种类型的优秀先进，隆重集会表彰，持续形成人人争先、个个向上的氛围；学校工会每学期都要组织各种形式的教职工比赛、学校团委利用三八节、教师节等契机，组织教师们集会联欢、座谈，努力做到工作间隙用不同的方式为教师们调剂减压；学校始终坚持公平、公正、公开，坚决落实"做与不做不一样，做好做坏不一样"的原则，确保任何一次评优都要评出正能量。

五、研究中高考改革

研究中高考改革，向教学改革要质量。面对新的中、高考改革形势，引领、指导教干、教师主动应对新中考、新高考，全面适应新中考、高考要求，建设与新中考相对应的课程安排、教师调配、节点计划等一系列调整措施，建设与高考改革相适应的选课走班教学管理制度。

1. 初高中课程改革试验

初高中课程实验，要求教导处在教师配备、课程设置、学生管理、课堂教学、复习与新课融合等方面做好文章，用优秀的师资，科学的管理，让学生循序渐进地进入高中状态。

2. 加强中考备考研究

实施科学备考、规范备考，形成学生、教师、教干的备考合力，不搞题海战术和拼时间、拼体力的消耗战术。要合理安排体育、实验、信息二类会考科目的考前训练，合理安排课时、作业、检测。

3. 高一选课走班，早研究、早打算

要求高一年级深化"选课走班"教学研究，探索以分层教学、选择性课程、学科教室、工作室导师制为载体的走班教学形式，切实增强学生学习和课程选择的自主性、灵活性和适应性。加强高一学生生涯规划与学生发展指导教育，高度重视名校自主招生、专项招生和综合评价招生，全力为学生多元升学做好准备。措施四、突出抓好学段教学衔接。做好小初高三个学段的课程与教学衔接，构建起小学阶段"好习惯、活形式、宽基础"，初中阶段"好能力、活课程、厚根基"，高中阶段"好特长、活模块、高质量"的愿景规划，确保形成各学段、各年级合理的教学梯度，达到最理想的学段教学质量要求。

新时代、新形势、新要求、新作为。学校将继续围绕"提升教学质量"这一核心，以项目引领、科研助力为依托，持续构建知名师团队，不断创新教科研机制，大力夯实常规管理，深入推进多维度生命大课堂建设，进一步提升学校整体教育教学质量，不断为全区、全市教育的新发展贡献新力量。

第四章　学生管理

教师工作的对象是人，而人是情感动物，情感的最突出表现方式就是"爱"。所以，没有爱就没有教育，没有爱也当不好教师。从爱出发，以爱为归宿。

但是，爱的理念是抽象的，爱的行为是具体的。学生需要的不是爱的概念，而是具体的能感受到的爱的行为。获得爱才是学生普遍的心理需求。

在教育学生的问题上要坚持四点：合乎人性，体现人道，口下留德，手下留情。

第一节　关爱并了解学生

一、关爱和关心学生

要狠抓"五项教育"，通过励志教育、习惯教育、方法教育、孝慈教育、安全教育和法治教育，扎扎实实提升学校风气和学生综合素质。

1. 抓好"三个第一"

注意安全是第一纪律。学生生命高于一切，安全工作大于天，我们要时刻关心学生的安全，时时关注学生的安全。通过安全教育课、班主任主题班会、升国旗、板报等形式对学生进行安全知识教育。

校园环境是第一形象。我们提倡创建文化校园，书香校园，多组织学生创办有教育意义的板报，尤其像国庆节等这样的重大节日。利用校园标语美化校园有烘托氛围。让四面墙壁会说话。抓好卫生，这需要强化一种眼光，即挑剔看校园的眼光，要高标准管理。班主任老师要时时叮嘱学生不乱扔乱画，看到纸屑捡起来，这样才能保持好卫生。

端正坐姿是第一习惯。习惯决定成败，小习惯成就大人生，好习惯是培养出来的，一个好的细节养成一个好的习惯。我们当教师的一定要抓学生的习惯养成教育，要从学生的坐姿抓起，再扩展到书写的姿势、站立的姿势，天长日久养成习惯。培养学生见教师问好的习惯、不乱扔纸屑的习惯、独立完成作业的习惯。让习惯成为个性，成为品质。

2. 要多搞校级、班级活动，推行校级、班级活动联合。通过开展励志演讲、说说心里话等多种班级活动，增进师生感情，增强班级凝聚力

3. 认真搞好国旗下讲话活动，选好有针对性的主题，开展好各类主题性德育活动

4. 教育学生就要培优补差，创造优势

有过这样一句话："好学生是个宝，学困生也是个宝"。其实在我们平时的教学中，不可能不面对学困生，如果不能转化学困生那是教育最大的遗憾和失误。如何对待"培优补差"，让课堂教学变得高效呢？洋思中学的做法让我们深思，对优秀学生，教师要树立"培尖不如自陪"，课堂是培养尖子生的主阵地，教师要相信学生，要解放思想，让尖子生吃自助餐。对于学困生，"补差不如防差"，学困生是教师教出来的，学困生的制造者归根结底还是我们教师。要防差，就得关注学困生，关注学困生的问题，关注有问题的学生，教师要逼他们去学习，逼也要讲究策略，要逼得学生心甘情愿，策略是"三个不"，即：不抛弃、不厌弃、不遗弃，课堂上教师关注学困生，让学困生先说、先做，表扬也向学困生倾斜，学困生在课堂上享有了许多优惠政策。我想洋思与其他学校教育中普遍存在的害怕学困生、排挤学困生、轻视学困生、放弃学困生的思想和做法有天壤之别。洋思的教学质量之所以高，主要就是因为他们抓住了课堂教学改革这个中心环节。如果课堂上一节课就是几个尖子生一直在表演，一些学困生经常出现假学习、假听课的现象，就会导致课堂低效、无效，甚至出现负效。

二、了解和研究学生

教师的工作对象是有思想、有自尊心的学生。实践证明，要做好教学工作，必须从了解和研究学生着手。了解和研究学生，包括了解学生个体和集体两个方面。教师需要了解和研究学生个体的思想品质、学业成绩、兴趣爱好、特长、性格特征、成长经历以及家庭情况、社会环境等。对学生个体进行综合了解，全面分析就能够了解学生集体。具体方法可从以下六个方面入手。

1. 要充满爱心和信任

要想了解和研究学生，首先就要热爱学生、信任学生，这也是教师应遵循的最基本的职业操守。从学生的心理需要上讲，爱和信任是他们最渴望得到的东西。学生渴望在充满爱心和信任的环境中成长。如果教师能以发自内心的爱和信任对待学生，那么学生就会把你当作知心朋友，有什么心事就会向你诉说，让你帮他出主意、想办法，你也会从中了解他们的性格特点以及在日常学习、生活中的兴趣、爱好等，从而寻找出最佳的教育方法。教师对每一个学生都应一视同仁，要善于发现每个学生的长处，看到他们的闪光点，尤其是学困生。当他们有了进步，哪怕是一点进步，都要及时给予表扬和肯定，帮他们树立自信心，从而促使学生在良好的发展轨道上迈进。

2. 要熟悉每个学生

学生学习、生活的良好情绪很大程度来源于师生之间的良好感情的交流。为此教师要抽出一定的时间接近学生。如果教师总是以尊长形象出现在学生面前，那么，即使是一个学期、一个学年也难以熟悉自己的学生，更谈不上结合实际对学生进行教育了。如果教师能够在很短时间内了解学生的各方面情况，把握他们的性格特征、兴趣爱好等，就能为建立良好的师生关系打下基础，从而能够顺利地对学生开展各方面的教育工作。

3. 要善于观察学生

在学习、生活中通过言行必然能表现出他们的真实行为和思想。因此，洞悉学生的内心世界，需要长时间地、不动声色地观察，并进行多方面的验证。教师在对学生进行观察时要注意有目的、有计划、有针对性地进行，切忌主观臆断,以免对学生心灵造成伤害。只有这样,才能掌握第一手材料,并在此基础上采取灵活有效的教育方法。

4. 要与学生交心

教师必须经常深入到学生的学习、校内外生活中去,与学生广泛地接触,了解他们的内心世界、思想动态,做他们的知心朋友,帮助他们克服学习、生活中的困难。教师与学生交心要善于选择方式、技巧以及态度,并且营造恰当的气氛,以消除学生的紧张拘束感,使学生无所顾虑地倾吐真实的思想感情。这样,再进行全面的分析研究,才能有的放矢地对他们进行帮助和教育。

5. 要重视学生的书面材料

学生的书面材料是教师了解和研究学生的有力凭证。学生日常的作业与日记最能反映学生的情况。尽管学生的个性心理差异较大,但也有共性方面。他们处于世界观、人生观形成的过渡时期,可塑性大。教师可根据掌握的第一手材料,不失时机地引导、说服和感化他们。研究学生的书面材料要建立在对学生尊重、信赖的基础上,发现问题要认真研究分析其产生的内因和外因,找出解决问题的办法。

6. 要争取家长和社会的配合

要了解和研究学生,就不可忽视外在因素对学生的影响。学生生活环境主要是学校,但社会环境和家庭环境对学生的影响有时甚于学校教育。学生成长时期正是世界观逐渐形成的重要时期,虽然他们要求上进,但由于年龄小、缺乏经验,因而不善于辨别是非、善恶、美丑和真伪,甚至还可能沾染一些坏思想、坏习气。所以,教师就要对家长、社会群众做调查了解,争取各方面的配合,找到恰当的教育学生的办法,以迅速有效地提高教师工作的水平。

第二节 提升育人质量

临沂外国语学校以开展质量提升年为抓手,推动学校教育从"学业水平"

转向"育人质量",从"教育管理"转向"教育治理",办让学生满意、家长放心的高质量、高升学率的优质教育。

一、引领师生幸福成长

(一)坚持党建引领,建立党建工作机制

贯彻人本思想,体现人文关怀,优化人文环境,以人为尊,以人为重,以人为先,坚持教以人为本、校以师为本、师以生为本,建立党建"一制两体"工作机制,确立党建"一标两同"基本策略,明确党建"一线两点"工作思路。

(二)践行生命教育,创建"生命如歌党旗红"品牌

用生命教育理念规划学校教育发展,将生命意识融贯教育教学全过程,打造人文生命校园,营造友好教育生态,形成学校鲜明的生命教育特色;为此,学校党组织要旗帜鲜明地发挥战斗堡垒作用,配合校委会,结合年级管理,在全体党员中实施"内蓄外扬"生态化激励督评策略,促进党员教师发挥党员先锋模范作用,向党旗表红心、立誓言,开拓进取,奋勇争先,用实际行动和优异成绩为党旗增添火红光彩。目前,该策略已形成方案并启动实施。

(三)制定督评细则,发现榜样激励广大师生

《细则》主要从"基本党务""师德品行""业务能力""社会家庭担当"四方面制定。各年级、级部(处室)要在教学常规管理中,在面向全体的同时,格外眼盯党员,让党员教师在过程一线上时时处处事事走在前列,通过自荐、互荐、级部推荐相结合方式发现"榜样",使"发现榜样"成为党员教育学习的过程,成为激励广大党员学习先进、崇尚先进、争当先进的创新举措。

二、全力打造生命教育

(一)以教学为中心,落实精致化教学管理

马云说,战略不能落实到结果和目标上面,都是空话。教学更是如此,重在落实、成效。

1. 夯实集备

抓实学科教研，发挥集体智慧。每个学科组在周一至周五晚上都有固定集体教研时间，严格落实集体备课六环节，包组教干全程参加，并对本次教研中的每位教师进行赋分量化（表），以此来提高全体教师参加集备的积极性，发挥集体智慧，真正将学科集体教研落到实处。

2. 高效课堂

以"生命教育"为引领，以"互动体验"为手段，严格落实"多维度生命大课堂十原则"。全面落实"目标引领、问题导向、探究体验、精讲多练"十六字方针，强化三个5分钟（提前5分钟候课、连续讲课时间不超过5分钟、每节课最后5分钟留给学生总结反思记忆）。

3. 有效检测

加强诊断式教学，严格组织单元过关检测，成绩上墙。实行错题重生：重复出现三次的错题，教师专门编写错题组成的专题，进行跟踪训练，再考再练。

4. 激励评价

坚持目标导向，注重过程激励，重视结果评价。坚持优秀学生、进步学生、最喜欢的教师等评选，让榜样无处不在，发挥榜样示范带动作用。

（二）以管理为抓手，强化五级管理策略

杰克·韦尔奇说，管理就是把复杂的问题简单化，混乱的事情规范化。学校强化五级管理策略，全面提升学校规范化和精致化管理水平。

1. 班主任

每个周日晚上7点召开班主任专题研讨会，进行"金点子"交流。

2. 备课组组长

采用备课组组长捆绑责任制，强化备课组组长责任与意识，对备课组组长量化评价。

3. 任课教师

古人说："师者，人之模范也。"在学生眼里，教师是"吐辞为经、举足为法"，一言一行都给学生以极大影响，学校对教师实施千分制考核、考勤量化、师德评价，进行严格规范管理。2018年举行的临沂市优质课评比中，有

6人获得一等奖。

4. 学生

对学生实行无缝隙管理。课堂巡查常态化。每节课年级都有专人进行课堂巡查，对于违纪现象予以及时公示通报，班主任即时落实，进行警示与督促，让每个学生在课堂上都能专心致志，确保课堂学习效率；努力打造低声课间。全体教师均参与学生管理，在课间轮流到楼道进行值班，制止学生在课间大声喧哗与打闹，保障课间还在讨论问题、整理错题的同学能够尽量少地遭受干扰；坚持定点定岗值班。在学生就寝的路上、宿舍楼道里，都有班主任在进行定点定岗值班，切实保障学生的安全，保证学生的作息，让学生每天都能精力充沛地面对高考的挑战。成立恳谈室，从教师中选拔有心理咨询资格证的教师成立心理帮扶团队。通过班级摸排、教师反馈，对于心理异质、压力过大的同学进行心理辅导，让学生以健康、积极、向上的心态面对学习、面对生活。

5. 家长

管理规范化，聚焦机制组织科学，一是学校依据家长学校课程指南成立班级、年级、校级三级家长委员会；二是家委会运行机制重实效，坚持家委会驻校办公制。每学期至少一次列席学校校务、教务、总务等会议，主动献计献策；每学期至少协助学校组织两次以上教育教学活动参与对学校教育教学的评估；参与指导校本课程和综合实践活动，并保证效果。每月编排家校育人简报；三是顶层设计驱动，建立班级、年级、校级、区级四级家长委员会组建三支队伍。即家长讲师团、家长导师团、家长义工队，三支队伍组建，畅通了家校沟通的渠道。

三、打造螺旋式上升培养模式

带着如何让教材成为世界的思考，在"润泽生命 播种智慧"办学理念的引领下，学校聚焦学生核心素养，围绕育人目标，关注学生的个性化差异，满足不同学生的发展需求，构建课程体系，优化课程结构，注重习惯养成。

（一）高一实施奠基工程：亲情关怀，习惯养成，实现量变到质变

高一年级是高中阶段的基础年级，体现为"五增"：知识量增大、理论性增强、系统性增强、综合性增强、能力要求增加，因此对学生进行养成教育，培养学生的吃苦耐劳精神，磨炼他们坚强的意志尤为重要。

1. 抓行为习惯

高一年级重视培养学生的日常行为规范，磨炼他们坚强的意志。以《中学生守则》《中学生日常行为规范》为框架，制定《高中学生手册》，从普通高中精致化管理60条、学生违纪处分的暂行规定、严重违纪学生处理的暂行规定、安全管理、学生请销假、教学楼管理、规范化教室标准、班级公物管理、班级电教器材使用管理、卫生管理、餐厅管理、学生宿舍管理、关于学生仪容仪表的规定、健身跑制度等方面深入开展学生行为规范教育，规范学生的生活习惯、学习习惯、文明礼仪习惯，正确引导学生的道德行为，不断提高学生的道德认知，培养学生的道德情操，从而不断提升学生的综合素质，使学生具备良好的道德品质和文明行为习惯。

通过加大宣传力度，营造良好氛围；规范制度，强化管理；成立学生行为养成教育工作小组；规范升旗仪式；强化课间管理；开展文明学生养成良好行为习惯教育；开展校园语言教育等举措，高一年级已经初步形成"校风正，校纪严，讲文明，讲礼貌，讲团结，讲卫生"的良好氛围。

2. 抓学习习惯

学习习惯培养内容主要包括学生自主学习规范和学科学习规范。规范是在新教学理念下对学生学习的基本要求，是教师指导学生落实学习各流程要求的指导性文件。规范内容包括计划、预习、上课（学习）、复习、作业、考试、实验操作、课外阅读、社会实践、高中九科学习等十个部分。

利用每周评选"学习之星"和"品德之星"及时表扬表现优秀的学生。利用每周的班会，全年级的学生大会，各种形式的座谈会，引导学生确立高中三年的奋斗目标；要求各科教师在传授知识的同时教给学生本学科学习的方法，使学生逐渐适应高中的教学，掌握学习方法，学会做听课笔记；在学生中开展辩论会、演讲比赛、诗歌朗诵会等活动，使学生尽快熟悉高中的学习生活。养成具有理想信念和社会责任感的学生；养成具有科学文化素养和终身学习能力的学生；养成具有自主发展能力和沟通合作能力的学生。养成教育扎实，成绩提升迅速。经过一年的努力，学生的生活习惯、学习习惯有了极大的改善，学习成绩也有了极大的提高，各分数段都有大幅度提升。

(二)高二实施覆盖工程：多措并举，整体推进，全面提升学生核心

顾明远提出：学生成长在活动中。学校在提升教学质量同时，大力提升学生责任感、沟通能力、合作精神、诚信等素养。

1. 全员育人

细化承包培优帮困管理，向全员育人要质量。为每位受辅导学生建立档案，内容包括学生家庭详细情况，学生的个性特征、行为习惯、道德素养、兴趣爱好；学生心理、生理、身体健康状况；对学生每一周期（期中、期末）表现及每次考试后的成绩逐一登记，分析对照。对学生每一周期（月）成长过程中的闪光点和不足之处并做好记录，对症下药，有效指导；每周至少与受导学生谈心辅导一次，并记录辅导内容，遇有重大问题应及时向班主任和学校汇报，受导学生每周一次向导师汇报思想、生活、学习情况，平时也可随时汇报和咨询；导师必须在尊重学生自尊心及隐私的前提下，通过多种渠道对受导学生本人及其家庭有清晰的了解。每月至少一次与家长沟通联系。每学期至少一次家访，同时做好记载，有必要时与学生家长沟通，帮助和指导家长改进家庭教育方法；积极配合班主任、其他任课教师做好针对性的教育帮扶工作，当好学校、家长、学生的联系人，能提出有建设性的意见和建议；采取定性与定量过程相结合的方法进行考核，一是每位导师的工作手册记录情况；二是受导学生和家长对教师工作的评价；三是受导学生的实际表现；四是导师制领导小组的评价。导师每年的考核成绩将作为年度教师考核、评先评优的参考依据。在学习成绩帮扶上采取促优秀生、保边缘生措施。

2. 实施"六个一"工程

每周一次班主任论坛，每周一次学生广播会，每月一封致学生的信，每月一次任课教师会商，每月一次学生励志视频，每学期一次专家报告实现科学管理、精细落实。

3. 推进系列活动

级部适时开广播会，定期下发致学生的一封信；举行签名、宣誓、班级

对抗（教干包办，分析成绩，提出要求，做成品牌）、班内竞争（每个班级将班级指标分到学生，让学生定好位、有使命、有奔头）等活动；充分利用宣传阵地：如黑板报、宣传栏、走廊文化等。高考前100天宣誓、"研学旅行"、课间操评比、拔河比赛、班级歌唱比赛等活动，大大提高了学生核心素养。

4. 动手实验

实验器材用坏不能放坏。充分利用学校高标准的实验室设施，按课程标准要求开齐开足实验课程。重视实验操作，理化生演示实验和学生分组实验的开出率达到100%，禁止以讲实验、画实验、看挂图、看视频替代学生动手实验。

5. 动口动脑大阅读

依托学校丰厚的图书资源，先进的图书馆、阅览室等硬件条件，全力推进语文学科"主题学习"项目实施，落实山东省英文名著阅读教学行动研究，充分发挥省级实验学校的优势，形成"大阅读"格局。

（三）高三实施培优工程：悉心陪伴，激情备考，吹响战场冲锋号

年级实行分层培优。各个班级负责重本生、211院校生培养；年级组建培优团队、设立C9名优生培养室，进行C9等名校生培养。同时，注重发展学生的能力素养，鼓励学生参加学科竞赛、实验大赛等，实现素养成绩两手硬。

1. 目标引领，让高效备考成为习惯

（1）实施台账规划，落实靶向教学。学期伊始，年级组、备课组、班级便制定翔实的工作台账，按照台账开展工作，做到科学规划，实现靶向教学。

（2）狠抓学情调查，推行互助帮扶。年级狠抓学情调查，要求教师必须在掌握学情的基础上备好每节课，无调查不备课，无目标不上课；同时，注重学生进行互助帮扶，每堂课，最后都留白10分钟，让学生充分讨论，相互帮扶，彻底消化。

2. 阳光教育，让激情备考成为习惯

（1）年级成立恳谈室，从教师中选拔有心理咨询资格证的教师成立心理帮扶团队。通过班级摸排、教师反馈，对于心理异质、压力过大的同学进行心理辅导，让学生以健康、积极、向上的心态面对学习、面对生活。

（2）通过专家讲座、励志报告、宣誓仪式等活动，让学生释放压力、增强自信、坚守目标、激情备考。

3. 问题导向，让科学备考成为习惯

卢梭曾说：问题不在于教他各种学问，而在于培养他爱好学问的兴趣，而且在这种兴趣充分增长起来的时候，教他研究学问的方法。对于学生，学校坚持科学有效备考，注重学法指导。

①方法指导。各学科分别制定了《学科学习八大标准法则》：高考命题标准、课前预习标准、主动听课标准、课下回顾标准、及时训练标准、复习提高标准、模拟考试标准、考后总结标准。通过抓超前预习（课前预习、先学后教）、深度学习（动脑思考、当堂掌握）、结构式学习（课后总结、思维导图）、诊断式学习（定时训练、当堂检测）打造标准化有效学习策略。

②因材施教。重视尖子生、特长生的培养，实施分层教学，向分层教学要质量。制定《全员育人导师制方案》，高一全员帮扶，高二实行扶优补差，做好希望生帮扶，高三突出尖子生、边缘生的帮扶，帮扶结果与教师的评价和考核挂钩，帮扶工作体现立体化、全方位的特点。

③三级培养。尖子生：根据学生程度的不同，采取弱科集中辅导；偏科生：EWT闭环式个性化订单式学习方案（在线自测—针对性视频辅导—课后练习题巩固—生成错题本），在线提高；学困生：教师一对一帮扶。

④奥赛培优。学校成立"特殊类考生培养中心"。全面负责强基计划、农村专项、综合素质评价招生的政策研究和辅导，力争让学生通过强基计划、综合素质评价招生等拓宽升入名校的渠道。

⑤研究考情：强化考向：教师都提前研做高考题、模拟题、下周的下水题，研讨交流；随场考试，让教师具备答题能力，站在学生角度思考问题；深入学习新课程理念，突出学生在学习中的主体地位，培养学生的探究、创新能力。重视阶段性模块考试及质量分析，及时总结教育教学中的经验教训，调整和优化教学计划。

4. 低进高出 让优秀成为习惯

拿破仑·希尔博士说："真正的领导能力来自让人钦佩的人格。"办好一所学校实属不易，年轻的临沂外国语学校高中部成长到今天，更是不易。三年前从零起步，学校新建，社会疑虑，师资薄弱，生源受限，家长找碴，但从不气馁，从不放弃。三年来，每一个清晨5点的朝阳都让我们充满动力，每一个加班到凌晨的夜晚都让我们对教育的热爱更加笃定;三年来,每一份文件的认真领悟,每一个新政策的认真解读,每一次的督导,我们都拼尽全力;三年来,与全体教干沟通无数次,认识每位教师,了解每个家庭的困难,帮助他们克服困境,让他们爱学校,爱教育,没了后顾之忧虑;我们不放弃任何提高的机会,在领导的耐心指导下,终于有了第一届高考,残垣断壁生源上的成绩拔地而起。

第三节 给学生的讲话

我们的每一位教师都在祝福你们
——给小学生的讲话

尊敬的老师们、亲爱的同学们:

大家好!

首先,我祝愿同学们每天都能快快乐乐。

过去的一学年,我们全体师生迎难而上,与时俱进,开拓创新,各方各面的工作稳步前进,教育教学方面取得了优异成绩。新的学期已经来到了,我们将面临新的机遇和挑战,有人曾解释机遇就是遇机积极地去寻找成就的机会。我相信,我们的老师、同学是好样的,我们将从强管理、重服务、抓落实,高扬创新精神,坚持以人为本,外塑形象,内强素质,关注师生的互动发展,使每一位同学都拥有快乐,学会创造,学会做人;让每一位老师都爱岗敬业、爱校如家、团结和谐。

作为一个小学生,如何使自己成为家庭的好孩子、学校的好学生、社会的好少年呢?将来如何更好地适应新形势的需求,把自己塑造成为符合时代发展的、能为社会作出贡献的合格人才呢?我向同学们提出如下希望和要求。

第一,要学会做人。要学会关心他人,互助友爱,文明礼貌,争做一个德才兼备、品学兼优的好学生。

第二，要拥有强健的体魄和良好的心理素质，掌握基本的生活技能，培养健康的审美情趣，发展特长，为将来的发展打下良好的基础。

第三，要学会学习。在学习过程中，应该培养勤奋刻苦的学习精神，还应掌握好的学习方法，以求得事半功倍的学习效果。学习成绩达到更高、更好、更上一层楼。

第四，要团结友爱，遵纪守法。同学们要为加强校风和班风建设作出贡献，要增强集体意识，培养团队精神，文明礼貌，团结互助，争做学校的好学生。

第五，要讲卫生、讲文明，爱校园从我做起，营造好我们整洁、舒适、美丽的校园。在这里，我要特别对毕业班的同学说几句，这个学期你们进入了一个非常关键的学习阶段，我们希望你们能找准方向，增强信心，发扬成绩，自主、自觉参与学习过程，刻苦钻研。我们相信你们一定会努力学习，能考取好的成绩，为我们学校争光！

第六，作为临沂外国语学校的学生，要有中国情怀、胸怀天下的眼光，学好英语。

同学们，你们是21世纪的主人，是未来祖国建设的生力军，是中华民族的希望。过去，我们学校为各中学输送了一大批优秀的生源，赢得了有关中学及广大学生和学生家长的信任与支持。今后，我们将继续发扬学校的优良传统，不断提高教育教学水平。学校会尽力为同学们创造良好的学习条件，同学们要加倍努力。你们的父母在关注着你们；我们的每一位教师都在祝福你们。今天我们要将新学期视为一个新的起点，以全新的精神面貌投入学习和生活。遵守学校规章制度，尊敬老师，刻苦学习，热爱劳动，关心他人，善于合作，以优异的成绩向你们的父母汇报。

老师们、同学们，收获的季节不在自然界，她蕴藏在我们每一位临沂外国语人的心中。让我们在前进的道路上策马扬鞭，与时俱进，开拓创新，以饱满的热情迎接新的挑战，寻求新的发展，为我们的未来而奋斗！让鲜花和掌声永远相伴，让我们共同的家园永远温馨。最后，祝我们的全体老师在新的学年中身体健康、工作愉快、家庭幸福！祝同学们快乐成长，学习进步！

责任就是每个人的品质
——新学期开学典礼讲话

老师们、同学们：

大家上午好！金秋十月，金菊盛开。在这美丽如画的收获季节，我们迎来了一个崭新的学年。首先，我代表全体教职员工和全体同学向加入外国语学校的新同学以表示热烈的欢迎！

过去的一学年，是学校发展的关键一年。开发区投资5个多亿，建了全省一流的学校；在全体师生的共同努力之下，学校各项工作顺利完成了预定的目标，教育教学取得了可喜的成绩，开创了良好局面。今年中考，与此同时，学校文体、科创领域也战果辉煌。所有成绩的取得，都是全校老师和同学努力拼搏的结果，在此，让我们以热烈的掌声向取得优异成绩的老师和同学们表示衷心的祝贺！

老师们、同学们，开学了，我们已经惊喜地看到大家在以崭新的面貌、饱满的热情、积极的态度，投入到新学期的工作、学习中来。借这个机会，我想用十个字来与大家共勉。

一、孝亲。孝是中华传统文化的核心内容，孝是伦理道德之本、行为规范之首。《孝经》中有这样一句话："身体发肤，受之父母，不敢毁伤、孝之始也；立身行道，扬名于后世，以显父母，孝之终也。"其意义，就是爱惜自己。珍爱自己、发奋图强，追求卓越。

二、感恩。每个人在他一生成长过程中，不仅得到父母的养育和教导，而且还受到许多人的关心、关爱和照顾，比如同伴，老师、同学等。所以，我们每个人都要懂得感恩之情，要有感恩之心。这是我们"外国语人"的必然选择，我们应该加倍珍惜在学校的成长时光，让外国语的三年成为我的人生中最重要的积淀，将"厚德博学，志行高远"化为每个外国语学子内在涵养与担当；让"成人、成器、成才"化为我们每个人的品质和情怀。

三、尽责。有一本书中说过，一名优秀人才必须具备四种品质：对国家、对社会、对家庭、对自己有责任感，对学习和工作有进取精神，对他人有竞争更有团队合作精神，对自己有否定和超越的态度。这四种品质的核心就是责任。对我们学生来说，勤奋学习，顽强拼搏就是对自己负责；遵纪守规，就是你对学校和社会的责任；孝亲敬老就是你对家庭尽责；爱护公物、讲究卫生、关心集体就是你对班级的负责；团结他人，就是你对别人的负责。所以责任就是每个人的品质。

四、目标。孔子说过："凡事预则立。"一个权威机构曾给一批哈佛大学毕业生做过人生追踪调查，发现凡是当年有远大目标的人，后来都成为社会的精英；当年有中期目标的人，后来都成为中产阶级；当年没有目标的人，后来基本上靠救济金过日子。从这个事例说明，从小立志，树立远大目标的重要性，希望每个同学立志发奋，向自己所立目标奋斗。

五、勤奋。古人说："书山有路勤为径。"每个成功之人，都离不开"勤奋"二字。所以，同学们要打消捷径之念，只有发扬吃苦精神，才会有丰硕的果实等着你去摘。

六、外国语学校的学生，要有家事、国事、天下事的情怀，要放眼世界，胸怀天下。

同学们，新学年，外国语校园流淌着一种"孝亲"之意，回旋着一首感恩之歌，更萦绕着一支奋斗之曲。外国语之帆已扬，向着新的航程，我们从此刻起齐心协力、勇往直前、不达目的誓不休！

放飞心中的理想
——新学期讲话

尊敬的老师们、亲爱的同学们：

秋高气爽，硕果飘香，秋天是收获的季节，秋天从来都属于辛勤耕耘的人们。在刚刚过去的一学年里，全校师生齐心协力、辛勤工作、努力拼搏，在教育教学质量和艺体等方面都取得了可喜的成绩，学校在各个方面都得到稳步的发展。成绩的取得是全校师生共同努力，用辛勤汗水浇灌的结果。

亲爱的同学们，成绩已经成为过去，面对新学年新的任务、新的挑战，我们要更加努力。新学期中，我们每一位老师都怀着巨大的企盼期待着你们在阳光下健康快乐地成长，希望你们长得更高、变得更懂事。而你们，也一定会用自己的言行，让老师们由衷地感到，出现在他们面前的学生更可爱了。

俗话说："良好的开端等于成功的一半。"新学期开学了，我相信同学们一定会满怀信心走向成功。怎样争取有一个良好的开端呢？在这里，我向同学们提议：

第一，树立一个信心：我能我行。

自信心对我们的学习很重要。我们读书学习，需要有决心、有信心、有行动。在这儿我要送大家三句话："相信自己，我能成功！鼓励自己，天天成功！超越自己，一定成功！"

第二，创立一种学风：认真刻苦。

新学期开始，我们要在全班创立一种优良的学习风气。凡事从"认真"开始，认认真真地读书，认认真真地上课，认认真真地做作业。学业成功的过程离不开勤奋和刻苦。

第三，培养一个习惯：自觉自愿。

学业进步，贵在自觉。我们要在老师的指引下，培养自己良好的行为习惯、学习习惯和生活习惯。同学们要自觉自愿遵守小学生守则和学校的规章制度，自觉养成良好的学习习惯和生活习惯。

第四，创设一个环境：文明有序。

每个班级都是学校的缩影，每个学生都代表学校的形象，每寸校园都代表学校面貌，同学们要做到语言文明，行为文明，在校园内不乱丢杂物；不欺负小同学；在校外遵守交通规则；不进网吧、游戏厅；在家尊重父母。在社会，做一个爱国爱民、遵纪守法、诚实守信、文明礼貌的优秀小公民。

第五，要有爱国情怀，还要胸怀天下。

尊敬的老师们，我们肩上的责任关系着学生、家庭和社会的未来，只有以充满着无私和宽容的爱心投入工作，才能无愧于我们光荣的职业。我们应以高尚的人格感染学生，以文明的仪表影响学生，以广博的知识引导学生，以博大的胸怀爱护学生,我希望我们每位教师争做学生欢迎、家长满意、同行敬佩的优秀教师。我相信,学校这支思想素质好,业务能力强,富有责任意识和进取精神的教师队伍一定能为我们每一位学生的成长和发展搭建广阔的平台!

老师们、同学们,新学期奋进的号角已经吹响,让我们一起努力,共同放飞心中的理想,共同铸就外国语学校新的辉煌!

每天进步一点点
——在高一年级开学典礼上的讲话

尊敬的老师们、同学们:

今天,我们在这里隆重集会,举行开学典礼。在此,我谨代表学校领导班子对辛勤耕耘的全体教职工表示诚挚的敬意!向高一新同学表示热烈的欢迎!向受到表彰和奖励的优秀学生及班集体表示衷心的祝贺!

各位老师,同学们,临沂外国学校先后荣获"省级规范化示范学校",学校内部管理日趋规范,教学质量稳步提高,连续四年获得"临沂市教学校质量先进学校",得到了社会各界的一致好评。我们的老师都是面向全国选拔的优秀教师。

在刚刚过去的学年,全体师生践行"厚德博学、志行高远"的办学理念,自强不息,奋勇向前。教育教学质量再创佳绩,全校师生用心血和汗水把"临沂外国语品牌"打造得更加亮丽,我们以坚定的信念昂首向"全省名校"的光辉目标奋力迈进。

老师们,同学们,新的学期开始了,学校本学期的总体办学思路是:大力弘扬"精诚团结、艰苦创业、无私奉献、追求卓越"的外国语精神,进一步提高教育教学质量,努力办好人民满意的教育。为此,学校将重点抓好三个方面的工作:

一是要进一步强化学校管理,提高工作效率。充分调动全体教职工的工作主动性和创造性，为师生创建一个学习好、生活好、工作好的优良环境。

二是要进一步加强师资队伍建设，优化育人环境。为青年教师搭台子，铺路子，压担子，采取多种形式，提高青年教师的业务水平，壮大骨干教师和学科带头人队伍，造就一大批名师，让外国语的学生在名师的教导下学习、成长。

三是要进一步提高教育教学质量。老师们要有很强的责任心和事业心，要发扬拼上、靠上、豁上的进取精神，让外国语的每一名学生都能进步，让优等生拔尖，让中等生创优，让暂时的学困生能够不断提高成绩，为三年好辉煌的高考成绩打下坚实的基础。

在此，我要向同学们提出以下三点希望和要求：

1.要学会做人，先成人再成才。如今社会上已经形成这样的共识："在一个人成长的诸多因素中，知识固然重要，但比知识重要的是能力，比能力重要的是道德，比道德重要的是信念。"同学们要学会自律，自觉提升个人的道德修养与人格品位。从现在起，我们要学会从小事做起，比如：上课不浪费一分一秒，作业保质保量完成，发生矛盾时忍耐自己，不说脏话，等等，都是小事。把小事做好了，聚沙成塔，集腋成裘，一天天，一年年，优点积少成多，几年后就一定能成为顶天立地的男子汉、聪明智慧的女强人，创造出辉煌的人生。

2.要有爱心，学会关心。同学之间要建立真正的友谊，要团结互助。三年的共同生活、学习，要珍惜这美好的青春时光。也许你觉得老师有时候过于严厉，要相信老师，老师是同学们走出困难的拐杖，是同学们的引路人。要学会关心父母、亲人，要体谅他们的辛苦劳动，在家要力所能及地做一些家务。我们也要关心自己，远离威胁生命安全的场所、远离浪费青春时光的电子游戏，让自己的生命更充实、更有价值。

3.要明确目标，学会学习。一个人少年时期要有知识的汲取，青年时期要有友情的滋润，中年时期要有事业的磨炼，老年时期要有亲情的伴随。不同时期都有主要任务，青少年时期就是要咬定学习不放松。没有勤奋的学习就不可能有进步，放弃学习就是放弃幸福，放弃美好的未来。有的人认为学习挺苦，但是我们要知道，学习的苦是为了换取生命的甜。我们相信，只要努力就一定有进步，只要进步就一定有希望。成功不在于你是否聪明，而在于你是否把通向成功的每一步走好。每天进步一点点，你就一定会成功。

4.要有远大的理想，树立坚定的信念。考名牌大学、重点大学，是我最大的梦想，要敢于把自己的人生目标定位到成才的坐标上，立下雄心壮志，认真踏实做事，勤勤恳恳学习，做到成才报国与刻苦学习的结合，实现理想与砥砺品质的结合，要为实现人生的梦想而不懈努力！

同学们，高一是一个人成长阶段的重要转折点，俗话说，良好的开端是成功的一半，因此成功迈好这一步尤为重要。高一的同学们，走进了临沂外国语，你就走进了团结和友谊，走进了拼搏和奋斗。我相信：经过三年的努力，你们一定能拥有收获和喜悦。

同学们，你们是外国语学校的希望，校园因你们而生机勃发，老师因你们而欣慰自豪。我衷心祝愿你们成为志存高远、品德高尚、谈吐风雅、水平高超的优秀学生。无论遇到什么困难，都不改初衷；无论遇到什么挫折，都矢志不渝。成功与胜利，永远属于那些具有远大理想、顽强毅力、坚定信念的人。充满竞争的社会向我们每一个人提出了更高的要求，不努力完善自己将不能适应时代的需要，我们每一个人都应有这种紧迫感，努力把自己造就成为"有理想、有道德、有文化、守纪律"的德智体美劳全面发展的社会主义事业建设者和接班人。

尊敬的各位老师，我们肩上的责任关系着学生、家庭和社会的未来，只有以充满着无私和宽容的爱心投入工作，才能无愧于我们光荣的职业。我们应以高尚的人格感染学生，以文明的仪表影响学生，以广博的知识引导学生，以博大的胸怀爱护学生，我希望我们每位教师争做学生欢迎、家长满意、同行敬佩的优秀教师。我相信，学校这支思想素质好、业务能力强、富有责任意识和进取精神的教师队伍，一定能为每一位学生的成长和发展搭建广阔的平台！

老师们，同学们，新的希望、新的挑战在迎接着我们，未来的美好蓝图等待我们用勤劳和智慧去描绘，我衷心希望每一位老师、每一位同学都能以满腔的热情、高度的责任感、昂扬的精神状态，投入新学期的工作、学习。用我们的实干精神、拼搏进取精神去创造学校的辉煌明天。

活出生命的骄傲
——开学典礼讲话

尊敬的各位老师、各位同学：

上午好！

充实而又愉快的寒假生活结束了。今天，我们这个大家庭的2000多名师生，带着对寒假生活的美好记忆，怀着对未来的憧憬与向往，回到了熟悉的美丽校园，迎来了新的学期。在此，我代表学校，欢迎大家回到外国语这个温暖幸福的大家庭！

过去的一年，我们深入学习十九大精神，全面推进素质教育，深入落实立德树人目标，全校师生团结协作，勇于进取，不断创新工作方法，积极开展教育教学改革，各个方面都取得了优异的成绩：获得全国足球特色学校等5项国家级荣誉，获得省级文明校园等三项省级荣誉，获得临沂市卫生先进单位等5项市级荣誉。这些成绩的取得，归功于全体教职工的辛勤付出和敬业奉献，归功于同学们对学校工作的理解、支持和密切配合，归功于同学们有较强的自觉、自强、自律的意识和勤奋学习的精神。在此，我提议把最热烈的掌声送给我们自己！

老师们，同学们，展望新的一学期，我们豪情满怀！这个学期，我们有更多的目标要实现，有更优的业绩要创造。特别是6月，我们要实现中考、会考的新目标、新突破。我们期待全体师生共同努力，形成巨大合力，把学校的各项工作推向新的台阶，以优异成绩向学校、家长献礼。一年之计在于春。新学期，新起点，新征程，新希望。在此，我向同学们提三点希望：

一、遵规守纪，自我成长

一个国家，一个社会，如果没有法律法规，就会天下大乱，最终会损害每个人的利益。同样道理，一所学校，如果没有严格的纪律，就不可能营造出良好的学习、生活环境,就不可能有较高的教育教学质量,我希望全体同学都要遵规守纪,共同维护学校的公共秩序。

同学们,最好的教育一定是走向自我教育。做一个对国家、对社会有用的人。一个人的成长有三种境界:第一种是最高境界,通过自我管理、自我约束、自我成长,自己把事情做对、做好、做完美;第二种境界是一般境界:在别人的管理下把事情做对、做好。第三种境界是最差的境界:在别人的督促帮助下也做不好事情。作为外国语学校的学生,我希望同学们都能以最高境界健康成长。

二、珍惜光阴、刻苦学习

曾有人这样说过:少壮不努力,老大徒伤悲。小学能刻苦,初中不辛苦;初中能刻苦,高中不痛苦;高中能刻苦,一辈子不会苦。这句话是在告诉我们,无论处在哪个年级,都不能放松学习,只有扎扎实实打好基础,才能朝更高的目标迈进。同学们,你们汇集了老师期盼的目光,倾注了家长大量的心血,承载了学校全部希望。你们要争分夺秒。此时不搏,更待何时?你们已经为实现自己的人生理想付出了宝贵的时间和汗水,我相信你们一定能树立信心,顽强拼搏,科学备考,在六月的中考、会考中交出一份令人满意的答卷,为自己的人生谱写灿烂篇章。

三、懂得感恩,勇于担当

外国语学校有很多优良的文化传统,其中重要的一条是我们的学生懂得感恩,懂得回报社会,懂得担当社会责任。同学们,懂得感恩,是中华民族的传统美德,你们要感谢父母的养育之恩,感谢师长的教导之恩,感谢同学的帮助之恩。懂得感恩,你的心灵就会纯洁,你的人格就会伟岸,你的情感就会升华,你的学业就会进步。同学们,让我们做一名懂感恩、敢担当的学生。

高中部的同学,我想对你说:世界那么大,你凭什么去看?2015年河南的意味女教师辞职信火遍网络，辞职理由10个字："世界那么大，我想去看看。"这句话入选2015年度十大网络用语。可是，亲爱的同学们，你有没有思考过这样一个问题：世界那么大，你凭什么去看看？

也许有的人说，父母早已为我准备好仗剑闯天涯的资本，我无忧！

那你请听我说：郭晶晶与霍启刚的儿子算豪门吧？在参加亲子马拉松比赛时累得父母不忍直视也不停下来，他怕一停就会输；澳门赌王的儿子何猷君算豪门吧？他在少年到23岁期间，从未放过一天假，别人在睡梦中时，他在工作；别人在工作时，他已经付出双倍于别人的努力。

豪门贵子如此拼！为什么？因为他们深知一个道理：无论豪门还是寒门，无论男女还是老幼，靠爹靠妈靠祖宗都不如依靠自己打拼实在、持久。

也许有的女生会小声嘀咕，我貌美如花，将来一定能找个勇闯天涯的好儿郎，他负责去看世界的资本，我无惧！

那我告诉你，刘强东的妻子章泽天就读于清华大学，是全国健美操亚军、国家一级运动员；扎克伯格的妻子是他哈佛的同学；克林顿是在耶鲁爱上他的学姐希拉里。

其实，不管男生还是女生，无论你、我还是他，只有自己足够优秀，才有底气和福气去般配其他的优秀。

此时，也许有人会说，世界它大它的，我不想去看了。

满腹的牢骚，极度的自卑让我想到了马云。高考数学第一次只考了1分，复读两年历尽千辛万苦才考入杭州师范学院。而十几年后，他却成为中国家喻户晓的传奇，他的经历足以证明：即使生下来不是只兔子，我们也不能做缩头的乌龟，爬，也要努力向前。记住，一切时候你都可以白手起家，但任何时候你都不能手无寸铁，这"铁"就是扎进骨子里的自控力、承受力、毅力、专注力还有自信力。

最近，一首三百年来籍籍无名的小诗被一名贵州支教老师吟火了。此刻，请允许我吟给在座的所有学子，它就是清代大才子袁枚的《苔》："白日不到处，青春恰自来。苔花如米小，也学牡丹开。"苔藓终日生活在潮湿阴暗的地方，就算根本没有阳光，也要拥有属于自己的一片绿色！苔花如米粒般渺小，但它却要像花中之王牡丹那样盛放，即使我在世人眼中卑微得不值一提，我依然也要凭着自己的力量，活出一株牡丹的尊贵，活出生命的骄傲！

老师们，我想对你们说，你是学生家长的精神支柱，你的身上，寄托了学生和家长的一辈子的希望，我也希望全校教职工按"好教师"的标准勤奋工作，做学生锤炼品格的引路人，做学生学习知识的引路人，做学生创新思维的引路人，做学生奉献祖国的引路人。

老师们、同学们，新的学期已经开始，新的目标和任务等待我们去完成，让我们团结一心，奋勇拼搏，用智慧、激情和汗水把各项工作做到最好，以优异的成绩实现外国语学校新的腾飞！

最后，衷心地祝愿全体学子们快乐学习、不断进步、幸福成长；祝愿各位老师家庭温馨、工作顺心、德艺双馨；祝愿学校各项工作再上新台阶、再越新水平、再登新境界！

世界不会辜负每一分努力和坚持
——2018年新学期讲话

尊敬的老师们，亲爱的同学们：

上午好！

春风送暖，万物勃发。今天，我们为了一个共同的目标，重新相聚在这美丽的校园，感受到同事亲切的问候，同学温暖的关心，学校处处充盈着幸福、喜悦的温馨。

各位老师、同学，回望是为了前行的步伐更稳健，是为了走得更好。2018年，临沂外国语站在一个新的历史发展起点，在发展中创新，在创新中发展，学校确立了科研兴校、特色立校、质量强校的办学理念，以德治校、依法治校，凝心聚力，加强管理，全面提升学校品质，凝聚办学特色，促进学生成长、成才、成功，办人民满意的学校。我们以质量加特色的办学目标、形成了让优秀生拔尖、让普通生拔高、让学困生提速的教学质量观，学校也确立了优秀加特长的学生发展目标。教学方面，强化了向课堂要效率的核心理念，突出教学管理和教学研究两条主线，理顺了教、学、评三种纬度，在德育实践方面，注重活动引领、文化涵养、平台多元、主题鲜明。打造生命教育，彰显了学校文化内涵。

新学期开始了，这个学期任务面临的任务更重：高二马上升到高三年级，面临人生最重要的决战——高考。九年级面临中考，六年级面临小升初，这都是我们人生道路上重要里程碑。同学们，你们正处在美好的青春年华，朝气蓬勃，活力无限。进入新学年，开启新征程。发一等宏愿，立一等志向，养一等品格，成一等人才，临外是你幸福成长的精神家园。在这里，你将由优秀的老师引领，开心快乐地求知，幸福自由地成长；你将与优秀的同学同行，在美丽的校园里度过愉快的学习时光，收获纯真美好的青春记忆；你的个性将得到尊重，灵性将得到珍爱，德行将得到提升，创造性将得到培养。为此，对同学们提几点要求。

希望同学们涵养美好品德，做一个心地善良的人。一德立而百善生。善良的心灵像黄金一样珍贵。希望同学们心存善念，心有良知，让善良成为生命的底色，让心灵散发仁爱的芳香，让世界因你更加美好。希望同学们无论个人独处，还是与人交往，都要日行其善，日进其学，日新其德，日新又新。珍爱生命，净化心灵。诸恶莫做，众善奉行。己所不欲，勿施于人。言色和蔼，身心净洁。存好心，说好话，行好事，做好人。自强不息，厚德载物。文明生活，茁壮成长。

希望同学们涵养健康身心，做一个和谐幸福的人。健康是幸福的前提，成长的基石。要养成良好的生活习惯，不熬夜，不偷懒，不看手机，早睡早起，有益家国书常读，无益身心事莫为。尤其小学部的学生，要养成良好的用眼习惯，看书学习，坐姿端正；眼到书本，距离一尺；胸离书桌，距离一拳；用眼时间，不要过长；眼保健操，经常练习；也要注意；勤于洗手，远离病菌；爱护眼睛，眼明心亮。要养成良好的运动习惯，天天坚持，锻炼体能，锤炼毅力，锻造品格。要养成和谐相处的习惯，与自然和谐相处，与社会和谐相处，与身心和谐相处。

希望同学们涵养生命气质，做一个精神丰富的人。一个时代有一个时代的气质，一个国家有一个国家的气质，一个人有一个人的气质。我们要努力将自己的生命塑造好，养浩然正气，磅礴大气；儒雅气质。我们要热爱读书，养成读书的习惯。"读史使人明智，读诗使人灵秀，数学使人周密，科学使人深刻，伦理学使人庄重，逻辑修辞使人善辩，凡有所学，皆成性格。"读书使我们丰厚、智慧而通达。涵养生命的气象，要多读书，读好书，读原著，读经典，从读书中汲取生命的养分。我们要热爱一切美好的事物。美能启迪思想、润泽心灵、陶冶人生，我们要热爱美、感受美、欣赏美、创造美，浸润于美好的事物之中，获得审美享受，提升审美素养。

希望同学们涵养家国情怀，做一个热爱祖国的人。"风声雨声读书声，声声入耳，家事国事天下事，事事关心。"无数仁人志士，为了中华民族的独立自主和繁荣富强，上下求索，矢志不渝，家国情怀是他们不懈奋斗的强大精神力量。"青年兴则国家兴，青年强则国家强。青年一代有理想、有本领、有担当，国家就有前途，民族就有希望。"临外的学生要立鸿鹄志、存报国心，努力成为担当民族大任的时代新人。一百多年前，中华大地内忧外患，风雨飘摇。1900年，梁启超先生以饱蘸感情的笔墨著《少年中国说》，提出了"今日之责任，不在他人，而全在我少年"的主张。一百多年来，这充满激情的文字，鼓舞着一代又一代青少年为中华民族的伟大复兴而努力。我们所挚爱的祖国也因此一步步走出泥沼，走向灿烂辉煌的未来。一百多年后的今天，在这样一个继往开来的伟大时代，我们应当以更加高远的境界和神圣的使命感，开创伟大祖国更加美好的明天！

尊敬的老师们，三尺讲台育桃李，一片丹心绽芬芳。如果说临沂外国语学校是花园，我们就园丁，唯有园丁的辛勤，才能换来花园的芳香。如果说临沂外国语是航船，我们就是舵手，唯有舵手的用力，才能换来航船的前行。工作在临外的我们，既是劳累的，又是幸福的；既是清贫的，又是富有的。我们深知，选择了教师，就是选择了奉献，就是选择了付出，但我们无怨无悔。在新的学期，真诚希望老师们，把平凡的工作，做得不平凡。厚爱每个学生，上好每节课，批改好每次作业，真正践行减负增效，用我们的汗水和智慧，成就学生的前途，用我们的努力和付出，为所有学生奠基。

同学们，子在川上曰"逝者如斯夫，不舍昼夜"，我们要珍惜时间，努力拼搏，这世界不会辜负每一分努力和坚持，时光不会怠慢执着而勇敢的每一个人。

最后祝全体师生，新学期、新期待、新梦想、新征程，不一样的人生，同样的精彩。

每一个春天都会如约而至
——2020年春季讲话

尊敬的各位老师、各位家长，亲爱的同学们：

春光已至，大地回暖，奋斗正当时。如果不是因为这场突如其来的疫情，同学们早已坐在窗明几净的教室里，在紧张而又充实的课堂中，与昔日朝夕相处的师友们一起，为提升教学质量奋战。现在，居家学习的你们，也许正倍感惶恐、焦虑与孤独，但请不要迷茫！在通往学习的道路上，你们已经执着行进了许久，前进的步伐不应被打乱，无数的你我，都不是一个人在战斗，我们正与我们的国家一起，身历一场史诗般的抗疫战斗。我们要坚信：每一个冬天，终究会被逾越，每一个春天，也都会如约而至！"岂曰无衣，与子同袍"。学校打造善水文化，践行生命教育。就是要尊重生命、珍爱生命、敬畏生命，成就生命、放飞生命。同学们，抗疫正处在吃紧阶段，尤其高三、初三的同学们，备战高考（中考）也到了关键时期。疫情如同一道附加题，提前出现在你们奔赴初夏战场的途中，应考路上，老师们，正与你们守望相助，愿我们同心合力，共克时艰，争取最后的胜利！

同学们，面对疫情，市教育局和区教体局领导们高度重视你们的安全和居家学习。学校采取疫情防控工作，目前学校已购买好红外线体温测量仪、口罩、消毒液、消毒喷雾器等疫情防控物资；制定了家长层面、学生层面和教职工层面防控工作制度；做好了师生员工（学生、老师、安保、环卫、食堂、宿管）摸排工作，做好了校园卫生清扫和消毒工作，彻底清除卫生死角；教室、餐厅、宿舍已全部按照上级要求准备就绪；通过网络视频会议指导全体任课教师准备好近期及开学前的相关准备工作；3月12日按照学校"一二三四五"流程进行了模拟演练。

同学们，我们停课不停学。学校充分利用我们的名师团队，借助网络，为同学们精心打造了优质课程，帮助大家在延期开学期间如期进行线上学习。小学、初中、高中三个部根据课标和实际情况，分别采取了有效措施，尽量提高效率。

一、小学部

（一）周密方案助发展

本着小学生居家学习，也要坚持德智体美劳全面发展的教育方针，落实立德树人的根本任务，综合考虑学生居家学习的特点，按照动静结合的原则，前前后后三次优化方案，制定各年级在线学习总课程表，多措并举，关注学生全面发展。

（二）线上集备促提升

小学部先后四次召开学科组专题会议，提倡在学校总方案的引领下，力求做到一科一策、一组一策，指导各学科组、备课组制订了合理的线上教学计划，提前一周上传教学内容安排表、提前一天上传线上学业辅导备课，以促教师专业素养不断提升。

1. 语文组

本着多读少写的原则，制定了周学习计划表。其中包括晨读经典、午读名著、静心练字、朗读课文、线上指导、做好家务、关注新闻、欣赏电影、健康锻炼等系列活动：

①晨读经典；②午读名著；③静心练字。

2. 数学组

课程内容包含预习新知、复习旧知两大块，涉及巧题趣味题、数学文化知识拓展等不同的知识内容，交替进行、劳逸结合，激发学生学习数学的强大乐趣。从导学内容的制定到导学方法的引导，进行了多次线上研讨，有效优化各种教育资源，为线上有效教学提供了坚实有效的基础。

3. 英语组

课程涉及复习旧知、预习新知，包含口语训练、听力训练、英语歌曲学习、拓展阅读、实践作业等内容，尽最大努力激发学生线上学习兴趣。

4. 科学组

本着学生与教师相约在线辅导的交流方式，侧重科学小制作、小发明、小实验等内容的指导，许多同学的小制作、小发明还被老师做成了美篇分享，每件作品的背后都彰显了同学们智慧的大脑与灵巧的双手。

5. 快乐活动

我们在关注学生学习状况的同时，也关心孩子的身体状况和心理健康，并因此开展了"快乐体育"和"家庭影院"等活动。更值得称赞的是，同学们通过自制贺卡、做家务、为妈妈洗脚等方式，为母亲送上诚挚祝福；通过制作手抄报、诗朗诵等形式度过了别样的植树节。

（三）教学监控助落实

1. 四查四早

学校借力备课组天天查、学科组单周查查、年级双周查组、教导随机查四级监控，争取早发现、早提醒、早整改、早见效，尽最大努力做好学业教学监控。

2. 学情调研

为了确保线上教学质量，小学部教学质量监控由原来的"6+X"改为"6+6"，即原来每月除了调研六年级外，其他年级随机抽，现在所有年级全部实施月调研，小学部对每个年级进行了学情调研，进行质量分析，为下一步线上教学的优化工作指明方向。

二、初中部

（一）科学分析，做好线上教学筹备工作

结合区教体局有关延期开学的通知，初中部迅速调整教学计划，组织各年级主任，紧锣密鼓地开展了网上授课筹备工作。制订了科学的线上教学实施方案，规划了学生居家学习时间，拟定了切实可行的课程表，同时及时联系家长，通过《致家长的一封信》让他们及时、密切地配合学校工作，营造携手共育的教学环境。一切工作都有条不紊地进行，教师们准备教材等教学资

料、熟悉平板、制订教学计划、写教案、测试网络教学平台，年级组全程追踪，科学指导。

(二)创新工作，打造高效线上课堂

1. 规范集体备课

每周固定年级学科组的集体备课时间，通过群聊或到校集备，各备课组积极讨论单元及课时备课，明确分工，夯实责任，集大家智慧力促高效网课。由备课组组长牵头分学科整理学习资源，并针对在线教学特点提出教学、学习、答疑等注意事项，直接推送到乐课网智慧教育平台上，供学生下载使用。

2. 抓实课堂，精准指导线上学习

(1) 抓实课堂，对学生严格要求。一是按规定每天参与"空中课堂"学习，课堂上认真听讲、思考，积极发言、留言，做好学习笔记。网课过程中不闲聊，不乱发言，不乱刷屏。二是及时下载相关学习资料并按要求认真完成。三是每天认真完成网课布置的作业，标注不会的题目，当晚10点前提交班级学习群。

(2) 抓实课堂，对教师严格要求。上课教师要汇总集体备课成果，提前准备好上课材料，认真上课，上课提问时面要广，注重互动效果，及时批改作业、评价学生；班主任要每天定时点名、不定时抽查，每天18点前总结反馈学生学习情况；其他老师要全程跟班听课，课后要分散到各班级群内对学生进行个别指导。

(3) 抓实课堂，对教干提出要求。做好线上教学监控与评价。初中教干全部线上跟课，全程听课，确保线上教学与班级集中授课效果相当，圆满完成教学任务。年级主任要加入各年级所有班级群及授课课堂，分管校长、教导主任加入所有班级群及授课课堂，每天监控各年级课堂教学。

(三)精心准备，力促九年级复习出效果

1. 排除困难，线上监测

为检验学生线上学习效果以及教师们在线教学成果，九年级进行了线上月考，随后召开了备课组组长会、年级成绩分析会及培优会。

2. 心理辅导，精准帮扶

为疏导学生的不良情绪，使学生保持良好的状态和高昂的斗志，各班举

行了在线班会课，每位班主任精心准备PPT，总结前几周的优秀表现的同学，指出不足，并提出有针对性的应对措施，鼓励全体同学调整好状态，用心上好每一节课。

3. 电话家访，答疑解惑

教师们花费大量的碎片化时间和每个学生通过微信、QQ等私聊，借此解开学生的心结，帮助学生进步，每天教学后的反思是老师们必不可少的流程。

4. 精心准备，期盼返校

各年级提前制订开学工作计划，各备课组尤其是九年级备课组准备了一轮、二轮的复习方案，任课教师已经分批次到校进行集备教研。研究三年中考试题，优化备考策略，提高各学科的复习质量和效率。

三、高中部

疫情防控期间，高中部提前规划制定了《临沂外国语学校高中部延迟开学期间线上学习方案》。明确了"分类实施、全员覆盖、免费服务、不抢进度"的原则。购买了27台平板和乐课网的空中平台、资源进行线上教学，实现了全体学生"停课不停学"。

（一）创新工作，立足教学促成长

高中部全体教干、班主任全天候服务，积极做好疫情防控宣传引导。前期每周召开班主任视频会议，后期班主任每周都到校召开一次现场会，就如何指导学生在家养成良好的生活习惯，如何调度学生利用线上课堂做到疫情延期不误学，如何引导学生调整状态，积极备考等进行现场研讨。

各年级创新性地开展工作，通过定期下发致学生家长和学生的一封信、召开线上全体学生会、各班级定期召开班会、任课教师在群内对学生学习指导、高三百日视频会、为学生送学习材料、班主任电话家访、组织线上月考等，确保了学习效果。

（二）周密计划，全员学习促提升

高中各科提前准备，制订了"停课不停学"网络教学计划。各年级每周召开备课组组长视频会议,各备课组每周举行线上集体备课,现在每周教师们都到校进行集体备课,整理学习资源,探讨教学计划。通过集体备课优选教学内容,优化课堂教学设计,哪里该讲或不该讲,哪些多讲或少讲,讲到什么程度,一堂课到底解决哪几个问题,达到什么样的效果等,确保每一节课高标准、高质量,努力提高课堂效率。上课材料年级审查合格后上传平台,然后教师上课。

线上学习采用"双师课堂"和分层教学模式,主讲教师利用学校与乐课网联合搭建的网络学习平台,使用平板进行空中课堂直播教学。上课的教师们精心备课,提前上传相关学习材料和课后作业,有些教师为了备课都备到晚上十一二点。课后各班任课教师通过班级QQ群,家长微信群等进行学习指导。疫情面前体现了教师们的责任和担当,体现了教师的家国情怀和使命。

(三)三级监控,网络学习促进步

为保证学习效果,高中部线上实行三级监控:1.家长在家监控学生个人,每天上传学习照片;2.班主任在班级学习群内监控全班学生,统计学生学习信息并随时指导学生;3.年级主任在乐课平台后台查询数据及时调度全年级上课教师及各班学生,并全程参与听课,当日结束及时总结优点与不足上传年级QQ群。

(四)高中部教导处结合后台数据,全程在线抽查各年级教师、学生上课情况,随时调度指导,并在当日结束后总结一日学习情况上报学校

由于家长支持,教师们精心备课,教干调度得力,平台功能很好,目前线上学习还是很有成效的,我们的优秀做法已被兄弟学校借鉴也得到了领导的认可。

(五)精心准备,静待花开复学时

各年级已经提前制订好了开学后工作计划,各备课组已经制订好了开学后的教研、教学计划,任课教师也已经开始到校上班备课。学校非常重视首届高考,对高三管理科学指导、严格管理。高三年级全体教干教师结合已经结合《临沂外国语学校提升教学质量的十个转变》,确定了解读政策,把握方向,导向备考;深化研究,优化策略,科学备考;周密计划,统筹安排,精细备考;强化管理,形成合力,高效备考;营造氛围,调整心态,激情备考

的备考策略和"学生主体，教师主导，方法主线，能力根本"的二轮复习模式，决定开学后做好管理、做实环节、做精细节，全面提升二轮复习效果和备考质量。

同学们，前段时间我学习了教育部的相关文件，其中明确提出了2020年高考要重视以下三个方面考察：加强关键能力考察、优化试题情境设计和增强应用性和创新性。

虽然只有短短的几句话，但是我感觉它包含的内容却十分丰富，这也提醒你们要及时做好准备。那么我们该怎么做到这三个方面呢？让我们一起来学习一下。

1. 加强关键能力考察

我们可以从中找到的中心词是：关键能力，那么什么是关键能力呢？对于学生来说要学习不同的科目，比如语文、数学、英语等，每个不同的科目都有着不同的关键能力。

语文的关键能力有阅读、表达和理解等；数学的关键能力有逻辑推理、应用思考和观察等；英语的关键能力有阅读理解、写作和听说表达。学生应该加强针对性的练习，提高应变能力，从而在高考中取得一个不错的成绩。

2. 优化试题情境设计

通过近年来的高考题目我们不难发现：高考题目考察的知识点其实没有太大的变化，但是出题的方式却越来越新颖。优化试题情境设计体现的正是这样一个现象，这也就告诉考生以后不能再一味死记硬背，而要多练习新的题型，拓展自己的思维，这样才能够在考试中拿到高分。

3. 增强应用性和创新性

对于学生来说，应用和创新是学习的一个重要组成部分。学会将知识合理的应用不仅可以让我们更好地掌握知识，更能够加深我们对知识的记忆。而创新则可以拓展我们的思维，并且提高我们的学习能力，让我们不断前进走向成功。

要想在考试中拿到高分，你们必须得学会把实际的问题转化为我们学过的公式所描述的情形。这就要求你们在重视课本知识学习的同时，还应该训练自己的应用能力和创新能力，强化这些方面的训练可以提高我们的答题速度和正确率，从而才能获得一个满意的成绩。

同学们，不论题型怎么变，我们都应该记住一句话：万变不离其宗。平时的学习生活中要不仅要学好基础知识，更要多做一些新题型的题，拓展自己的思维。在考试前做好复习，并且应该是有目的性和针对性的复习，在考试的时候专注细节，把平时学的知识好好应用在题目中，不要一看到自己没做过的题目就放弃，要发挥自己的头脑努力创新。

对于题型的变化学生和家长都不必过于担忧，只要按照老师的要求，扎实地掌握知识，平日里做相应的训练，在考试的时候拥有一个良好的心态，就能够取得一个不错的成绩。

同学们还要注意热点问题：2020年高考作文深度剖析，素材＋热点＋分析，对于高考语文作文来说，提前准备，就是2020年高考语文高分的关键，今天，我们就分析一篇最近《人民日报》的热点文章《人民日报：中国未来为什么前景可期？》来分析2020年高考作文的素材、热点、分析。就目前社会热点的走势来看，新征程、新梦想是我们关注的热点问题，伟大事业之所以成其伟大，就在于目标的宏大高远。这相当于高考，对于考生来说，你未来的成绩如何，关键要看你现在目标如何，你的目标，就是你的梦想，加上你不懈的征程，那么，你的高考一定无比辉煌。素材1：铁人王进喜，宁肯少活20年，拼命也要拿下大油田，现在的年轻人，为什么也需要这种信念！素材2：复兴号1分钟前进5833米，问鼎世界第一，中国速度，让世界刮目相看。素材3：大街小巷的快递小哥、外卖小哥，让我们的生活，越来越便利。如果用这三个素材，考生通过自己的思考，应该怎么去写，从素材中，我们看到了什么，想到了什么，思考了什么？如果放眼中华民族历史的发展，作为年轻人，应该具备怎样的胸怀和梦想？

思路分析：从第一个素材，我们看到中华民族的精神，一种信念，一种不服输的劲头，只要有信念，没有过不去的难关，这对于年轻人来说，特别重要，特别是日益发展的社会，至于不服输，才能创造更多奇迹，才能考出高分。第二个素材，我们看到了中国梦想、中国速度，通过一代又一代科研人的努力，我们超越，我们发展，我们让世界刮目相看，同时，这也是我们新梦想的开始，年轻人，应该有年青一代的追求，应该有自己的速度。第三个素材，是我们普通人的追求，为实现梦想的奔波，是构建自己美好生活的忙碌。

构思：如果我们再放眼历史，我们社会的发展，从落后，到奋起直追，到超人一头，到新梦想、新征程，这对于一代年轻人来说，是非常有意义的一篇思想洗礼的文章，对于这篇文章的构思，我们可以从第一次工业革命开始写，一次落后，让勤劳聪明的我们落后百年，但是，睡醒的雄狮一声怒吼，是我们追击的信号，我们做到了，赶上了。之后，我们要用现在国际的领先科技，来对照，比如，中国速度、中国5G，都是我们崛起的开始，那么，你的文章将会出彩！

如果今年高考写关于疫情作文，如何才能写出令人眼前一亮的文章呢？

同学们，我们要站位更高、视野更宽，看待这次疫情，这次疫情就是对我们的一次大考验，大自然的淘汰是残酷的，天地不仁，以万物为刍狗，每一次危难都是社会系统的自我升级，那么这一次中国将发生哪些转变？

一是价值观的改变。人们的注意力中心从权力、财富、名气转向了关于生命的一切故事，谁会拯救我们？我们生命安全秩序什么时间可以恢复正常？我们从来没有像今天如此渴望：诚实、善良、正直、公正、爱心、勇敢……那些深深置于人性深处最闪光、最温暖、最无私的美德。我们发自内心崇敬的，不再是名人、富人的成功故事，而是全国各地无数个战斗者、志愿者、捐赠者，他们是医护人员、战士、农民、工人……

在和平时期，少数天才、精英和名人确实耀眼夺目，但是在危急时期，群体力量会爆发出超越想象的力量，他们的参与悄无声息，但是会改变历史的进程。

二是信仰的改变。泰戈尔说，苦难是化了妆的祝福。我们看着疫情数据失眠在春天的夜里，热泪盈眶，这个春天流泪的不只是孩子、女人，还有无数在场不在场的男人们，无论是否在战斗，泪水在洗涤着每个人的心灵，也在酝酿新的希望。我们从未如此团结，政府举国投入，各地医护人员、军人出征武汉，火神山医院六天建成，三天完成5G通信。民间方面，从个人、企业、公益机构到海内外华人自发参与，形成了基于社会化、专业化、技术化和网络化的系统协同，自组织效能之高，让所有人都开始从恐慌紧张中走出来，对胜利越来越有信心。

我们从来没有像今天一样如此关注社会宏观层面的科学、法律、伦理、治理，原来这些会关系到每个人的生死存亡，从医学论文、疫情法律、事实真相、人性伦理、政府治理都一一成为全民讨论、学习的内容。根植于社会、经济、生活的西方个人自由主义，第一次被深刻质疑，我们国家的集体主义会赢得世界人民的尊重，我们必将成功！

三是在线中国即将到来。这次疫情，各地都在往武汉源源不断地运送物资，中国物流的优势得到淋漓尽致的展现，让武汉的物资迅速做到了需求补给，即便是紧缺的医疗资源，也在全国范围内得到了最高效的调配，这在世界范围内也是个奇迹。线上线下一体化社会，几乎覆盖了100%的需求，这个优势在非常时期体现得非常精彩。紧接着启动的是线上办公模式，如果疫情持续2~3个月，就会有大量人群习惯于在家里办公，而且未来是个体崛起的时代，大量个体都脱离了公司独立发展，比如自由职业/自媒体等，他们都不需要传统的办公室。未来各种线上办公软件会加速盛行，尤其是能够实现个体协同的办公软件，将被加速普及。社会越发达，人的独立性就越强，未来有能力的人都会变成独立的经济体，而且人与人的协作性也会加强。一个在线中国正在到来，中国将成为全球新型办公的标杆。

四是生物医药技术步伐的加快。人类的一切竞争，归根到最后，都是对优质生命的竞争。如果说2019年是通信技术普及大课，2020年是生物医药技术普及大课。这次疫情就像一次生物战争演习，病毒的识别、判断、应对，将会推动整个医药、医疗技术的攻关，尤其是提升整个民族对于生物医药技术的认知和重视。

五是战略物资协调能力大幅提升。郭广昌说，当一批批防护设备运抵国内的时候，我终于理解了什么是战略物资。阿里巴巴设立了10亿元医疗物资供给专项基金，用于采购海内外医疗物资。京东也在利用自己的物流优势，给医疗物资开辟优先通道。除了企业的全球资源搜寻，世界各地的华人也展开了一场全球采购，一批又一批物资从不同国家的不同航班抵达中国。表面上停下来的中国，其实正在进行的是史诗级的战略物资配置，这次疫情之后，中国的战略物资协调能力将大大提升。

六是全国大协同时代到来。中国人的合作性，曾经被诟病为"一人成龙三人成虫"的怪现象，但经过20多年的互联网磨砺，已经升级成合作规模、合作效率、合作创新最大的世界中心。这次疫情相当于让14亿人进行了协同大演习，而且这场演习是线上线下，人流、物流、信息流三方的高效运转，打赢了这场战役，是协同能力的全面提升，也是中华文明自信的提升。

七是"中国速度"将更加全面。之前提到中国速度，我们想到的是基建速度、高铁速度、5G速度……而这次疫情后，我们又将拥有战略协同速度、战时研发速度、公共安全应对速度、动态信息引领速度、群体心理疏导速度。中国这次处理疫情的速度和手段，将成为现代文明发展的一个重大节点，这对于中国乃至全球的未来都意义深远！

同学们，从1347年至1353年，席卷整个欧洲的"黑死病"，夺走了2500万欧洲人的性命，占当时欧洲总人口的1/3，神在这个时候消失了，同时一场文艺复兴开始了，欧洲的机遇到来了。

我坚信，这次疫情也将是中国进化的最佳机会，它是对中国经济与社会关系、民众与政府关系、中国与世界关系的考验。最终，中国一定会让世界刮目相看！中国梦的起点在中国，终点在世界！一切希望都在拐点，只要迈过这个拐点，就是更加辉煌的明天。

同学们，家事、国事、天下事，事事关心，国家有难，人民众志成城；人民有恙，国家全力救助。疫情当前，党和政府的坚强领导，全国人民的众志成城，白衣战士的仁心大爱，无数平凡者的无畏逆行，给我们上了生动的一课，我们读懂了民族大义、家国情怀、科学理性、公共精神、法制意识；我们领悟了生命的卑微与尊严、人性的柔软与刚硬、民族的磨难与倔强；我们学会了敬畏与感恩、奉献与担当、奋斗与坚守……共抗疫情，我们都是亲历者。爱国力行，我们一直在行动；经此一役，我们付出了代价，更收获了成长。作为新时代的追梦人，肩负时代重任，你们坚定理想信念，加倍努力，早日成为国家未来与发展的栋梁。

居家学习，除了做到自律外，再提几点要求。

第一，心存敬畏，方能行有所止。

朱熹说："君子之心，常存敬畏。"人，只有心存敬畏，才能有如履薄冰的谨慎态度，才能行有所止。有不少新闻在讨论这次疫情的源头，很多人说蝙蝠、穿山甲等是引发肺炎的罪魁祸首，甚至恨不得立刻将这几种动物消灭。的确，从2003年的"非典"，到后来的禽流感、埃博拉病毒，以及如今的新冠肺炎，人类遇上的许多疾病都与野生动物相关，遇到疫情，人们也习惯把责任推给野生动物。但随着对新冠肺炎的深入研究，人类越来越明白，所有的这一切，只是因为人类的贪婪和无休止的索取。

"天地不仁，以万物为刍狗"，在天地面前，人类与万物的生命都是平等的。尽管经过不断的进化，人类已经站上了食物链的顶端，但我们必须记得，自己只是自然的一分子，必须敬畏自然，尊重生命。我们应该明白，敬畏自然、尊重生命不是为了拯救地球，而是为了拯救人类自己，地球可以一键"重启"，人类却无法重生。

在敬畏自然的前提下，我们还要敬畏规则、敬畏知识。当前中国疫情得到较好的控制，得益于党中央的英明决策和正确领导，得益于一线医护人员的昼夜奋战，科研工作者的辛苦付出，也得益于我们每个人对规则的敬畏。特殊时期，我们更要用知识武装自己的头脑，用法纪规范自己的言行，不分心，不浮躁，保持内心的执着和清静。

第二，懂得感恩，方能得其始终。

日本作家村上春树说："你要记住大雨中为你撑伞的人，帮你挡住外来之物的人……是这些人组成你生命中一点一滴的温暖，是这些温暖使你远离阴霾，是这些温暖使你成为善良的人。"

经此大疫，我们居家生活、学习，感受时光的温柔，享受家庭的温馨，但这背后，是国家力量的庇护，是无数勇者的大义。

疫情猝不及防，却也让我们见证了中国力量，见识了中国速度，领悟了中国精神。我们看到，一声令下：1000多万人的武汉一夜封城，4万多医务工作者驰援湖北，9000多万党员挺身而出，14亿中国人令行禁止、居家隔离，10天建成火神山医院，12天建成雷神山医院，2天完成武汉7148个小区的全封闭管理……放眼全世界，哪个国家能做到？只有中国。

世卫组织联合考察组外方组长对中国战疫评价道："我们要认识到武汉人民所做的贡献，世界欠你们的，当这场疫情过去，希望有机会代表世界再一次感谢武汉人民……"他为什么盛赞中国？因为他知道中国所做的贡献和意义。同学们，经此一役，文化自信、制度自信应该深入每个中国人的骨髓，中国人的勇于担当、乐于奉献也将为世界人民所铭记。

同学们，岁月静好，只是因为有人为我们负重前行！当我们按要求居家隔离的时候，很多人在向"疫"逆行，有我们的政府、有科学家、有医务工作者、有社区工作者、志愿者、爱心人士……他们中很多都是普通人，他们冲锋在武汉第一线，也奋斗在我们身边。

为了不耽误同学们学习，教师们纷纷变身网络主播，有老教师为解决线上教学技术问题全家总动员，有辛勤班主任每天关心大家的身体健康和学习生活；有教师以万无一失的态度每天核报健康信息；有教师把新书袋装好放到你们的课桌只为让你们的家长安全领取，有教师辛勤编辑防疫宣传材料、制定各类应急预案……

疫情告诉我们，我们生活在一个充满爱的时代，我们应该学会感恩，感恩父母、感恩老师、感恩社会，感恩所有为你撑起晴朗天空的人。

第三，勤学善思，方能到达远方。

防疫期间，各种消息鱼龙混杂，难以辨别。如何在信息爆炸的当下保持清醒的头脑，做出准确的判断至关重要。

古语有云"学贵以思"，恩格斯也说"地球上最美丽的花朵，是人类的智慧，是独立的思考精神"。古往今来，人们都重视学习与思考。关于学习与思考，我想从两个方面来分享：

一是要勤学善思。我们要学会独立思考，要明辨是非。每逢大事需静气，自媒体时代更需要定力。面对种种疫情消息，我们要认真辨别，看到消息，先问几个是什么、为什么。大方向不受干扰，细节追求精致，才能"守得云开见月明"。

二是要辩证分析。遇事要学会换位思考，当我们看到"新冠肺炎可以经皮肤传播、此次病毒是人造的"等谣言的时候，要多问：是真的吗？为什么会这样？应该怎么看？理智和严谨应是我们判断是非的标尺，我建议大家居家期间每天看看时政新闻，了解事件真相，不被谣言蒙蔽。多阅读书籍，跟随名家脚步，善思笃行，找寻生命的意义，提升明辨是非的能力。

第四，勇于担当，方能砥砺前行。

我们的校训是"厚德博学，志行高远"。何为"志行高远"，我相信经过此次疫情，大家应该有全新的认识。"志行高远"不仅是一个心存敬畏、懂得感恩、勤学苦思的自己，更应该是一个有家国情怀、勇于担当的自己。

大年初一，政治局常委会议召开，总书记对防疫工作作出超强部署。大疫当前，84岁的钟南山、73岁的李兰娟、79岁的黄锡璆等英雄有召必到，始终奋斗在抗疫第一线。这世界本没有英雄，英雄只是在国家有难的时候选择了挺身而出，选择了无畏与担当。

第五，勤于奋斗，方能收获幸福。

在防疫阻击战中，我们与病毒赛跑，我们的步伐越来越坚定，我们离成功也越来越近。这一切，只是因为，我们一直在奋斗，从未放弃！同学们，成功的路上永远没有人能代你奔跑，也没有人会为你垫脚，你需要的是自我管理、自我奋斗、自我突破！

对于高三、初三的学生，今年的寒假是加长的，但这也意味着在校学习的时间是短暂的，所以对于线上教学一定不能松懈。我相信大家的能力不比任何人差，但是部分同学缺自信、缺勤奋。面对新的挑战，我想提醒大家的是：努力付出，总能遇见更好的自己！生命的每一天都是人生道路上的一页篇章，除非生命停止，否则永远都有机会。所以，对未来真正的慷慨，是把一切献给现在。

同学们，居家独处的日子是静心自省的日子，也是弯道超越的好日子，我希望你们能够学会静心，抓住这个黄金时期，不断提升自我。要知道，你真正想要的东西，不只是踮踮脚尖那么简单，所有的收获一定要全力以赴，一定要坚持奋斗。

在延迟开学的这段特殊日子里，离不开家长和教师的全力配合，共同努力。这段特殊时期，家长与教师配合得越好，孩子的教育就越成功。对家长们提几点要求：

1. 特殊时期，需要家长全力配合

在这个特殊的时间里，在家庭环境下开展的居家学习，教师的主导作用弱化了，家长在学生学习方面的作用强化了。在学校，教师可以全程监督孩子的学习状况，可以及时解答孩子的疑难问题。而居家学习，那教师基本上看不到孩子的听课情况，不知道孩子是否在认真学习，更谈不上监督了。这时候，监督孩子的重任，就落到了家长的头上。这时候，教师需要家长的配合，才能更好地保障孩子的学习效果。

各位家长，请多关注孩子的上网课情况。如果有时候，可以陪着孩子一起听课，一起学习，及时发现孩子存在的问题，及时加以督促和纠正。孩子在家学习，请家长配合教师做好监督。

2. 父母对孩子的影响，远远大于学校

学校教育和家庭教育，谁更重要？经常听到家长说："我不懂教育，孩子就交给学校了。"但是，教育如果真的只靠学校和老师，那才是真的耽误了孩子。

家庭是孩子的第一所学校，父母是孩子的第一任老师，家庭教育的好与坏很可能将直接影响孩子的一生。要知道，孩子的很多行为都是在模仿家长中学来的，就连学习，也受到父母的很大影响。

教育部部长陈宝生曾说：家庭教育不到位，学校教育做得再好也无济于事。对于孩子的教育问题上，家长所起到的作用是最关键的。这一点，需要所有父母都必须明白。尤其是在这个特殊时期，家长更要为孩子起到表率的作用，给孩子指明方向和道路。

3. 家庭教育，千万不要指望孩子自觉

孩子在学习和成长的过程中，到底是靠自觉，还是靠父母管教和监督呢？

有句话说得好：不要去指望孩子"自觉"，是每个家长的自觉。孩子毕竟年纪小，心智还不成熟，想让孩子自觉读书学习，真的是太难了。如果父母在教育上偷了懒，仅靠孩子的自觉性，就很容易失控。电视剧《家有儿女》中有这么一个片段：刘星和小雨控诉妈妈小时候没有逼他们学习，没有给他们培养出特长，否则就有可能成为作家、音乐家。父母不严厉，自己又缺乏自觉性，最终只能落个"没有一技之长"的地步。指望孩子自觉，就是对孩子人生的不负责。

有句话说得好，父母管教是基础，孩子自觉自律是目的，基础打牢，不

怕地动山摇。从来没有天生自觉的孩子，只有长期督促的家长。爱孩子，有时就要"逼"他一把。

4. 家长和教师不严格，吃亏的一定是孩子

古语说："凡善怕者，必身有所正，言有所规，行有所止，偶有逾矩，亦不出大格。"正如俗话所说："严师出高徒。"严是爱，松是害，不管不问要变坏。严格教育的出发点是爱护孩子，并不是迁就和放任孩子。

有人问鹰："你为什么到高空去教育你的孩子？"

鹰回答说："如果我贴着地面去教育他们，那它们长大了，哪有勇气去接近太阳呢？"严格，本质上是爱孩子的表达，是对孩子的期待。现在对孩子严格要求，是为了孩子未来能够过上自己想要的生活。但凡有远见的父母、老师，都带点绝情。

5. 沟通与理解，是家校和谐的不二法门

教师一个人要管理一个班级甚至几个班级的学生，确实没有办法对所有学生都面面俱到，更不能像家长一样事无巨细地照顾好孩子。教师不是无所不能的，尤其是居家学习这段时间，条件更是有限，但每位教师都会竭尽所能。家长和教师，教育孩子的理念也不尽相同，差异是一定存在的。这时候，就需要保持有效沟通。家长有疑问时，积极和教师沟通，如果有更好、更有效的方法建议，也可以和教师沟通商量。就算教师严格管教孩子，也给教师多一点信任和支持，以温和的情绪、平等的姿态应对家校矛盾。

家长要体谅教师教育学生的不容易和偶尔的疏忽，教师也要理解家长对孩子的紧张和重视只有这样，才能做到家校合力、解决成长难题。家校关系和谐了，孩子的教育之路也就顺畅了。

6. 家长和教师共同发力，孩子的教育就越成功

苏霍姆林斯基曾说："两个教育者——学校和家庭，不仅要一致行动，要向孩子提出同样的要求，而且要志同道合，抱着一致的信念，始终从同一原则出发，无论在教育的目的上、过程上还是手段上，都不要发生分歧。"如果说，学校教育是孩子获取知识的窗口，那么家庭教育就是为孩子成长打开的大门。

学校教育和家庭教育，就像一辆战车上的两匹战马，相辅相成，缺一不可。成就一个孩子，是教师和家长共同努力的结果。

身为教师，要懂得寻求家长的支持；身为家长，要懂得配合教师的工作。家长支持教师，教师支持孩子，孩子才能健康成长。

所有教师和家长应始终站在同一条战线上，为了孩子全力以赴。教育路上，没有完美的教师，也没有完美的家长，为了孩子的未来，必须一起努力！

7. 开学前做好准备，帮孩子迎接新学期

有句话说得好：开学未定，心要先定。对于延长的假期以及推迟开学的消息，不同阶段和不同学习层次的孩子对比表现出不同的态度。因此在这个特殊时期，家长要配合老师，针对不同情况合理调整孩子的状态，让孩子以饱满的精神状态迎接新学期的到来。消除孩子的恐惧：教会孩子遇到困难和挫折时的情绪管理问题，舒缓其可能存在的矛盾心理。

规律的生活作息：家长和孩子要安排好生活作息，早睡早起，营养均衡，保持一种健康有序的生活状态。

适当的娱乐活动：在家里进行一些适当的休闲娱乐活动，丰富孩子的日常生活。

稳定的学习状态：做好预习，准时上课，认真听讲，积极思考，独立完成作业，复习归纳知识点……

特殊时期，特殊的教育模式，需要教师和家长携手共同面对。

请记住：教师教得好，家长教得好，孩子才能学得好！

亲爱的同学们，教师们也很想念你们，美丽的校园也在静静地等待你们的到来，但是，面对目前严重的疫情，我们必须安心待在家里，此时，机遇与挑战并存，要做青春的追梦者。高考（中考）冲刺与疫情肆意、狭路相逢，但正所谓"狭路相逢勇者胜"，也许疫情暂时改变了规划好的节奏，惊扰了笃定的英雄梦，但命运与时势带来的磨炼，也必将使你们更加坚强勇毅。河南高三学子小通，因为家里没装宽带，每天8点独自爬上屋顶，借用邻居网络在屋顶上课；洛阳初中女孩郭翠珠，为节约父亲手机流量，寒夜里到村委会院子"借网"学习，堪称现代版"凿壁借光"。"专注念书的你是青春最好的样子！"这些都让我们见证了蕴藏在青年一代中的巨大力量，不因复杂现实而放弃梦想，不因理想遥远而放弃追求，在不幸中奋斗，在奋斗中砥砺，在砥砺中前行。

同学们，我们坚信，未曾辜负这个初春的你，必将拥有一个值得欢呼与骄傲的盛夏。同学们，疫情是危机，也孕育着转机，愿你们以梦为马，不负韶华，春去夏至，名题金榜！

向着明亮的远方奔跑
——2020年新学期讲话

尊敬的老师、亲爱的同学们：

新学期好！

如果不是这场由新型冠状病毒感染的肺炎引起的疫情，今天就是寒假之后我们如期见面的日子了。这场疫情，让今年的春节、元宵节失去了应有的喜庆和热闹。每天大家都宅在家里关注着网络上来自各种途径的消息和每天都在变化的确诊人数，病毒的肆虐横行出人意料，几天之内，发病人数以倍数增长，全国各地延期复工开学。

疫情打乱了我们的生活节奏，仿佛一切都被按下了暂停键，但也给了我们一个重新审视当下和未来的机会，每一场灾难，都是一次生命教育，都会影响整个社会和民众的生活。他像一面镜子，让我们反思：我们是谁？我们究竟应该怎样生活？怎样与自然相处？怎样对待其他生命？高速发展的人类科技和经济繁荣蒙蔽了我们的双眼，我们以为人类无所不能，因而我们无所不为……但在各地的地震海啸、美国的流感肆虐、澳大利亚的森林大火、加拿大的大雪、非洲的蝗灾，还有我们这场被世界卫生组织定义为"国际关注的突发公共卫生事件"面前，我们更加清晰地意识到了人类在自然面前的渺小，我们多希望这些悲剧不要在人类历史上不断重演。

亲爱的同学们，一定要记住我们校训里提到的"厚德博学、志行高远"思想。中国传统文化中儒、释、道三家对这一思想都有阐释，我国古代就十分强调对自然的尊重，老子强调要遵循自然规律，提出"人法地，地法天，天法道，道法自然"的观点；孔子用"钓而不纲，弋不射宿"的仁爱态度，表明了对自然的敬畏之心；《吕氏春秋》批判焚林而田、竭泽而渔的行为，认为是短视之举，等等。正是在这些思想的影响下，人们保护自然，从而保证了中华文明绵延不断、源远流长。人类善待自然就会获得自然的馈赠，反之就会受到自然的惩罚。人类发展创造了前所未有的物质财富，人类的滥砍滥伐、随意捕杀戕害野生动物也带来了触目惊心的生态破坏，产生了难以弥补的生态创伤，气候变化、地震海啸、大气污染、流感等威胁人类生存的病毒肆虐等生态环境问题日益严峻，时刻威胁着人类的发展和存在，地球是人类赖以生存的家园，我们只有风雨同舟、齐心协力，共同医治生态环境的累累伤痕，共同营造和谐宜居的生态环境，共同保护不可替代的地球家园，才能实现人与自然的和谐共生。我相信，只要从现在做起，全人类像对待自己的生命一样对待生态环境，持之以恒地加强生态文明建设，就一定能为子孙后代留下山清水秀的宜居环境。

最近大家听到最多的可能就是钟南山院士的名字了，当84岁高龄的钟南山院士挺身疫情前线的时候，我们感动而震撼，敬佩之情油然而生。我们要向那些置个人生死于度外的医护人员致敬；向无数奔赴防疫最前线的人民子弟兵致敬；向昼夜施工在10天内建起能收纳病人的医院的一线工人们致敬；向自发在武汉城内用私家车接送医务工作者上下班的爱心人士致敬；也要向为隔离病毒而停下出行脚步的每一个响应国家号召的自觉在家的人们致敬！在大灾面前我们真切地感受到了什么是胸怀大爱，谁才是我们人民的守护神。我们伟大的祖国，值得尊敬的科学家，可敬可爱、可歌可泣的白衣战士，还有每一条战线上的闪闪发光的普通人，他们的事迹，他们的行为让我们默默地感动、悄悄地擦拭泪水，给我们在疫情里惊惶不安的百姓以温暖和安慰。我们要做怎样的人，他们已为我们树起了榜样。

亲爱的同学们，向这些可敬可亲的和平年代的英雄们学习，做个脚踏实地的人，把根深深地扎进祖国的泥土，在其位，谋其事，不做作，不浮夸，爱岗敬业、忠于职守，在祖国和人民需要的时候义无反顾挺身而出。在这场阻击战中，涌现出了一批又一批奋不顾身、冲锋陷阵、舍小家为大家的可以载入史册的英雄。像他们一样怀抱一颗赤子之心，执着于自己的事业，用自己的生命捍卫祖国和人民的利益当是我们每个人毕生的追求。

中华民族自古以来就是一个多灾多难的民族，更是一个不屈不挠的民族，多难兴邦，每经历一次困难，都会变得更加强大。在疫情迅速蔓延全国各地之时，一声令下，全华夏14亿儿女积极响应祖国在非常时期采取的举措，全国人民自愿配合，静静地待在家里，等待病毒的消退。这一举动获得国际社会广泛称赞，这是一次非凡的前所未有的举国参与的反应，我们用全国上下统一行动把病毒的传播降到了最低程度，这是任何一个国家都很难做到的。这就是我们的祖国历经几千年不衰不亡，我们民族文化生生不息的缘由了。强大的民族，每个人都愿意把自己的命运和民族联系在一起，愿意把自己的责任和国家的需要联系在一起，愿意把自己的行为和对社会的影响联系在一起，所以才打不垮、击不倒，能够战无不胜。

此时此刻，临外的老师们、同学们，我们要始终秉承一颗同祖国、人民共进退的中国心，从全国疫情救援的壮举中汲取精神力量和爱国信念，并落实到兢兢业业地工作中、扎扎实实地学习中、愈挫愈勇的拼搏中。同学们，你们是民族的未来、是国家的希望、是祖国未来的建设者。少年强则国强，少年智则国智！希望你们从小就能为社会、为国家、为人类发展而立志。老师们、要引导我们的孩子树立责任担当意识，塑造中华民族魂魄。无论中国怎样，请记得你所站立的地方，就是你的中国；你怎么样，中国便怎么样；你是什么，中国便是什么；你有光明，中国便不再黑暗。我们期待国运昌隆，能够福及我们自己；但我们也应努力让自己变得强大，能为国家富强贡献一己之力。

我们要成为敢于为国为民冲锋的人、无私担当的人、胸怀家国的人。更要像钟南山院士、李兰娟院士一样，除了胸怀家国，有担当有责任感外，还要做一个像他们一样有知识的人，像他们一样孜孜追求知识，努力学习，刻苦钻研学术，能够用高超的专业知识悬壶济世，救民于水火，护国于危难。成为他们那样的人，应该是我们读书的终极目的。尤其高三初三的同学们，面临高考、中考，人生的重大选择，时间紧任务重，更要加倍努力，珍惜时间，用最有效的学习方式，取得最好的成绩，创造考试的奇迹，初三的同学们，要实现高分的突破，创造新的辉煌。

教师们，为国育人是我们每个教育工作者义不容辞的责任，开学了，离升学的时间很短，我们要加倍努力，用最好的教学方法和最有效的措施，弥补学生学习的不足，让我们的学生考出做好的成绩，用最短的时间，让效率最大化，我们要精心研题、备课、上课、批改、辅导，我坚信，我们教师的责任心最强、干劲更足，激情最大，我们的成绩依然最好。

教师们，同学们，让我们向着明亮的远方、向着春日金色的阳光、向着未来，奔跑吧。祝我们的学子们，高考中考辉煌，学校的明天更美好。

人生熬得住多少苦累，未来才能担得起多少赞美
——九年级同学举行毕业典礼

尊敬的各位家长、各位老师：

亲爱的同学们，大家上午好！

绿树阴浓夏日长，楼台倒影入池塘。又到了一年一度的毕业季，今天，我们隆重集会，就是要为我们今天的主角、今天的大咖，也就是为在座的九年级同学举行毕业典礼。刚刚，和家委会主任们，举行了毕业石揭牌仪式，很感谢和感动，感谢各位家长，花巨资精心设计和捐献毕业石，毕业石既体现了同学们刻苦学习的情景，更体现了家校之间的友谊，我想，我们全体老师一定更加努力地工作，办出家长和社会满意的学校。同学们三年前，当你们走进校园时，还是一群稚气未脱的男孩儿、一群低矮瘦小的小丫头，三年后，你们长成了青春洋溢、朝气蓬勃的小帅哥，长成了亭亭玉立、知书达理的美少女。弹指一挥间，今天，你们毕业了，即将告别人生旅途上一个重要的驿站——初中部，将会有许多的同学，选择高中部，我想：离开初中部，你们带走的，装入你们行囊的，会是点点滴滴的鲜活的记忆；会是教室里的苦辣酸甜，会是赛场上的成功与失败，会是舞台上的歌声与倩影，会是表彰会上的沉甸甸的奖章和熠熠发光的获奖证书；会是初中部的精神和风气，我猜想，装入你们行囊的，一定还会有浓浓师生情、深深的同学友谊。

孩子们，成才的道路，征程路漫漫，未来的学习生活，将来的职业的生涯，会有更多的机会，更大的挑战，作为三年来陪伴你们成长的九年级全体老师，在你们一只脚已经跨出校门，即将扬帆起航的特殊时刻，我想提一点小小的要求：孩子们，离开校园的时候，能不能把母校的校训"厚德博学、志行高远"装入你的行囊，能不能把楼道里最显眼的文化墙上的"生命教育、善水文化"永远刻在你的心上？

生命教育的核心就是尊重、欣赏、成就，尊重里面就孕育着感恩，要学会感恩，要永远记住，我们从哪里来。古人云"羊有跪乳之情，鸦有反哺之义"，作为高级动物的人我们也应有尽孝之念，什么是孝？《孝经》开明宗义："身体发肤，受之父母，不敢毁伤，孝之始也；立身行道，扬名后世，以显父母，孝之终也。"要感恩父母。今年疫情肆虐，中国政府精心安排，防疫到位，让我们安然躲过大灾，安心学习，体现了大国风范、大国责任，我们也要感恩。还要感恩你的老师、你的同学，今后，我们在座的每一位同学，哪怕是遇到过不去的火焰山，还是掉进爬不出去的无底洞，我们的生命拜父母所赐，我们要珍爱生命，我们任何人任何情况之下都没有随意支配自己生命的权利。孩子们，人生短暂，人这一辈子，无论贫穷富有，无论荣华富贵，一定要记得帮过你的朋友、扶过你的兄弟、爱过你的亲人和生养你的父母。希望你们对父母长辈，多一份体贴。多一份关怀，多一句问候，尽孝心、重人伦、付亲情。孩子们，我殷切希望，从临外走出去的学生，不仅成绩要好，而且素养要高，还要深爱我们脚下的这一片土地，深爱五千年的中华文化，深爱我们伟大的祖国。我们要为中华崛起而读书，为实现中国梦而努力奋斗！

同学们，你们还要记住我们善水文化的四大精神，勇往直前的精神、点水穿石的恒心、海纳百川的胸怀、廉洁自律的精神，其中"恒"：持恒耐苦。天上掉不下馅饼，我在想，如果有一天天上真能掉下馅饼，那么，我们的结局只会有两种：要不被撑死，要不被砸死。人常言："不经历风雨，怎见得彩虹！"孩子们，别幻想一夜暴富，别奢望不劳而获，人生熬得住多少苦累，未来才能担得起多少赞美！讲到这里，我想起了阿里巴巴CEO的马云，马云从小功课就不好。中考考了两次才上了高中，当年数学只考了31分，高考考了几年我没有查到资料，第一年落榜之后，马云选择了蹬三轮，一次偶然的机会，捡到一本路遥的小说《人生》，马云发誓要上大学，几番辛苦，考上了一所师专，工作以后，下海经商，马云背着大麻袋闯义乌，卖小礼品、卖鲜花、卖衣服、卖手电筒。马云的经历告诉我们：人要成就一番事业，离不开吃苦耐劳，也少不了持之以恒，没有这样的品德，你将一事无成。孩子们，不要等到很多年以后，我们才明白，我们日后流过的泪，有一半是当初脑子进的水。

各位九年级同学，今天毕业了，不要伤感，擦干你的眼泪，收起你的行囊，因为许多同学还没有离开我们校园，只是从一边到了另一边，从一部到了另一部，因为高中部的管理、教学理念非常先进，成绩依然非常突出，初中部的教师依然在你身边鼓励你、指导你，高中部的教师会像初中部的教师一样敬业，关心、帮助你成长，所有的教师们都在这里等候你的归来，还有美丽的校园、你熟悉的一草一木，也静候着你的到来。

最后，衷心祝愿同学们梦想成真，前程似锦，金榜题名。祝各位家长身体健康，工作顺利。

成就最优秀的自己
——决胜中高考的"三字诀"

尊敬的老师们、亲爱的同学们：

秋阳高照，梦想起航。新学期，开启了征程。新学年，孕育着希望。

今年，高考、中考、小升初，均取得了优异的成绩，这是师生拼搏努力的教育新硕果。同学们对自己的未来有着怎样的理想和规划呢？为了明天的你，同学们今天应该怎样去做呢？借此机会，我想对同学们提几点要求：

一、要热爱伟大的祖国

今年是一个重要的年份，是不平凡的一年。上半年我们众志成城抗击疫情，与新型冠状病毒作战，当然常态性防疫依然不能松懈，我们每一个同学要做好个人防护。今年夏天我们中国很多地方都遭受了洪灾，所以下半年我们在抗洪，安徽有个地方叫王家坝，今年夏天，为了上保河南下保江苏，这里开闸蓄洪，让万亩良田、数十万人的家园变成一片泽国。这就是舍小家保大家的王家坝精神，就是我们中国伟大的抗洪精神！

请同学们记住"苟利国家生死以，岂因祸福避趋之"，这句话的意思：只要对国家有利，即使牺牲自己生命也心甘情愿，绝不会因为自己可能受到祸害而躲开。当耳畔听到"中国""中华""华夏"这样的词汇时，我们的内心便有了归属感和自豪感；当眼中望见"五星红旗""齿轮麦穗（国徽）""雄鸡版图（中国地图）""方块汉字"时，一种心潮澎湃、一种无限崇拜就会油然而生。这些积极的感受，美好的情愫就是——爱国！同学们，一场新冠肺炎疫情，让每个人见证了中华民族强大的创造力、凝聚力、战斗力，让每位中华儿女感受到了祖国的繁荣、强大与温暖，临沂是一片红色圣地，许许多多的志士仁人曾从这里出发，走向为民族振兴、国家自强而艰苦跋涉的革命道路。作为新时代的临外学子，尤其是国际高中的同学们，以后你们要出国学习深造，要记住我们是中国人，要会唱我的中国心，我希望你们把自身的前途和命运与民族复兴大业紧密关联起来，和时代共成长，与祖国同发展。

二、以英雄为榜样，提升自己的品质

2020年，十三届全国人大常委会第二十一次会议通过了关于授予在抗击新冠肺炎疫情斗争中作出杰出贡献的人士国家勋章和国家荣誉称号的决定，授予钟南山"共和国勋章"，授予张伯礼、张定宇、陈薇（女）"人民英雄"国家荣誉称号。钟南山荣获"共和国勋章"，这位白发苍苍的84岁老人，先后两次在抗击"非典"和"新冠"中，用生命抗战疫情直至胜利，斩获盛誉，实至名归，举国欢呼。还有中国天眼之父南仁东、大漠将军林俊德、云南女子高中校长张桂梅、从美国回国效力的曹元、留守女生考上北大选择考古专业的钟芳蓉等，都值得我们尊重和学习。祖国的发展靠什么、民族的希望是什么、中国梦靠什么，就是这英雄们。同学们不要盲目崇拜什么星，要以品德优秀，才华出众，对人民有贡献的人为榜样。

三、要勤俭节约

勤俭节约是实现伟大中国梦最重要的部分之一,更是社会主义核心价值观的重要体现。古诗语"谁知盘中餐,粒粒皆辛苦",古语云"一粥一饭当思来之不易,半丝半缕恒念物力维艰",学校决不能看着浪费的现象如此严重而放手不管。同学们,要认识到身边的水、电、学习用品、粮食的来之不易,要懂得珍惜,要热爱祖国,就要珍惜资源、勤俭节约。

高三、初三的同学们,面临高考和中考,面临决定自己一生的幸福,时间短暂,我想对你们说:"人生能有几回搏,此时不搏何时搏?这学期对于你们说是拼实力、靠体力、比耐力的关键学期。人生有许多重要机遇期,有些机遇更是至关重要。"

我送给大家三个锦囊,每一个锦囊都是一个字,合起来三个字,是决胜中高考的"三字诀",希望每一个同学都能够用它打开自己考试成功的大门,书写无悔的奋斗青春。

第一个字:勤。

"黑发不知勤学早,白首方悔读书迟",青少年时期是宝贵的学习时光,错过了这个时期,将来难以弥补。如何让自己的人生将来不后悔?请把握这个"勤"字!没有人能够随随便便成功,除了极少数有天分的人,没有哪一个成功者不是苦出来、拼出来的。

"天道酬勤",上天会眷顾下苦功夫的人。这一年就是我们比拼勤奋的时候。怎样才叫勤?"三更灯火五更鸡,正是男儿读书时",早起是一种勤,"千淘万漉虽辛苦、吹尽狂沙始到金",反复练习、精益求精是一种勤,"敏而好学,不耻下问",查缺补漏、主动请教是一种勤。

第二个字:智。

如果说"勤"是一种态度,那么"智"便是一种方法。什么样的方法?科学的方法、智慧的方法。学习是讲方法的,复习备考更有方法可循。你们的老师不仅自己经历过中考、高考,有的还参与过多次命题、阅卷,见证过以往成功的学姐学长宝贵的复习应考经验。所以要紧跟老师的节奏,聆听老师的建议。

我以为:"凡事预则立,不预则废。"制订复习计划、分解任务到每一天是一种迎考复习的智慧。"善弈者谋势,不善者谋子。"理清学科知识体系,借助思维导图建立知识树、考点网是一种智慧。

第三字:静。

静是一种境界,一种专注而又放松的良好心态。这种放松不是松懈,而是在前两个锦囊"勤"与"智"基础上的那份底气与自信。我们知道,中考和高考不仅比知识、比能力,更要比心态、比状态。如何拥有良好的心态和自信的状态?希望同学们守住一份静气,安安静静学习。"水静极则形象明,心静极则智慧生。"这段时间要静下心来学习,不为琐事耗费精力。把每一次模拟考试都当成正式考试一样对待,修炼那一份沉静,遇难心不慌,遇易心更细。正式考试的时候就像平时练习一样,避免过度紧张而发挥失常。同学们,拼搏的时刻已经到了!这是一场酣畅淋漓的人生考场,这是一次证明自己的重要经历。罗斯福说:"当时间的主人、命运的主宰、灵魂的舵手。"

老师们,我想对你们说:"今天,你与临外血脉相连,荣辱与共。临外怎样,你就怎样;你怎样,临外就怎样。学校有大楼,更需要大师,所以,希望你们认真备课、上课,遵守制度,关爱学生,提高效率,培养出优秀的学生。"

老师们,同学们,新学期、新征程,让我们凝心聚力,逐梦前行,在学校高质量发展中书写人生的壮丽诗篇,成就最优秀的自己吧!

要肩负起越来越多的责任
——在2020届高三学子的十八岁成人礼仪式上的讲话

尊敬的各位家长,亲爱的老师、同学们:

今天在这里我们隆重举行2020届高三学子的十八岁成人礼仪式。天地为鉴,国旗为证,全校师生共同见证了这一庄严而又神圣的时刻,当十八岁的礼炮响起时,我相信每一名高三的学子都怀着无比激动的心情迈过了成人门,过了一个别样的十八岁的生日。古人讲"二十弱冠",我们用这种方式告诉你们已经成人了,迈入了中华人民共和国成年公民的行列!同时赠送给你们的《宪法》和成人纪念章则有着更深刻的含义。

前些天,我在与高一年级和高三年级部分班级的同学对话,探讨十六岁和十八岁的区别,很多同学给出了明确的答案,那就是责任。成人意味着你们要肩负起越来越多的责任,无论是你应尽的义务还是享有的权利,都是作为一个成年人的责任,它包括了你对于国家、社会和个人。十八岁是人生的一个里程碑,就像有一双看不见的手忽然替你松绑,你将被允许做很多事情:

你可以参加选举——这意味着你有权力成为国家的选举人和被选举人;你可以考取驾照——这意味着你不仅能掌控车轮,也能掌控人生;因为你是具有完全民事行为能力的人,可以独立进行民事活动;你有资格去献血——在世界的某个角落,某个你可能完全不认识的人,可以因为你的奉献,生命被唤醒;你可以申请加入中国共产党或其他民主党派;你可以拿起法律的武器维护自己合法的权益;你可以继续在高等院校里学习,获取知识等。

可是里程碑的意义并不完全是获得,它还意味着失去,你将失去那部叫《未成年人保护法》的庇护,你将失去那个被视为孩子的借口。你将要和高考狭路相逢,又让这座里程碑多了一份厚重的严肃。党的十九大的主题是不忘实初心,牢记使命。中国共产党人的初心和使命就是为中国人民谋幸福,为中华民族谋复兴。这不仅是中国共产党人的初心和使命,也是我们每一位青年学子的初心和使命。荡气回肠的《少年中国说》让人感慨万千,中华民族今天的繁荣和富强,经历了多少代的人不懈努力与奋斗,它是所有中国少年和青年的初心和使命。"修身、齐家、治国、平天下"在《大学·礼记》中是这样说的:"古之欲明明德于天下者,先治其国;欲治其国者,先齐其家;欲齐其家者,先修其身;欲修其身者,先正其心;欲正其心者,先诚其意;欲诚其意者,先致其知。致知在格物。"今天我们每个青年学子想要实现自己的人生价值,为国家做出贡献必须从小事做起,要格物致知,要正心诚意,才能成就你的家国责任和人生梦想!

富强、民主、文明、和谐;自由、平等、公正、法治;爱国、敬业、诚信、友善,我们要把社会主义核心价值观内化于心,外化于行,中华民族上下五千年的优秀文化缔造了五十六个民族的繁荣与昌盛，中华文明在全世界影响之大传播之广，让我们每一个中国人为之自豪，我们必须担负维护国家统一和全国各民族团结的义务。

习近平总书记说："青年一代有理想、有担当，国家就有前途，民族就有希望。"为此提几点要求。

一、做一名有家国情怀的人

突如其来的新冠肺炎疫情，给你、给家人、给老师、给学校、给社会，给生于斯、长于斯、成于斯、老于斯的每一位中华儿女，带来了史无前例的疫情、挑战和大考，我们必须铭记并用一生的努力和优秀回报祖国给予我们战胜疫情的办法、勇气、信心和力量。

同学们，疫情期间，每当我们通过媒体看到或听到"连夜、驰援、请战、逆行、守护、投入、志愿、分担、全力、救治"等我们再熟悉不过的表达时，相信同学们和我一样不知道多少次为一线所有人的安全健康担忧、祈祷、感动、流泪；在雷神山、火神山、方舱医院闪电般建设并高标准投入使用时，相信我们都会为党中央的英明决策、为中华民族不畏艰难困苦、万众一心、众志成城的勇气、精神、能力和担当折服。为我们优越的社会主义制度、为我们是一名中国人而自豪万分！中国抗击疫情经验为全世界分享，我们用负责任大国的担当为世卫组织赢得了最宝贵的抗疫窗口期。一位媒体人这样说，这场灾难恰恰证明了中国超凡的战斗力和凝聚力。世界上大概不会有哪个国家能够在一场疫情面前这样组织起来、为保护人民的健康安全而如此的不惜代价。世界卫生组织总干事谭德塞表示，疫情发生后，中国体制之有力和采取的举措之有效世所罕见，令人敬佩！

同学们，抗击疫情，我们敬仰钟南山、李兰娟、张文宏等专家的担当，我们对千千万万投入其中、全力以赴、义无反顾的医者、劳动者、服务者、志愿者肃然起敬，对无数个乡村、企业、海外华人急国家之所需倾囊捐助敬佩不已，老师们都以捐款、参加社区服务和积极做好线上教学等方式为战疫和社会稳定贡献力量！这样的家国情怀我们要学习，我们更应该拥有！愿大家都能尽其所能，以实际行动对祖国的爱和奉献回报国家！

二、做一名有责任担当的时代新人

新冠肺炎疫情，让我们对世间万物和谐共生有了更多认识和反思，对很多职业、很多人有了全新的了解和思考，对生命的意义和价值有了新的感知和参悟！同学们，一代人有一代人的成长历史，一代人有一代人的责任与担当。责任与担当不分学历高低，不分出生年代。在此，我想引用梁启超先生的一句话："人生于天地之间，各有责任。知责任者，大丈夫之始也；行责任者，大丈夫之终也；自放弃其责任，则是自放弃其所以为人之具也。"同学们，我们只有把对自己、对家庭、对社会、对国家的责任一肩扛起，才能称得上一个热血青年，才能成为一个顶天立地人。希望十八岁的你能够担起奋力拼搏的责任，更希望大家能从此养成直面困难、珍惜时间、热爱生命、全力以赴、做好细节等一生都会受用的品格。

三、做一名知法、敬畏的公民

朱熹说："君子之心，常怀敬畏。"曾国藩也曾说："心存敬畏之心，方能行有所止。"智者、圣人，之所以不凡，是因为有所畏惧也有所敬仰。我们常怀敬畏之心，就不会轻易浮躁，内心自然会生养出一股正气、庄严与崇高。我希望同学们敬畏法律，敬畏道德，敬畏生命，敬畏自然。同学们，法治社会为我们每一个人提供了法律框架内最大的保障与权利，同时也规定了公民的法律义务。请大家永远都要记住，十八岁后，社会对大家的要求是有标准的，无论你长多大、走多远，无论大家将来学习什么、从事什么职业，无论你取得了多大的成就或遇到了怎样的困难，遵纪守法都是国家对每一位公民的基本要求，只有守住这个底线，你的价值和贡献才会被社会承认。所以希望大家都要牢记习近平总书记眼中"好青年""树理想、爱祖国、担责任、勇奋斗、练本领、修品德"的样子，在平凡的劳动中创造伟大，以初生牛犊不怕虎的青春朝气，练就过硬本领，投身强国伟业，脚踏实地做好最优秀的自己，成为为国担责分忧的好公民。

四、感恩

知道感恩是一个人成熟的标志,对父母的孝道也是非常深刻的。古人云:"小孝孝其身,大孝孝其心,至孝孝其志!"孝敬父母,不仅仅是给父母花点钱,买点东西。孝敬父母,主要还是与父母交心,知道父母在想什么,精神上有什么需求,然后自己努力去帮助。至孝者,知道父母一生的志向,并竭尽所能帮助他们去实现。还要感恩你的母校、你的老师、你的同学,给你搭建平台,让你成长。感恩要用实际行动来体现。《周易》有云:"天行健,君子以自强不息;地势坤,君子以厚德载物。"十八岁,是人生最美年华的开始,也是我们提升自我、完善自我最好的时期。我们应该珍惜时光,勤奋学习,不断努力,不断奋斗,这就是最好的感恩,同学们,在刚刚结束的全市二轮模考中,每个同学的成绩都在大幅度提升,尤其全区前十名我们占了八席,陈思同、周绍泽、甄欣、聂涵莹、马宇翔、刘硕、王子俊进入前八名,孔楼露莹第十名。还有王怡然、任建民、陈梦雨、吴玉章也考得好。成绩的取得,得益于你们拼搏努力,得益于老师们的精心备考、用心工作,还得益于年级科学管理有法。所以,我要说你们高三的全体师生,都是我们学校的骄傲。还有二十多天,大家就要接受人生的一次大考,就要带着成长的印记奔向属于你们的诗与远方。高考的严肃在于它对你们未来的人生有着不言而喻的影响,它是一场需要你们凭借智慧、自信、勇气、体魄以及壮士断腕的决心,竭尽全力来面对的挑战,我相信你们每个人都能经受住这场考验而挑战成功!不能忽视这二十三天,许多优秀的同学,就是因为不重视这几天,不认真学习了,骄傲了,最后倒在高考脚下。同学们,我们要吸取教训,不留遗憾,要调整心态,不骄不躁。有人喜欢"大江东去"的豪迈,有人喜欢"一蓑烟雨任平生"的豁达,有人喜欢"十年生死两茫茫,不思量,自难忘"的深情……而我却非常欣赏丈夫志四海,万里犹比邻。特别是在这场成人礼后,你必将跋涉不能跋涉的泥泞,忍受那不能忍受的严寒,摘取那不能摘取的晨星,一定能考上理想的大学。

同学们，你们要牢记临外的办学理念是"润泽生命、播种智慧"，一直以来，临外以为祖国培养优秀人才为己任，为每一个学生负责，让每一个学生都能考上理想的大学为办学目标。今天的你们，要"胸怀家国，共圆中国梦"。无论你身处何时何地，请你谨记临外的校园文化——"生命教育、善水文化"。"天下兴亡，匹夫有责"，身上有责任心中方能有目标，看到眼前的意气风发的你们，我想说："抬头看看猎猎舞动的国旗，回首望望殷殷期待你的老师，临外毕业的你们，你们还给我们，一个怎样的社会？一个怎样的中国？一个怎样的世界？"

生命最好的姿态当如泰戈尔所言："生如夏花般绚烂，死如秋叶般静美。"在春天里，知万物复苏；在夏天里，赏繁花似锦；在秋天里，听梧桐落叶；在冬天里，看白雪飞扬。恰同学少年，意气风发、挥斥方遒！鹏北海，凤朝阳。

"燕雀安知鸿鹄之志哉！"同学们，让我们树立起凌云之志，积极承担起家国的责任，青春多壮志，鹏程万里登绝顶；人生需奋斗，翱翔九霄击云端！预祝大家追求卓越、金榜题名、报效家国！十八而志，青春万岁！

第五章　课外活动管理

第一节　家校社共建

临沂外国语学校自 2013 年年底成立生命教育特色建设项目组，致力于打造生命教育特色建设学校。生命教育的宗旨是"为幸福人生奠基，让生命精彩成长"，核心是呵护、尊重、拓展、成就生命。几年来，学校通过生命教育论坛、主题班会、社团建设、校园环境建设、打造生命课堂、打造校本课程、加强家校社建设等活动，不断拓展生命教育的广度和深度，使教育效果达到最优化。尤其是学校、家庭、社会合作育人工作发展迅速，有效促进了学校教育教学的发展进程。

一、一项坚持

坚持校级家委会驻校办公制。校级家委会成员轮流在学校值班，值班人员参加学校诸如升旗仪式、列席例会、随堂听课、诚信考场外围督查、食堂监督、路队管理等活动并服务学生，共同解决学校发展中遇到的问题。

二、家委会两翼齐飞

（一）三级家委会成员举荐接地气

1.各班海选。家长自愿报名、演讲，全体家长认可后，选出 5～7 名愿意为学校、家长、学生服务的家长成立班级家委会。

2.年级竞选。各班家委会推一名成员参与年级竞选,选出有丰富家庭教育经验、能反映家长们所关注问题的5～7名家长组成年级家委会。

3.学校聘任。各年级家委会公推1～2名成员参评学校级的竞选,选出9～11名有较强的组织协调能力和社会活动能力且能代表社会各阶层的家长代表组成学校家委会,学校在年度家委会换届大会上颁发聘书。

(二)运行机制重实效

家委会工作是结合学校、家长和学生的实际,紧紧围绕家长委员会的各项职能全面开展工作。注重健全定期沟通协调议事机制、家长监督评价的运作机制,确保家长委员会的工作有章可循,有效运行。三级家委会主任定期召开家长委员会成员会议,就学校发展中的重要问题进行商讨,为学校发展献计献策。

各班家委会积极开展与贫困生、学困生结对子活动,扶弱济贫,营造和谐的班级氛围。家委会建设比较突出的一些班级,班风正,学风浓,学生的学习积极性明显提高,课堂氛围明显改善。

三、三方沟通平台创建

明末清初理学家张履祥说:"人各欲善其子,而不知自修,惑矣。"意思是说:"每个人都想培育好自己的子女,但往往不懂得、不重视修养自己品德、行为的重要性,其结果自然是惑乱了。"因此,培训家长就成为一项重要任务。

成立家长学校,按时开课,通过开展家长培训讲座,用先进的教育理念和科学育人知识指导家长。学校每学期的开学家长第一课都由张再河校长主讲,第二课由李学娟副校长主讲,依次是政教处郁友伦主任、吴绍英副主任、刘超副主任等。各年级和班级的家长会,由年级主任和班主任结合年级班级的具体情况开展相对应年级孩子的家长培训课程,同时结合千名教师进万家活动、家长开放日和接待日等活动、积极拓宽各种家校沟通渠道。

现代社会,由于竞争压力大,广大家长都在为工作而忙碌,大部分时间用在了事业上,而在孩子身上投入的时间越来越少,根本不可能经常与教师交流，虽然学校也经常组织家长幸福课活动，但往往在 1～2 小时的时间里，教师要与几十个学生的家长沟通交流，效果甚微。而网络媒介的出现，正好弥补了这方面上的不足。

从 2014 年 11 月开始，学校革新了家长学校授课形式，创建了第三方沟通平台。

一是充分利用移动网络上智能手机的微信即时性和易于扩散性开展家长学校工作，创建临沂外国语学校微信公众订阅号平台，全校教干教师和全体学生家长添加关注，随时接收。第 56 期家校育人微信平台公众号《别把孩子养的不知感恩》已正式发布学习。我们要求家长学习后，在各班级的微信群和 QQ 群中简单谈谈学习感受。这样，班主任就可以随时了解家长的养子教子感受并对家长疑惑的地方做出指导解答，以及就孩子在校出现的问题做即时沟通，学校主要领导都在家委会微信群中，能了解到家长学生的真实信息。微信平台的开通，拉近了家长与教师的距离，方便了家长对学校和孩子的了解。收到家长们的一致好评。

二是在学校官网上开辟"家庭教育"专栏，含家庭教育、经验交流、教子诀窍、热门话题、家长心声、名人家教等六个子栏目，内容经常更新，家长通过浏览学习，收益较大。

四、四点做法

家庭教育，就是对"根"的教育，对"心灵"的教育，只有"根壮""心灵好""状态好"，才能"枝粗叶肥"。学校是通过以下四点具体做法开展家校育人养心工作的。

一是经常性开展家长中型经验交流会或小型沙龙。通过优秀家长现身说法、发挥优秀家庭的示范带头作用。

二是将家校共育升级为家校社共育。在家校共育的基础上，将学校关工委中的社会力量吸纳进来，充分利用关工委老同志的艺术特长和德育教育经验，对学生进行书法、绘画等特长培养和道德教育。

三是组织家庭社会实践活动。家庭教育就是孩子生命成长的教育，就是让孩子们萌生"会学习，善于学习""会生活，善于生活""会相处，善于相处"的意识，并乐于去实践和探究。定期开展家长和学生共同参与的参观体验、志愿服务和社会公益活动。如七年级17班家委会单防震主任组织的校外亲子活动；海外部21班家委会组织到莒南孤儿院和敬老院开展的志愿服务和社会公益活动。

四是学校的三部管理各有特色，尤其在家长会方面，都遵循"家长是主角，讨论互助共同提高"的原则，激发家长们的主动性，教师作为组织者根据学生实际确定讨论主题，起到了主持人的作用。

校本部的学生来源于芝麻墩街道，家离学校近，家长晚上的时间相对宽裕，我们就多组织晚上的家长会活动。

国际部的学生来源于全市各县区，每周五下午4点是固定的家长来接孩子的时间，间周一次的家长短会已成常态。

海外部到从小学一年级到高三，走读生多，每天的放学时间也就是家长与教师共同的交流时间。海外部很多年级只有一个班，这样，班级家委会就显得尤其重要。海外部的家长人脉很广，各班级家委会就多次邀请市内外家庭教育专家来校开办家庭教育讲座。

三个教学部均以重大纪念日、民族传统节日为契机，通过丰富多彩、生动活泼的文体活动增进亲子沟通和交流。及时了解、沟通和反馈学生思想状况和行为表现，营造良好家校关系和共同育人氛围。

五、五项收获

（一）家委会"烛光"爱心基金会助力学校发展

家委会成立"烛光"爱心基金会，通过对外宣传，企业、社会组织和个人注入善款，用于帮助在生活、学习、疾病治疗等方面有困难的师生。2014级12班梁同学多次受到资助，还有12位孤残儿童受到帮助。

（二）家长督学，有效提高课堂教学效率

从后台走向前台，由监督转为共建，家长和学校一起出发。李英新老师带领的2016级18班，在班级家委会李桂乾主任号召下，家长们都踊跃报名

来校督学，全天在校督学有效提高了同学们学习的积极性。

（三）家长进课堂，百花齐放

邀请家长走进课堂走上讲台做老师，展示他们的专业特长与社会经验，很受学生欢迎。优秀家长进课堂活动，充分挖掘了家长群体丰富的教育资源，拓宽了学校的教学内容，开拓了学生眼界。

（四）家长幸福课教师讲师团成立，培养锻炼了一大批家庭教育导师

为推动以"提高家长素质，提高育人水平"为核心的"家长幸福课"，组织成立学校家庭教育讲师团，除教干教师参加外，还分年级充分挖掘家长，选出39位家庭教育讲师团家长成员，适时到各年级开展家庭教育讲座，宣传推广"教子有方"的经验。家长讲师从自身家教出发谈起，容易激起其他家长的家教同感，易于接受。学校还组织教干、教师和家长们一起编纂了本校的家长幸福课教材《守望》，正在使用中。

（五）学校声誉度快速提升

从2015年5月学校的家校育人工作开展以来，学校的各项工作均取得长足发展，2015年度各项工作获得大满贯。2016年，学校中考成绩实现一中过线148人的好成绩，海外部高三5人考取国外名牌大学。有两支体育队伍代表临沂市在省运会上获奖：云彦华老师率领的学校健美操队取得了团体总分全省第三的骄人成绩。李向阳老师率领的学校田径队，在田径比赛中，张钰涵在女子标枪项目中投出了32米的最好成绩，夺得全省第二；张震在男子跳高项目中以1.86米获得该比赛项目的银牌。

师生的各种文体活动扎实有效开展，干群一心、师生共进，学校工作广受赞扬，声誉度快速提升。

六、六项措施

措施一：在任课教师中开展导师制活动，即教师对自己所教学生实行包片负责制，建立长期家访联系制度，进一步加强教师与家长的沟通，密切家校联系，形成了学校和谐的可持续发展的育人环境。

措施二：成立领导小组、工作小组。根据教育局指示精神，学校召开全

体教干专题会议，学习传达文件要求，同时，校长亲自挂帅，成立了"千名教师进万家"领导小组、工作小组。由政教副校长具体负责此项工作，扎实开展各项活动。

措施三：加大宣传，营造氛围，制订方案。主任带领教师们学习了学校工作实施方案，并下发所需活动材料，其中包括"千名教师联系万户家庭连心育人"情况登记表、联系情况记录表、学生家庭基本信息表及"千名教师联系万户家庭连心育人"联系卡，同时强调工作要求及注意事项。

措施四：划分各级网格。根据上级文件要求，对学校所有学生进行具体网格划分，形成了领导班子、年级主任、班主任、任课教师相应的一级、二级、三级、四级网格。在此基础上班主任根据实际情况，把本班学生平均分给任课教师负责，做到全覆盖、全方位、全参与。

措施五：健全制度保障。

1. 建立导师跟踪制度，加强家校联系。学校制作"千名教师万户家庭连心育人"联系卡和家访登记表，作为教师和家长共同交流的载体，每位教师要与所负责的学生的家长建立长效联系制，对每一位学生每学期家访不得少于一次。

2. 建立特殊学生送教上门制度。对特殊学生要求送教上门，特殊对待。对学校周边社区的留守儿童、残疾儿童等特殊学生，制定了送教上门制度。定期到学生家中指导学生，并积极帮助解决生活中存在的问题。

3. 建立师生谈话制度，帮扶教师必须和学生进行专题谈心，并做好详细记录，利用课余时间主动和同学谈心交友，走进学生的内心世界倾听学生的心声，交流思想，密切感情，并及时记录谈话要点，及时进行反思。

4. 建立学生成长档案。联系教师为每位学生建立个人成长档案，记录学生的成长轨迹，进行个案研究，及时进行分析诊断，指导学生健康发展。

5. 学校把"千名教师进万家"活动工作纳入教师年度考核，作为一项政治任务，要求教师认真完成，家校连心育人活动真正落到实处。

措施六：学校督促跟进教师工作进度。学校统一要求家访教师利用9月26日、27日周末去家访并做好记录，及时反馈情况，随时对学生进行谈话鼓励等。

"千名教师万户家庭连心育人活动"是一项功在当代、利在千秋的活动，通过教师进万家，家校联手，得到了家长们的认可和支持，并且优化了办学理念，逐步实现做"学生爱戴的教师、建家长依赖的学校、办人民满意的教育"的目标。

七、七项提升

一是提升了教干的管理理念和管理水平。敞开大门办学，学校主动融入社会并自觉地将自己置于社会的监督评价之下。

二是提升了家长和教师的合作能力。家委会工作和教师的教学工作是并行的两条线，相得益彰，充分合作。

三是提升了学生的快乐指数。家长在校更多发现孩子的优点，多提有利于学生身心健康的建议，学生感受到父母对自己学生生活的了解，有利于家庭沟通和幸福提升。

四是提升了学校各部门的综合管理能力，学校的各项工作都上去了，学生的能力提高了，成绩自然提高了，我们才能有更多的精力投入到各项素质的培养中，家长的注意力才能慢慢转向学生的全面发展。

五是提升了常规管理细化度，把家校合作育人工作纳入常规管理并考评表彰先进，进一步规范推进家委会建设和家长学校组织工作。

六是提升了家长对学校的理解支持比率。以往关门办学时，12345投诉相对较多，现在大家有问题可以直接向班级、年级和校级家委会反映寻求解决，减少了很多不必要的误会。

七是提升了家长的家庭教育能力和水平。

为此，下一步我们决心戒骄戒躁，在现有成功经验基础上全面提升家委会建设水平，全面提高教育教学质量，计划从以下几个方面努力。

1. 提升教干的管理理念

伴随着社会经济的发展和生活水平的日益提高，人们对教育的重视程度和期望值也越来越高，对孩子的受教育水平也越来越看重，很多家长开始迫切希望了解学校教育，迫切希望担负起教育孩子的应尽责任，希望提高本身的教育能力；学校也开始倍感孤立无援的教育现状越来越难以适应教育的新形势，希望得到社会、家庭的理解、认同、支持和配合，希望寻求加强家校融合的渠道和途径。

教干首先应当明确，民主和开放是新时期对学校办学的新要求。学校必须拆除"围墙"，打开校门，走出封闭办学的传统，主动融入社会，争取家长及各种社会力量的支持，并自觉地将自己置于社会的评价、检验和监督之下。这是现代学校发展的必由之路。

2. 提升教师的合作能力

在家长委员会建设过程中，有的教师认为与己无关，这是个误区。家长委员会的建立与发展离不开广大一线教师的积极参与和配合，没有教师的协助和参与家长委员会不可能规范和成熟。学校应适时调动教师的积极性和参与热情，为家长委员会建设出谋划策、添砖加瓦。孩子的培养本不该是学校单方面的责任，而是家庭、学校、社会的共同责任，所以，学校教育也不应有秘密和保守，应当吸引家长、社会共同来参与。可是一直以来，学校大门越关越紧，教育越来越显神秘和陌生。这一方面造成了家庭、社会教育力量被排斥于学校大门之外，得不到最大限度的利用，造成了资源闲置与浪费；一方面使教育成了教师的"独角戏"，教师的单打独斗难以得到社会、家长的理解和支持，甚至造成了彼此的误解和矛盾。家校之间出现了阻碍交流和沟通的"鸿沟"，这种极不和谐的生态关系，严重制约了教育教学的质量。但是，随着家委会工作的推进，新的问题产生了：有的教师认为，家长来了，是不是我们可以让他们分担一些事情，比如打扫卫生，给学生盛饭，甚至是否可以帮忙监考等。这实际上是对家委会工作的误解。家委会工作和教师的教学工作是并行的两条线，有时可以交叉，有时可以拧成一股绳，相得益彰，但绝不是互相代替。

3. 提升家委会的参与效率

班级的家长活动是家长委员会建立和开展工作的基础，是家校联系的突破口。班级家长活动工作不实、不活，学校和年级家长委员会的生命力必定大打折扣。家长委员会除了积极参加学校家长委员会和年级家长委员会开展的工作外，还可以充分发挥规模小、便于组织、灵活性强等自身优势，围绕参与班级管理、支持班级教育教学和课程实施、推动家庭教育等方面积极开展工作，多出谋划策；多为班级社会实践活动提供各种支持和协助；多协助班主任做好提升家庭教育的针对性；多协调教师家访，自发组织或配合学校家长委员会开展家长问卷调查，征求家长意见，参与对教师和学校的评价；多举办班级家长沙龙，交流亲子困惑与体会和分享家教经验与解决家庭教育存在的诟病等。

4. 提升学生的快乐指数

我们要培养小老虎，不要小绵羊；每个月要让学生有一次充满激情的活动。家委会和学校工作的最终落脚点是帮助孩子。不要让孩子感觉到又多了一双眼睛监督他们。教师要优化课堂结构，减轻课业负担，指导学习方法，提高学习效率；家长也要多发现孩子的优点，多提有利于学生身心健康的建议；我们的共同目标是怎么样让孩子快乐学习，有效学习，主动学习，健康成长，而不是合起来"关、卡、压"。

5. 提升学校的综合管理能力

学生的成长需要全方位发展，学校的管理是立体网状的。家长"望子成龙"心切可以理解，但是，我们学校应该正向引导，同时也应该提升综合管理能力。学校的各项工作都上去了，学生的能力提高了，成绩自然提高了，我们才能有更多的精力投入到各项素质的培养中，家长的注意力才能慢慢转向学生的全面发展。

下一步，我们要重点推进：

(1) 文化是学校发展的根，也是各项工作的灵魂。要把学校文化渗透进家委会的建设和工作中，才能使之走得更远。要把学校和而不同的校训渗透进家委会建设的指导思想中，把和谐相处，合作共赢的办学理念融入家委会工作实践。

(2) 教学是学校教育的生命线，课堂是学校教育的主阵地，家长关心最多的也是课堂。积极推进课堂教学改革，打造旨在尊重理解，合作和谐的有生命力的课堂是当前学校工作的重中之重，也是家委会工作向纵深发展的必要保障。

(3) 我们是园丁，做好常规就是精耕细作，是效率的保障；落实规范就是科学管理，是尊重规律，是把握教育方向的前提。要把家委会管理纳入常规管理，进一步规范推进家委会建设和工作机制，使家委会成为推进开发区教育的有力助推剂，成为家校和谐共建的桥梁和学校教育的有力保障。

第二节　注重家风家教

在深入探索实施素质教育的过程中，我时常在想：同样的教育思想，同样的教育方法，却在现代学生面前变得无力起来。现在的学生，由于家庭环境不同造成的个体差异的存在，以及来自家庭教育因素的影响，导致了"教育越来越难，老师越来越难当"的现状。作为校长，以前也时常感觉到工作中有许多委屈和困惑。夸美纽斯说："教育是通向人间天堂的康庄大道。如果儿童失去关爱，不能及时得到理想的教育。他们的灵魂就将失落。"当前，社会、学校、家长树立正确的教育观和孩子成才的观念，都是刻不容缓的。作为校长，究竟应该树立哪些新的教育理论，转换哪些旧观念？在教育模式、学习方式等正在发生根本性变革的今天，我们在转换教育思想、更新教育观念方面应如何去做？也许我们现在急需做的，不是帮助孩子把他们的考分再提高一些，而是如何保护孩子的天赋，如何让孩子心理及身体都能健康地成长，去享受生活、创造生活，感恩生活。

在这里，我和家长们交流一下心得。

家教至关重要。《三字经》上说："养不教，父之过。"父母养育儿女，不单要"养"，还要"育"，还要"使作善"，要对子女的人生道路负责，这就是家教。

首先，家长要有"家是教育之源"的意识。育孩责任在家。家庭教育是非常关键的，尤其是幼儿教育。有什么样的教育，就有什么样的孩子。

颜之推在《颜氏家训》"教子第二"中说道："父母威严而有慈，则子女畏慎而生孝矣。吾见世间，无教而有爱，每不能然；饮食运为，恣其所欲，宜诫翻奖，应诃反笑，至有识知，谓法当尔。骄慢已习，方复制之，捶挞至死而无威，忿怒日隆而增怨，逮于成长，终为败德。"俗谚曰："教妇初来，教儿婴孩。"

从这里可以清楚地看到，颜之推对家庭教育的重视。他极力主张要从早期教育入手，培养子女良好的习性。极力反对一味地溺爱，倡导"教儿婴孩"论，反对"无教而有爱"，强调对子女的教育要严格。还特别指出，子女骄横轻慢的习性已经养成了，这时才去管教、制止，即使将他们鞭抽棍打至死，也难以树立父母的威信。

其次，要从建设家庭环境出发，培育个人成长的健康土壤。也就是有一个良好的家风。

家风是什么？家风是一个家庭在世代生存繁衍的过程中逐步形成的风俗、风气、风尚、风范。风是什么？《毛诗序》说："风，风也，教也。风以动之，教以化之。"风是用来劝诫的，是用来为化的。家风是一个人精神成长的开端。有什么样的家风，就会有什么样的道德品性；有什么样的家风，就会有什么样的为人处世。

家庭是人们出生的地方，是人们有生以来所接触和生活的第一个环境。正如马卡连柯所说："家庭是最重要的地方，在家庭里，人初次向社会生活迈进。"刚刚出生的孩子身体柔嫩，心灵像一张白纸，极易涂上颜色。他们"心之未有所主"，可塑性相当强，极容易接受周围的环境影响。家庭环境对人身心发展的影响作用是相当广泛的，一个人的知识、经验思想、习惯、品德、兴趣、爱好和特殊才能的形成和发展，同他所处的家庭生活环境关系极大。家庭环境对人的心理发展方向和水平影响作用也是相当大的，早期的影响起着决定性的作用。

最后，家庭环境对人的影响作用是自发性的，而家庭教育则同学校教育一样是主动的积极的影响作用，在人的身心发展中有着特殊的意义。我国近代著名爱国将领朱庆澜先生十分重视早期家庭教育的重要作用，他认为，六岁以前的家庭教育是"至关重要的事"。他说："因为小孩子生下来好似雪白的丝，在家里养活六年，好似第一道染缸；六岁进入学堂，好似第二道染缸。二十多以后出了学堂，到世界上来同人办事，好似第三道染缸。"他认为关键是"第一道染缸"。"第一道染缸"打上"红底子"，以后再受到好的教育和影响人就会变成"大红""朱红"。即或是后来受到不良的影响,"红底子"也不会很快变化,假如"第一道染缸"染成了"黑底子",以后就是受到好的教育和影响,原来的"黑底子"也很难褪去;如果到学校和社会上遇上不热心的先生和坏朋友,就会将"黑底子"一层一层加上黑色,"自然变成永不脱色的黑青,永不回头的坏蛋"。

让小草成为最好的小草,让大树成为最好的大树,这是每个家长的期望。其实,在孩子的成长过程中,家庭教育是一切教育的基础,也是一切教育的起点,更是孩子在一生成长过程中最坚强而有力的后盾资源。

在此,奉劝各位家长:

一、注重教子做人

中国传统家教的精华是注重教子做人。中国历代关于家教的家规、家训、家范无一不把教子做人作为重点内容;历史上的慈父良母也无一不是在教子做人方面为世人称颂。

古人不仅把立德作为家教的重点,而且要求子女有自立精神。北宋丞相王旦,平生不置田宅,说:"子孙当念自立,何必田宅,徒使争财为不义耳!"清朝画家郑板桥52岁始得子,但他严格要求儿子。提出"第一要明理做个好人"的家教原则。他临终时给儿子留下遗书:"淌自己的汗,吃自己的饭,自己的事业自己干,靠天、靠地、靠祖宗,不算是好汉。"

古希腊著名的教育家、哲人柏拉图有句名言:"一个人从小所受的教育把他往哪里引导,能决定他后来往哪里走。"他主张通过故事、诗歌、戏剧、历史、演说、技艺音乐来教育青少年,"陶冶心灵"。他认为故事与诗歌的内容应该能够培养青少年"既温文又勇敢"、能养成"自成克制的美德"。17世纪英国思想家约翰·洛克(1632—1704)主张对青少年进行"绅士教育",他最重视道德教育。他说:"我认为在一个绅士的各种品性之中,德行是第一位的,是最不可缺少的。"由此可见,古今中外家教都把教子做人作为重点,它也是成功家教的一条最重要的经验。

事实证明,良好的家庭教育环境,更容易培养出优秀的孩子。

父母从孩子出生的那一刻起，就是孩子的第一任老师，也是永远的责任人，所以父母对孩子的影响远远胜过老师。要知道，孩子是你的，而不是老师的。

一位从教近 30 年的老教师感叹：当今的家长们总是以为老师是无所不能的。经常会听到一些家长说这样的话："老师，我家孩子就拜托您了！""老师，您的一句话顶我们十句话，我家孩子就交给您了！""没有教不会的学生，只有不会教的老师！好孩子都是老师教出来的！"这些家长的言下之意就是说："我只负责把孩子送到学校，交给老师就可以了，其他我就什么也不管，老师就必须要全权负责了。"把老师当成是万能的，当成孩子生活、学习等各方面的大管家，自己却甩手什么都不管了。

可是如果一旦孩子在学校期间出了一点小状况，这个时候就立马跳出来了，就会问责老师。"孩子都变成了这样，老师你是怎么教的啊，为什么都不管啊？"

在现实中，很多的家长都是完全指望学校老师会教育好孩子的一切，仿佛老师是万能的，能够教育好所有学生。但说实话，任何一位老师都没这么厉害，都不可能把所有的孩子，或孩子的所有方面都替父母教育好，老师真的不是万能的。父母把孩子的一切都交给老师负责，那是真不现实的，也更是不可能的。作为教师也只是一个普通的职业岗位而已，就像社会上成千上万个职业岗位一样的道理。

身为教师，它的本职工作职责就是："师者，传道授业解惑也！"

而现实中的"教育"二字，其实不单单是一个词，而它是包含着"教"与"育"两方面。教师主要负责传授知识，而家长重在养育孩子的全方面。要想教好一个孩子，绝对不只是老师一个人的责任，更主要的还是要靠家长自己承担起这份应尽的责任。这是你一生的事业：教书的是老师，但让孩子成才的，一定是父母在 45 分钟的课堂之外的时间，是父母影响孩子的一辈子。父母的教育，远远重于学校的课堂教育。要知道，在班级里的每一个孩子，对于学校老师而言，都只是工作的一部分而已。但家长就不一样，家长必须要承担起教育好自己孩子的这份责任，并且永远是你最重要、最伟大的事业。

父母作为孩子的第一任老师，他们的言行潜移默化地影响着孩子。正如教育家苏霍姆林斯基所说:"家庭教育好比植物的根苗,根苗茁壮才能枝繁叶茂,开花结果。"良好的学校教育是建立在良好的家庭道德基础上的。教育若只靠老师单方面的,那真的是耽误孩子。

孩子从呱呱坠地开始,父母的影响就已经开始了,所以说在家庭教育中,父母的影响是一切教育的开始,也是孩子社会生活的起点。所以,作为每一个父母来说,从孩子生下来开始,一直到走向社会的整个成长阶段,都应该拿出足够的时间来陪伴孩子,给予孩子关爱,给予孩子应有的教育,这是父母的职责所在。

老师给不了你孩子爱读书的兴趣,孩子读书的兴趣爱好,必须是从小时候开始的引导培养的,在孩子两三岁的时候就该看书了。而孩子是否喜欢看书,主要跟父母的表现有着直接的关系。

老师给不了你孩子主动学习和生活的习惯。在中国有一句俗话一直流传:"龙生龙,凤生凤,老鼠的儿子会打洞。"

一个爱学习的家长,他的孩子也一定是爱学习的;一个勇于遵守社会规则的家长,他的孩子也遵守社会规则的;一个肯担责任的家长,他的孩子也一定是有强烈的责任感的。

老师给不了你孩子坚强的意志力。老师更多的是教给孩子以课本知识为主,而坚强的意志力是要靠父母从小在日常生活中去引导和培养的。老师并没有义务去帮你的孩子培养。

老师给不了你孩子长久的幸福感。在孩子的成长过程中,一个和谐的成长环境氛围,对孩子来说是极其重要的,家庭成员间的和睦相处,要比任何教育都显得重要,这些都是老师不可能给予的。

良好的家庭教育要远大于学校教育。常言道,父母是孩子的第一任老师,也是孩子的终身老师。一个好的老师,或许能够影响孩子三五年,但一个合格的家长的影响力却是一辈子。一个好的父母,能抵得过200个好的老师。

在教育界流传有这样的一个公式:5+2=0。"5"代表孩子在学校接受教育的五天时间,"2"代表孩子周末在家接受教育的两天时间,"0"代表孩子接受教育整体效果。

言下之意即为:哪怕五天的学校教育再怎么好,颇有成效,但是如果家庭教育的两天没有能及时跟上的话，那么孩子的整体教育效果始终会在原地踏步，不会有任何进步，甚至还会越来越差。

举个例子：孩子在学校养成了认真学习、细心作业的态度，但是如果回到家里，父母懒散，爱管不管，看电视的看电视，玩手机的玩手机，打游戏的打游戏，请问在这样的家庭环境中，孩子的奋斗激情会来源于哪里呢？他还会认真学习、细心作业吗？

教育部部长陈宝生此前强调，家庭教育不到位，不仅会抵消学校教育的效果，还会给孩子的发展造成一定的消极影响，从而影响孩子的人生。

所以，务必请各位家长要记住：教育的重头戏在于家庭教育，而不能完全依赖于学校。

二、注重言传身教

家长的言传身教是家教成功的必要条件。林则徐的父亲林宾日是位塾师，当时过着"半饥半寒，迁就度日"的生活，可是对贫穷的乡亲和邻里，却能"视人之急犹己家，虽至贫再三，尚疾病死葬，靡不竭力解推，忘乎其为屡空也"。少年时的林则徐就亲眼看见父亲把家里仅有的一点点米，全都送给了一贫如洗的三伯林天策，自己一家人只好忍饥挨饿。父亲还事先嘱咐他说："伯父来，不得说我们没米吃了。"林宾日"不妄与一事，不妄取一钱"。有一次一个土豪想用金钱贿赂林宾日，为其保送文童，遭他拒绝。还有一次，一个富户人家想重金聘林宾日去当家庭教师，林宾日一想到此人在乡里的劣迹，便一口回绝了。父亲的言行举止，给林则徐以深刻的影响。后来他在官场上注意了解民间疾苦，作风廉洁刚直，不与贪官污吏为伍，这当然不是偶然的。

托尔斯泰说过："全部教育，或者说千分之九百九十九的教育都归结到榜样上，归结到父母自己生活的端正和完美上。"斯特娜夫人说得十分透彻："孩子是父母的影子。为了培养孩子的品德，父母亲的行为要自慎，应处处作孩子的表率。孩子好的行为或坏的行为都是父母教育影响的结果。"

因此，可以说，父母的言传身教决定孩子未来的高度。

有人说，任何一个优秀的孩子，都不是横空出世的奇迹，而是有迹可循因果。它的因，在家庭。它的根，在父母，所以说，因果都是在家庭父母。

还记得那个复旦附中才女，高考613分被清华录取的武亦姝吗？武亦姝，诗词第一，文理学霸，学校是清华，不争不抢气质出众。那到底是什么样的教育才能培养出如此优秀的女儿呢？这完全是靠她父母从小对她的正确教育和引导。武亦姝小时候爱玩好动，根本就不想主动学习。她的父母意识到一个问题，与其和孩子说一万遍好好读书，好好学习，认真作业，还不如以身作则，先带好头，做好榜样。父母的言传身教就是孩子最好的教育方式。每天武亦姝放学回到家里，她的父母，就一起陪她读书、绘画、学习、练字……就这样，在父母的长期熏陶下，武亦姝已经爱上了和全家人一起读书、一起交流心得的温情氛围。她的父母还经常和女儿一起玩"诗词接龙"的游戏。正是在这种书香文化下成长起来的武亦姝，学习成绩越来越优秀。

谈到教育孩子的心得，武亦姝的妈妈说："真正的孩子教育，从来都不是点石成金、立地成佛的技巧，而是一段春风化雨、自然无为的过程。"

有一位高级教师曾对她的学生们说过这样一句话："你们能上了清华，北大，很大部分的原因是你们有优秀的父母在为你们做正确的引导。"

真正的教育，其实就是拼爹妈。再好的学校，再好的老师，也比不上父母的言传身教，它会决定孩子一生的高度。

第三节　给家长的建议

本节着重从高中家长谈起。

高中阶段是学生成长的关键阶段。这一阶段，孩子的感情在丰富，成人意识和独立意识在增强，但个人能力不足，心理不成熟，这直接导致了学生青春期并发症的产生，在家难管，在校难教。由于孩子的身心发展极不协调，容易出现这样和那样的问题。平稳度过高中阶段，是学校和家长共同的任务。因此，我对各位家长提出如下几点建议。

一是给孩子创造一个积极向上、和谐轻松的家庭环境。家长不要在孩子面前说脏话、骂人、酗酒，不在家里打牌赌博、搓麻将、玩游戏，不在孩子面前谈工作纠纷，尽量抽时间与孩子沟通和交流，平等地与孩子一起分析他们成长中遇到的问题，积极构建"学习型"家庭。

二是加强孩子的教育和管理。对孩子进行慎重交友教育，鼓励孩子进行正常的社会实践和交往。不让孩子与不良人员交往；让孩子远离文化垃圾，不准孩子进入游戏机房、网吧、舞厅、卡拉OK等场所，禁止孩子玩网络游戏、上网聊天、观看不健康网站；禁止孩子将游戏机、随身听、手机、零食带进学校，禁止孩子互相攀比，要求孩子不留长发或奇异发型、不染发、不化妆，不戴首饰，不高跟鞋，不给孩子过多的零用钱。

第一，孩子，需要每天坚持学习。

坚持是成功最重要品质。初中的时候，多数孩子以被动接收的方法参与学习活动。那个阶段的孩子想的是，老师要自己怎么做就怎么做，较少有自己的想法和安排。但是，进入高中后，孩子需要学习的课程变多了，知识量加大了，学习的难度加大了，思维要求变高了，因此，必然要求孩子的学习方法要进行改变。到了高中，更多的作业得学生自己去找，学生要学会自己给自己布置作业。老师没有布置作业，也有很多问题等着去思考。比如预习老师还没讲过的新课，复习课堂上已经学习过的知识。通过观察发现，一部分求知欲强的学生，学习积极主动，成绩就越来越好，或者取得了明显的进步；而一部分有惰性的同学，怕辛苦，为了逃避写作业有时会在家长面前说"今天老师没布置作业"，最后导致成绩落后，有的甚至丧失了学习兴趣。我们认为，高中孩子最需要的是学习的主动性。只有积极主动地去学习，只有坚持每天去学习，才能提高学习成绩，才能够超越自我，走向成功。

第二，重视培养孩子的好习惯。

全国优秀班主任魏书生老师说："教育归根结底是培养习惯，行为养成了习惯，习惯形成品质，品质决定命运。对于学生来说，培养好习惯显得尤其重要。"

各位家长，您可以检查一下孩子的教科书和作业本，看看孩子是不是作业字迹潦草或者教科书上面没有做笔记。那些书写不端正的学生、上课不做笔记的学生，这些同没有注意学习习惯的培养有关。

第三，正确看待成绩，关心孩子的身心发展。

无论是什么考试，一个学生家长不关注成绩是绝对不可能的，但仅仅关注成绩又是绝对不可取的。考试成绩无论好坏都不应该过分看重。作为家长更重要的是要了解你的小孩有哪些长处可以发挥，然后帮助孩子分析存在的问题和不足，研究解决的方法，帮助他制订学习计划，从而为孩子指明目标，让小孩充满信心地学习下去。家长要从小孩的基础实际出发，多肯定，多鼓励，即使成绩考得不好，也要从其他方面找出闪光点。

第四，重视责任感教育和感恩教育。

我们都希望自己的孩子是一个负责人的人。大的方面说，对国家和社会拥有责任；小的方面说，对家庭和亲朋有责任，更希望孩子是一个对自己负责的人。责任感需要培养，让孩子尝试在日常生活中去承担一定的责任。比如，要求孩子对自己健康负责，不挑食，并积极参加学校做操、体育课去锻炼身体习惯；要求孩子对自己学习负责，认真完成作业；要求孩子对家庭负责，为家长干一些力所能及的家务活等。培养孩子的责任感，教育孩子为自己的行为负责，特别是做错事后敢于承担责任，而不是不把责任推给别人；遇事多做自我批评，从自身找一找原因。

第五，不断探索引领孩子进步的方法。

营造良好家庭氛围。有位专家说过："生活在批评、指责中的孩子，吹毛求疵、尖酸刻薄；生活在敌意、愤怒中的孩子，性格暴躁、争斗不和；生活在嘲笑、奚落中的孩子，缩头缩脑、自卑、怯懦；生活在耻辱、羞愧中的孩子，没有自尊、深感罪恶。"

第六，给孩子一点信心，做孩子成长的强有力的后盾。

培养孩子积极乐观的人生态度，善于发现他们的长处，耐心引导孩子正确地看待自己的不足，指导孩子改正缺点。

三是让家庭教育与学校教育紧密配合。没有家庭教育配合，再好的学校，再好的教师也可能产生不了好的教育效果。

作为家长，要经常跟学校及教师沟通，尽到家长应尽的责任和义务。家长要和学校及班主任建立联系方式。比如，现在很多班级都建立了微信群，便于家校之间的有效沟通。许多家长怕来学校，不大喜欢与教师沟通，这样就失去了许多教育孩子的机会。

　　家长要与教师坦诚相待，保持一致。我觉得，家长与教师要坦诚相待，相互沟通。作为家长，要正确对待孩子任课教师存在的不足，因为教师水平有高有低，工作中出现失误和不足是在所难免的事情。家长应与教师沟通解决分歧，维护教师在孩子心目中的威信。孩子看法有时候不成熟，说的话有时并不一定是全面客观的，不能全面地考虑问题。如果他们不信任教师，对相应课程学习影响就会很大，损失就会很大。遇到师生之间教育上有分歧时，家长应该主动与班主任和任课教师联系，可以了解真实情况，消除误解。

第六章　安全管理

第一节　日常安全管理

临沂外国语学校项目总投资5亿元，总建筑面积17万平方米，设计办学规模为120个班，可容纳6000余名学生就读，是我市唯一一所具有接收外籍学生就读资质和外教聘任资质的全日制公办学校，同时也是山东省规范化学校。学校建筑融合了国外名校风格，建有气势雄伟的综合楼，造型独特的教学楼，安全舒适的学生公寓，设施一流的师生餐厅。现有82个教学班，学生3056人，教职工327人。

平安稳定、和谐文明的校园环境是学校各项工作顺利开展的前提，也是学校持续发展的基础。近年来，学校以打造生命教育和打造生命化的"善水"文化为特色，遵循积极预防、科学管理、全员参与、各负其责的方针，牢固树立"居安思危、警钟长鸣、常抓不懈"的理念，坚持"重在规范制度管理，严在良好行为养成，贵在督促检查到位，实在隐患整治彻底"的工作思路，多种措施确保学校财产及师生的生命安全，以"平安校园"创建活动为载体，以更加扎实有效的工作，确保校园平安，维护学校正常的教育教学秩序。

学校校委会把学校安全工作放在各项工作的首位。除加强日常管理、建立健全各项安全机制、组织专门会议、开展专项检查外，还加大了对安全设施的改造和投入。

一、加强领导，健全机制

学校成立由一把手为组长的安全领导小组，落实安全责任制，制定修改完善制度，由一名副校长专门主管安全工作，政教处各位主任担任安全办主任，同时年级有安全主任，各班有安全委员，做到人人抓安全、人人讲安全。

二、采取多种措施做好校园安全工作

贯彻"预防为主、部门负责、突出重点、保障安全"的内保工作方针，把日常教育和做好安全防范密切结合起来，利用图片、展板、校园广播站、多媒体设施、培训会、召开主题班会等多种形式，广泛进行宣传教育，在全校师生中树立责任重于泰山，以提高师生的安全、法制观念和自我防范、自我保护能力。

1.充实安保力量，加强责任管理。学校门卫配足配齐安保器械，并要求安保人员实行24小时值班制度，严把门岗出入登记关，外来人员及车辆未经允许一律不得入内。学生在上学和放学在大门口都有学校领导带班，教师值班，增加大门安保力量。高清摄像头遍及全校各个角落，值班值班人员随时监控校园安全工作，做到了安全监控无死角，确保学生安全。

2.做好楼道疏散及日常值班工作。一是各个楼层都有教师值班，疏导上放学学生。二是张贴安全警示语，告诫学生"上下楼梯轻声、慢步、礼让靠右行"。三是在楼梯口处张贴值班表，定时间、定人员、定岗位、定责任。学校值班领导和学生会监督岗定时或不定时地到校园各区域巡查，发现问题及时排除。

3.认真开展交通安全教育。除悬挂宣传标语，设立交通警示牌，观看交通安全展板宣传画外，本学期聘请开发区交警大队的韩西涛科长为全校师生宣讲交通法规和出行安全常识。

4.做好安全教育工作，通过召开主题班会等开展疏散演练、防溺水教育、防雷击教育、防交通事故教育、防踩踏事故教育、防火知识教育、防传染病知识教育、防欺凌、扫除校园暴力，以及逃生自救、食品卫生安全教育。

5.聘请法治副校长杨乐所长来学校举办各类讲座，让学生学法、知法、懂法、守法。各年级排查了管制刀具等危险物品，防止发生校园欺凌、校园暴力的现象。

6. 加强校门卫、宿舍门卫的安全管理和巡逻制度、查证制度、会客制度，强化教干 24 小时带班巡查制度。

7. 加强卫生防疫工作，为预防传染病的传播，每班利用班会课对预防传染病知识进行普及，由学校总务处组织专人不定期对教室、宿舍、办公室和公共场所喷洒 84 消毒液，对教室每天消毒。

8. 食品卫生安全重于泰山，学校加强了对餐饮中心的管理，由一名副校长主抓食堂工作，总务主任具体负责，并由管理经验丰富的教师参与管理，制定了一整套食堂安全卫生管理规章制度。学校要求餐饮中心的食品卫生工作严格执行"一法、一规、一条例"（即《饮食卫生法》《学生食堂和学生集体用餐管理规定》《学校卫生工作条例》），餐厅人员都应严格执行规定和标准，按照食堂安全操作规程进行工作。基本做到"二证、三要、四关、五洁"（二证：食堂工作人员持证上岗、食品采购实行索证制度；三要：工作人员要着装戴帽、生熟食要分开、食品要留样；四关：严把进货关、卫生消毒关、食物贮存保鲜关、食品加工关；五洁：食堂环境洁、从业人员洁、炊事用具洁、食品发放洁、师生就餐洁）。

9. 学校专门开设心理咨询室，由心理教师重点加强对单亲、留守儿童、困难家庭和心理健康有问题的学生给予关怀和关爱，班主任也经常与学生谈话交流。使之保持乐观向上的心态。

三、对学校日常安全工作实行分工负责

1. 班主任：加强对本班学生进行安全教育和管理，特别注意教室电器用电开关及教室一切设施的管理。利用班会、晨会对学生进行安全教育及宣传，学生提高安全意识。

2. 教务处：重点加强对实验课和实验药品的管理，以及检查落实各教研组的室内卫生，下班后的电源关闭和门窗的关锁管理。

3. 信息中心：加强对网络设施的使用，安全和管理。

4. 总务处：加强对水、电、暖设施的安全使用和管理，加强对教学设施的安全检查、维护、维修和管理，同时加强对校保洁、食堂工人、宿管等人

员的安全管理。

5. 其他各部门：全体教职工加强对各自安全工作的管理，增强责任意识，不得有丝毫马虎和松懈，认真执行"一岗双责"，共同创建和谐、平安校园。

第二节　疫情期间的安全管理

2020年以来，河东区统筹推进疫情防控和教育重点工作，加快向全市一流的教育迈进。一是全力打好疫情防控攻坚战；二是全力提升教育优质均衡水平；三是全力发展体育事业。临沂外国语学校以生命教育为学校顶层设计，以立德树人、生命至上为育人理念，打造生命文化、生命课程、生命课堂、生命课题、生命社团，坚定不移地走在生命教育的路上，坚持"健康第一"的思想，奋力书写教育发展的时代答卷。

习近平总书记在十二届人大一次会议闭幕会上深情表达："让每个人都有人生出彩的机会。"这是对生命个体的极大尊重、对生命价值的极大关怀。关注生命个体，是当前教育改革的出发点和归属点。学校立足本土，践行生命教育，在"润泽生命、播种智慧"办学理念的引领下，围绕"生命教育"进行探索，即立足"一个核心点"，抓好"两个主阵地"，加强"三项建设"，拉好"四架马车"，让学生敬畏生命，上好这堂人生大课。

一、立足一个核心点——疫情防控

用守护引领生命成长，用坚守书写使命担当。2020年年初，全中国展开了与病毒的较量，习近平总书记强调"人民至上、生命至上，保护人民生命安全和身体健康可以不惜一切代价"；"不麻痹，不厌战，不松劲，毫不放松抓紧抓实抓细各项防控工作"。人的生命是最宝贵的，生命只有一次，失去不会再来。这就为我们的教育工作指明了方向，临沂外国语学校学校本着以人为本，尊重生命，敬畏生命，珍爱生命的原则，提出二十四字工作要求：高度重视、周密部署；科学防控、精准施策；履职担当、务实高效；认真落实疫情防控。

1. 一个指向落实核心素养

明德弘毅、乐学善思、体健行雅、悦美臻艺、尊勤笃劳的目标落地生根。

2. 两项创新推进线上教学

线上学习采用"双师课堂"和分层教学模式，主讲教师利用学校与乐课网联合搭建的网络学习平台，使用平板进行空中课堂直播教学。上课的教师们精心备课，提前上传相关学习材料和课后作业。

3. 三项推进高效课堂学习

排除苦难，线上监测。为检验学生线上学习效果以及教师们在线教学成果，九年级进行了线上月考，随后召开了备课组长会、年级成绩分析会及培优会；心理辅导，精准帮扶。为疏导学生的不良情绪，使学生保持良好的状态和高昂的斗志，各班举行了在线班会课，每位班主任精心准备PPT，总结前几周表现优秀的同学，指出不足，并提出有针对性的应对措施，鼓励全体同学调整好状态，用心上好每一节课；电话家访，答疑解惑。教师们花费大量的碎片化时间和每个学生通过微信、QQ等私聊，借此解开学生的心结，帮助学生进步，每天教学后的反思是教师们必不可少的流程。

4. 四字方针实施分层开学

学校准备实施分层开学计划（高三→初三→高一、高二→初一、初二→小学）。抓实"强、全、优、准"四字方针，落实"入校、入班、课间、就餐、就寝"五个规范，做好开学前准备，开启校园新生活。

强宣传。学校严格执行各级党委政府和河东区教体局关于疫情防控的有关规定，全面发动、全体动员，及时宣传，通过网站、公众号、QQ、微信群、在校门口张贴标语等网络渠道，第一时间发布防控工作权威信息。目前，学校已组织专人编写了《学生篇》《家长篇》，开学前，将提前送到学生及家长手中，宣传防疫知识，指导他们做好开学前工作。

全防护。学校设置专门入学通道，配备测温系统，设置体温测试点，设计好师生入校路线。开学前，学校对全体教职员工发放开学流程图表，先后对毕业年级的教师、非毕业年级的教师进行疫情知识和防控技能培训，制订开学工作方案并组织模拟演练。

优方案。学校组织专人编写了《学校篇》《教师篇》《高三开学实施方案》，制定了《临沂外国语学校疫情应急方案》等25个方案，设计了师生晨午检、缺勤追踪登记表等34个表格，对出现发热、干咳等症状的，立即送当地定点医疗机构发热门诊就诊；一旦确定为疑似病例，第一时间上报情况，协助开展流行病学调查并做好有关工作，做到早发现、早报告、早隔离、早治疗。

准部署。学生错峰返校，确保开学安全有序可控。坚持通过一个→制定一个→模拟一个的原则。通过高三开学具体工作部署，细化、落实计划的每一个环节，每一个步骤，不断进行模拟演练，在实践中改进和优化开学方案，使方案具有符合实际的可行性和可操作性。

5. 五项规范保证封闭管理

全面落实五规范，十六字行动原则：单元封闭、轨迹固定、单项运行、全程追溯。

单元封闭：学校划分教学区、生活区、课外活动区三个相互独立空间。学生层面，四人一小组，教室同座区、餐厅同座区、同宿舍。同学、同吃、同睡、同行；

轨迹固定：学生进入校园按照固定的行进路线行走，避免交叉流动；

单向运行：按照轨迹固定的原则，单向运行；

全程追溯：一旦出现疫情，根据单元封闭、轨迹固定、单行运行的原则，能够第一时间准确地判断出密切接触者，进行隔离，为医疗防疫单位提供科学准确的参考资料。

规范入校。入校前（做好晨检、戴好口罩、选好交通工具），教职工和走读学生早上起床后，在家自测体温，体温正常戴好口罩方可允许入校。返校携带近14日内体温检测报告表；住校生带齐生活和学习用品；入校时，错时错峰、体温测量、单项行进。

规范入班。教室内所有学生相互之间实行最大限度的间距，单人单桌。上课期间，如果感觉身体不适，自测体温，温度超过37.3℃，或出现咳嗽等症状，立即报告上课教师，由教师送至学校医务室单独隔离，同时通知班主任，班主任联系家长接回到正规医院发热门诊就诊，并及时追踪就诊情况，病因未明确之前，该班级要实行错峰下课和就餐；班级按照A类、B类班级为单位实行错时上下课。

规范上课：单元封闭、应急处理。

规范课间：创新活动、错时如厕。

规范就餐：错时错峰、单人单桌、同向就座，用餐时，先把口罩摘下叠好，放在餐巾纸上，用餐期间不允许和其他人交谈；用餐后，整理餐具，戴好口罩，四人一组沿指定路线保持间隔回教室休息。走读生午餐和晚餐需要学校内就餐，晚自习后回家休息。

规范就寝：封闭管理、单元封闭、应急处理。

6.六大举措抓疫情"长"与"常"

强机构，高度重视：把新冠肺炎疫情防控当成首要任务来抓，根据河东区教体局统一部署，成立学校疫情处置工作领导小组，领导小组下设三个工作小组。

抓网格，精准摸排。建立班级、年级、学校、家长四级台账，形成学校、班级、年级、家长四级联系网络，严格落实"日报告、零报告"制度。

把好门，筑牢防线。全面发动、全体动员，严防死守，不留死角，严格校园封闭管理。

勤消毒，充实物资。安装热成像测温系统；严格落实消毒防疫措施；落实学校疫情防控物资和经费。

抓培训，严格落实。根据上级主管部门要求和疫情防控方案，学习《中华人民共和国传染病防治法》《突发公共卫生事件应急条例》以及相关的新型冠状病毒性肺炎防控知识等，加强对教师、保安、物业、厨师等人疫情防控知识技能培训、实操（应急）演练。

严监测，常态防控。谢绝一切与学校教学活动、卫生防疫等工作无关的外来人员进入校园。每日对进入校园人员进行体温检测、身份确认，体温正常且符合要求方可入校，全体师生出入校门必须佩戴口罩。学生实行错峰有序入校，入校前进行"晨检和午检"并做好体温记录，入校后抓实一日三检。加强因病缺勤师生的追踪与管理，由指定人员报告学校和教体局。错峰放学，由教师按照本年级放学时间护送学生到学校划定的本班级家长接送点，确保将学生安全交接给家长。

二、抓好"两个主阵地"——制度强化与方案实施

钟南山说:"对新冠病患的救治,心理救治很重要。我还是深信那句话,健康的一半是心理健康,疾病的一半是心理疾病。"学校高度重视体育教育与心理健康,大力实施体育塑心行动,确保让每个学生至少掌握两项体育技能;采取有效措施,确保心理疏导"直通车"开到学生身边,让生命因运动精彩,强健体魄,文明精神。

制度强化。为帮助学生养成终身锻炼的习惯和自觉锻炼的意识,有效提升学生身心素质,制定《临沂外国语学校学生每天体育锻炼一小时活动方案》;为保证开足上好体育课,学校出台《临沂外国语学校体育课课堂常规》;为加强体育运动安全,制定《临沂外国语学校体育安全工作制度》;为进一步加强校园管理,保护好学校公共体育设施,制定《临沂外国语学校塑胶操场使用管理制度》。

方案实施。为提高学生整体跑操水平,培养各班集体主义精神和组织纪律性,促进班风建设,制定《课间跑操活动方案》;《临沂外国语学校体育技能实施方案》落实《教育振兴行动计划》,让"在校学生至少掌握两项体育技能"。

三、加强三项建设——硬件、师资、课程

肖川教授题词:"健康的长寿者才能笑到最后,适量运动,保持阳光心态,健康的生活中本身就有享乐与美。"永远记住:健康第一。学校加强三项建设,强健其体魄,增强生命动能,丰富其精神,激发生命潜能。

1. 硬件设施

专设心理咨询室、接待室、测量室、心理课专用教室、团体活动教室、宣泄室、放松室、恳谈室等比较完善的心理配套设施和功能室;标准化体育训练场地、高规格艺体中心。

2. 师资建设

目前有国家二级心理咨询师 2 名,三级心理咨询师 4 名;聘请专业体育教练。

3. 课程载体

规定套餐：广播体操、校本操；自选套餐：高抬腿、仰卧起坐；创新套餐：根据自身兴趣爱好，进行自主锻炼；球类课程：乒乓球、排球、足球、篮球、网球；棋类课程：中国象棋、围棋；心理健康类课程：团体辅导课程、个性化定制系列课程、微课。

四、拉好四架马车——课堂与竞赛、主体与举措

曹专教授说，为生命而教，从生命中学习，以生命影响生命。学校坚持尊重教育规律和尊重生命，从六大活动与六项举措全力拉动学校生命教育工作，使生命既修身也修心。

创新落实"课堂与竞赛"。确保每班每周有两节体育课；每天做广播操一遍、校操一遍或者跑操；每天做一次眼保健操，下午一次；每周每班安排三节体育活动课，组织学生开展各项体育锻炼活动；学校每年举办"体育节"，包含全校性的运动会及教职工篮球赛、足球、广播操等各类小型体育比赛，组织田径、排球、羽毛球、乒乓球、武术等技能成果展示，进行军训会演，同时组织学生积极参加市区各级各类体育竞赛。

务必抓实"主体与举措"。两大主体：班主任与教师。

班主任：一是以心理健康教育作为教育的主体，在教学的师生互动过程中起到潜移默化的作用；二是利用面谈咨询、电话咨询等多种形式为求助学生服务，他们排解心理困扰。

教师：一是建立全员育人导师制。实现学生帮扶全覆盖，导师对每个学生倾心交谈，了解学生内心，掌握学生心理第一手资料。导师利用课下时间与结对学生进行真情沟通、排解问题，使学习辅导、心理健康教育、生涯规划融为一体；二是全员家访。真正把关心学生的心理健康工作落到了实处，营造了良好的心理健康氛围，让学生释放压力。

两大举措：行动与方式。专家讲座、励志报告、宣誓仪式、心理活动课、心理社团、青春期教育、亲师沟通讲座、亲子沟通讲座、教师心理健康讲座；形成"四个一"工作措施。即每周一次心理辅导广播讲座，每周一次心

理辅导简报,每天一次课间音乐放松活动,每周一次主题励志班会课。

五、以生命教育为基础的成绩表达

天道酬勤,功不唐捐,教育思想引领实践,生命成长水到渠成。学生获得"海棠杯"全国青少年橄榄球比赛冠军、省中小学运动会健美操季军和跳高比赛亚军等荣誉,学校多次承办全国最高水平的高中足球锦标赛和中小学生足球锦标赛,被评为"全国青少年校园足球特色学校"、省级体育专项特色学校。"山东省武术特色高级中学""山东省健美操特色高级中学""山东省橄榄球特色高级中学";2020年10月22日学校承办萨马兰奇杯中国高中足球锦标赛第18届世界中学生运动会足球项目选拔赛;在12月5日举行的江苏2020年全国U系列田径达级赛中,学校的三名学生参加了达级赛:高三的孙桓、徐嘉良;高一的徐福善,三人全部达到国家二级运动员标准;在12月6日在全民运动会长安路社区篮球比赛中,学校取得该项目冠军。

全国生命教育先进单位、"全国中小学德育与班主任工作特色学校联盟成员单位""中国好老师""公益行动计划基地校""山东省未成年人思想道德建设先进单位""省级规范化学校""山东省教育系统先进集体""山东省文明单位""山东省模范教工之家""临沂市健康学校""临沂市文明单位""临沂市平安和谐校园""临沂市中小学心理健康教育先进单位""临沂市绿色校园",2012—2018年连续被评为"区综合督导先进单位"。近两年就有48篇心理健康教育论文在省级以上刊物发表,关于生命教育的省级课题《生命视阈下的学校特色发展实践研究》正在申报中,市级课题立项《基于生命教育的校本课程研究》《基于生命教育的善水文化策略与实践研究》等6项,区级《生命教育下的英语阅读与写作训练策略研究》等45项,校级"生命教育·质量提升"系列专项课题50项。

六、临沂外国语学校生命教育的使命

凡是过往,皆为序章。北京师范大学肖川教授给学校题词:"在这个荡漾着生命情怀的校园,培植起孩子们对远方、诗意自由与辽阔的向往,让他们成为民主、开放社会的建设者,是一件利国利民、功德无量的光辉事业。"基于对教育事业的热爱,临沂外国语学校永葆心念苍生的情怀,坚守公平正义的价值,明确兼济天下的目标,给生命以温暖,为理想而躬行。坚持办"关注师生生命幸福的教育",用生命教育重构校园生活,持续探寻的"新时代高品质示范学校建设的生命范式",以"培养具有民族情怀、国际视野的德智体美劳全面发展的现代化人才"的共同愿景为引领,以体质健康、心理健康、常态战疫等重点项目为抓手,力争使临沂外国语学校成为站在改革与发展前沿、实施高品质素质教育典范、名校文化传承与生命教育标杆、展示中国基础教育形象和魅力的窗口。